《家事法研究》学术顾问

巫昌祯（中国政法大学教授）

杨大文（中国人民大学教授）

刘素萍（中国人民大学教授）

张贤钰（华东师范大学教授）

陈明侠（中国社会科学院研究员）

夏　珍（山西大学教授）

扈纪华（全国人大法工委原民法室副主任、巡视员）

《家事法研究》编委会

主　　编　夏吟兰　龙翼飞

执 行 主 编　李明舜

编委会委员　（以姓氏笔画为序）：

马忆南　王歌雅　龙翼飞　兰　青

李明舜　李洪祥　陈　苇　杨遂全

张学军　林建军　夏吟兰　蒋　月

郭　兵　曹诗权　雷明光　薛宁兰

中国法学会婚姻家庭法学研究会会刊

2021年卷 总第17卷

家事法研究

Research on Family Law

Vol.2021

主　　编　夏吟兰　龙翼飞

执 行 主 编　李明舜

执行副主编　但淑华

社会科学文献出版社

SSAF

SOCIAL SCIENCES ACADEMIC PRESS (CHINA)

卷首语

    《民法典》是新中国第一部以法典命名的法律，是新时代我国社会主义法治建设的重大成果，是一部固根本、稳预期、利长远的基础性法律。婚姻家庭编和继承编是《民法典》的重要组成部分，随着《民法典》的颁布与实施，我国的婚姻家庭继承法律制度也发生了重大变化。如何正确理解和适用《民法典》婚姻家庭编、继承编的相关规定成为婚姻家庭法学研究的新课题。2020 年 9 月 26 日至 27 日，中国法学会婚姻家庭法学研究会在上海召开了"2020 年会暨民法典婚姻家庭编、继承编理解与适用研讨会"，来自立法机关、高等院校、科研机构及法律实务部门的近 200 位理论及实务工作者以线下和线上相结合的方式参加了会议，并提交了 62 篇论文。《家事法研究》作为中国法学会婚姻家庭法学研究会会刊，撷取了研究会 2020 年年会论文中的 16 篇以成 2021 年卷（总第 17 卷）。

    《家事法研究》2021 年卷（总第 17 卷）收录的论文分别编辑在婚姻家庭编专题、继承编专题、理论前沿、司法实务和青年论坛等五个固定栏目之中。总体看来，本卷收录的论文呈现了以下几个特点。一是坚持以习近平法治思想特别是习近平总书记关于《民法典》的重要论述为指导。习近平法治思想，从历史和现实相贯通、国内和国际相关联、理论和实际相结合上，深刻回答了新时代为什么实行全面依法治国、怎样实行全面依法治国等一系列重大问题，是马克思主义法治理论中国化的最新成果，是习近平新时代中国特色社会主义思想的重要组成部分，是新时代推进全面依法治国的根本遵循和行动指南。《民法典》编纂工作的顺利完成，是贯彻习近平法治思想的生动实践，《民法典》的研究、宣传和实施也必须以习近平法治思想特别是习近平总书记关于《民法典》的重要论述为指导。为了保证婚姻家庭法学理论研究的正确方向，中国法学会婚姻家庭法学研究会不仅对全体会员、理事提出明确要求，而且在 2020 年年会上安排了习近平法治思想的专题学习。本卷收录的论文无论是何种具体选题，都体现了坚持中国特色社会主义法治道路、完善中国特色社会主义婚姻家庭制度、坚守以人民为中心的核心理念、依法保障人民群众婚姻家庭权益的鲜明特点。二是宣传倡导和贯彻落实新时代家庭观。新时代家庭观，是习近平总书记运用辩证唯物主义和历史唯物主义的世界观、方法论，对家庭的功能、地位、发展趋势以及家庭建设的内容、途径、价值取向等基本问题做出的科学分析和概括。党的十八大以来，以习近平同志为核心的党中央高度重视家庭问题，习近平总书记围绕注重家庭、注重家教、注重家风建设发表了一系列重要论述，提出了一系列引领新时代家庭建设的新思想、新要求。习近平总书记的重要论述立意高远，内涵丰富，深刻阐释了新时代家庭家教家风建设的重大意义，全面回答了新时代建设什么样的家庭、怎样建设好家庭好家教好家风的重大问题，体现了鲜明的中国特色、强烈的时代特征和宽广的社会视野，贯穿了历史、理论和实践相统一的中国逻辑，创造性地运用和发展了马克思主义家庭观，是 21 世纪的马克思主义家庭观，是新时代的马克思主义家庭观，同时是社会主义核心价值观在家庭领域的体现和要求，是我们新时代做好一切家庭工作的科学指南。本卷收录的夏吟兰教授的《婚姻家庭编的创新和发展》、郝佳副教授的《优秀传统文化的婚姻家庭法表达》等论文是宣传倡导和贯彻落实新时代家庭观的典范。三是聚焦人民群众关注和司法实践中的难点问题。本卷收录的论文涉及家庭成员身份、人身安全、婚姻安全、共同债务、财产分割、遗产管理等方面，内容聚焦于认真总结《民法典》婚姻家庭编、继承编的编纂经验，积极推动《民法典》婚姻家庭编、继承编贯彻实施，努力让《民法典》婚姻家庭编、继承编走到群众身边，走进群众心里，使《民法典》婚姻家庭编、继承编在满足人民群众婚姻家庭领域日益增长的美好生活需要中发挥更大作用。

《民法典》婚姻家庭编、继承编是贯彻落实习近平法治思想和新时代家庭观的立法体现。习近平法治思想和新时代家庭观，是新时代婚姻家庭法治建设的思想灯塔和根本遵循。习近平总书记反复强调的"共同升华爱国爱家的家国情怀、建设相亲相爱的家庭关系、弘扬向上向善的家庭美德、体现共建共享的家庭追求"则构成了新时代婚姻家庭法治建设和家庭文明新风尚的精神内核，为新时代的家庭建设注入了灵魂，指明了方向。今后的婚姻家庭法学研究，应当立足于对《民法典》婚姻家庭编、继承编进行正确阐释和学理研究，构建具有中国特色的社会主义婚姻家庭法治理论体系，支持和引导执法机关、司法机关和全社会共同强化对婚姻家庭的保护以升华爱国爱家的家国情怀，共同遏制破坏婚姻家庭行为以建立相亲相爱的家庭关系，共同践行公序良俗以弘扬向上向善的家庭美德，共同注重家庭成员间的实质平等以体现共建共享的家庭追求，努力使千千万万个家庭成为国家发展、民族进步、社会和谐的重要基点，成为人们梦想起航的地方。

本卷执行主编：李明舜

本卷执行副主编：但淑华

2021 年 5 月 6 日

婚姻家庭编专题

继承编专题

理论前沿

司法实务

青年论坛

2021年卷 总第17卷

家事法研究

RESEARCHES ON FAMILY LAW

婚姻家庭编专题

婚姻家庭编的创新和发展[*]

夏吟兰^{**}

【内容摘要】 婚姻法完成回归《民法典》之路，婚姻家庭编成为《民法典》中的重要组成部分。我国《民法典》婚姻家庭编弘扬了社会主义核心价值观，在立法价值上体现了维护婚姻家庭的伦理属性及团体价值，进一步强化了对弱者利益的保护，有利于实现法律的实质正义。婚姻家庭编在体例上纳入了收养法，完成了婚姻家庭编内部体系的完整统一；在一般规定中增加了家庭应当树立优良家风、弘扬家庭美德、重视家庭文明建设的倡导性规定，取消了计划生育原则，增加了亲属、近亲属与家庭成员的概括性规定；在具体制度中修改了禁止结婚的条件，完善了婚姻无效与可撤销制度，增加了日常家事代理、婚内析产、夫妻共同债务的认定、登记离婚冷静期、亲子关系的确认与否认、离婚损害赔偿的兜底性规定，取消了家务劳动经济补偿制度的适用前提，修改和完善了收养条件等社会上有需求、有呼声，司法实践中有判例、有解释的规定。

【关　键　词】 《民法典》婚姻家庭编　　可撤销婚姻　　夫妻共同债务
登记离婚冷静期　　亲子关系确认收养

---

* 本文发表于《中国法学》2020 年第 4 期。

** 夏吟兰，中国政法大学教授，中国法学会民法典编纂项目领导小组成员、婚姻家庭编召集人。

编纂《民法典》是党的十八届四中全会提出的重大立法任务，是完善中国特色社会主义法律体系的重要举措。① 自 2017 年 3 月 15 日第十二届全国人民代表大会第五次会议审议通过《民法总则》以来，《民法典》的编纂进入后民法总则时代，全国人大启动了《民法典》分则各编的编纂工作。

《民法典》婚姻家庭编的立法进程体现了新时代科学立法、民主立法、依法立法、开门立法的精神。不仅有关部门、专家学者积极参与贡献智识，社会公众也非常关心，踊跃提出意见建议。2015 年 3 月，全国人大在启动《民法典》编纂工作伊始，即牵头成立了由最高人民法院、最高人民检察院、司法部、中国社会科学院、中国法学会五家单位参加的《民法典》编纂工作协调小组，《民法典》分则的编纂交由这五家单位先行研究，提交专家建议稿或编纂意见。中国法学会婚姻家庭法学研究会作为全国性学术团体，接受中国法学会委托，承担了"民法典婚姻家庭编"立法课题，组织专家进行婚姻家庭编专家建议稿的起草工作，并于 2017 年 2 月提交了《民法典婚姻家庭编（专家建议稿）》。全国人大法工委民法室在婚姻家庭编草案起草的各个阶段，召开了各种形式的专家学者座谈会、研讨会，听取各个部门以及不同专家学者的意见。中国法学会婚姻家庭法学研究会在此期间，先后 5 次撰写专题报告向全国人大法工委提出立法意见和建议。全国人大常委会在中国人大网 4 次公布了婚姻家庭编草案的审议稿，公开征求社会公众意见，并对公众所提意见认真进行研究、适当予以采纳。婚姻家庭编与社会公众关系最密切，与人民群众的日常生活及其幸福息息相关，也是在《民法典》分则 6 个编当中社会公众参与度相当高的法律草案，仅草案二审稿就收到了 35314 位网友提出的 67388 条意见和 814 封群众来信。②

经过多次修改、反复讨论的婚姻家庭编弘扬了社会主义核心价值观，在立法价值上体现了维护婚姻家庭的伦理属性及团体价值，进一步强化了对弱者利益的保护，有利于实现法律的实质正义。婚姻家庭编被体系化地

---

① 参见栗战书《在第十三届全国人大常委会第五次会议上的讲话》，人民网，2018 年 9 月 17 日，http://npc.people.com.cn/n1/2018/0917/c14576 - 30297839.html，最后访问日期：2020 年 5 月 20 日。

② 参见《全国人大常委会法制工作委员会发言人第二次记者会》，人民网，2019 年 10 月 18 日，http://npc.people.com.cn/GB/429296/430550/，最后访问日期：2020 年 5 月 20 日。

纳入《民法典》，且《收养法》被纳入婚姻家庭编，完成了婚姻家庭编宏观体系的确立与微观体系的整合。婚姻家庭编在一般规定中增加了家庭应当树立优良家风、弘扬家庭美德、重视家庭文明建设的倡导性规定，强化了社会主义核心价值观在婚姻家庭中的导向作用；取消了计划生育原则，增加了亲属、近亲属与家庭成员的一般性规定，确定了亲属关系的范围和种类。在具体制度中修改了禁止结婚的条件，完善了婚姻无效与可撤销制度，增设了婚姻无效与被撤销的损害赔偿；完善了法定夫妻财产制，增设了日常家事代理、婚内析产、夫妻共同债务认定等规定；增加了登记离婚审查期的规定，防止冲动草率离婚，完善离婚救济制度，取消了家务劳动经济补偿制度的适用前提，增加了离婚损害赔偿的兜底性规定；明确了亲子关系异议的路径，确立了亲子关系的确认与否认的基本规则；修改和完善了收养成立的条件。这些修改、增设和完善的规定大多是社会上有需求、有呼声，学术研究中有著作、有论文，司法实践中有判例、有解释的规定；体现了婚姻家庭编立法的与时俱进，展示了婚姻家庭编立法的中国经验与创新发展。

婚姻家庭编是婚姻家庭领域具有统领性、整合性的基本法，为相关法律、法规、司法解释提供了指引性的基本法律原则与制度框架，并由此形成了系统的调整婚姻家庭关系的法律规范体系。

一 婚姻家庭编在《民法典》中宏观体系的确立与微观体系的整合

（一） 婚姻家庭编在宏观上被体系化地纳入《民法典》之中

自 2017 年《民法总则》中确立了婚姻家庭等身份关系作为民法的调整对象，婚姻家庭编就被体系化纳入《民法典》的编纂之中，成为《民法典》的重要组成部分。1950 年《婚姻法》是 1949 年新中国成立后制定和颁布的第一部民事法律，也是民法典体系中最早颁布的法律。自此，我国婚姻法作为独立法律部门的立法模式就被我国的立法机关、司法机关及学者们所采纳并接受。① 1986 年颁布的《民法通则》将民法的调整对象明确规

---

① 参见杨大文主编《婚姻法学》（修订本），法律出版社，1987，第16页。

定为"平等主体的公民之间、法人之间，公民和法人之间的财产关系和人身关系"。有学者认为，此处的人身关系并不涵摄亲属身份关系。王家福先生在解释《民法通则》调整的人身关系时指出：民法调整的人身关系可分为三类，一是与一定财产关系相联系的人身关系，如因公民的著作权、发现权、发明权所产生的人身关系；二是与一定财产关系没有联系但需要设立民法特殊保护的人身关系，如因公民的肖像权、姓名权、荣誉权等所产生的人身关系；三是需要设立民法特殊保护，同时其本身又不可能与财产关系相联系的人身关系。① 但也有学者认为，《民法通则》的颁布，以概括的形式彰显了该法对部分婚姻家庭关系的确认、对婚姻家庭基本权利的保护。由此引发了学界对于《婚姻法》是否应当作为民法体系组成部分的广泛讨论。② 大多数学者认为，自然人因婚姻家庭而产生的人身关系是民法所调整的最基本的人身关系之一，同时又是婚姻家庭成员财产关系发生的前提和基础。③ 基于民法的调整对象、基本原则、一般性规范等宏观抽象的立法理念和价值取向，婚姻家庭法应当成为民法体系的有机组成部分。王利明教授也指出："身份关系是人们基于彼此间的身份而形成的相互关系。可以将身份界定为民事主体在特定的社会关系中所具有的地位，具体包括：一是在亲属关系中的地位；二是基于知识产权获得的地位。"④ 当然，由于婚姻家庭法调整对象的伦理性、亲属身份法的特殊属性以及婚姻家庭法所兼具的公法属性，也决定了婚姻家庭法在回归《民法典》之后仍应保持其相对独立性。⑤

《民法总则》第 2 条将民法的调整对象修改为"平等主体的自然人、法人和非法人组织之间的人身关系和财产关系"，将人身关系置于财产关系之前，且首次在"民事权利"一章中明确规定"自然人因婚姻、家庭关系等

---

① 参见最高人民法院《民法通则》培训班《民法通则讲座》（内部书刊），北京市文化局出版处，1986，第 64～65 页。
② 参见夏吟兰、薛宁兰主编《民法典之婚姻家庭编立法研究》，北京大学出版社，2016，第 5 页。
③ 参见龙翼飞《〈民法总则〉的制度创新对婚姻家庭编的影响》，载夏吟兰、龙翼飞主编《家事法研究》（2019 年卷），社会科学文献出版社，2019，第 6 页。
④ 张鸣起主编《民法总则专题讲义》，法律出版社，2019，第 25 页。
⑤ 参见夏吟兰《论婚姻家庭法在民法典体系中的相对独立性》，《法学论坛》2014 年第 4 期，第 14 页。

产生的人身权利受法律保护"，将亲属身份关系等婚姻家庭关系纳入《民法典》调整的范围，确立了婚姻家庭法作为民法组成部分的地位与性质。《民法总则》对调整对象人身关系和财产关系顺位的调整，表明其对人身关系的调整在价值上具有优先性，更加重视人身关系，关注对亲属身份关系的保护，维护人民群众的切身利益，体现了以人为本的立法理念。2020 年 5 月，《民法典》正式颁布，婚姻家庭编成为《民法典》的独立一编，完成了从独立法律部门回归《民法典》之路。

婚姻家庭编与总则编以及《民法典》分则其他各编之间均具有逻辑关系，形成了完整统一的外部体系。

一方面，总则编在《民法典》中起统领性作用。婚姻家庭编作为《民法典》的组成部分，宏观上与《民法典》总则编联系紧密，总则编所确立的立法目的、调整范围、基本原则等宏观抽象、具有指导性的立法理念和价值取向决定了民法（包括婚姻家庭法）的基本关系，是婚姻家庭编立法的基本遵循，总则编的一般性规定如民事法律行为、宣告失踪、宣告死亡、民事代理、民事责任、诉讼时效等制度适用于婚姻家庭编。

另一方面，婚姻家庭编对身份关系的内容进行了科学建构，使身份关系与人格关系、财产关系共同奠定了《民法典》的制度大厦，实现了民法调整对象的完整性。婚姻家庭编在体例上与分则其他各编保持了一致性，在具体内容的逻辑结构中保持了一定的关联性。婚姻家庭编删除《婚姻法》和《收养法》的"总则"章，与分则其他各编采取统一的体例，以"一般规定"章规定该编中的一般性、总括性的问题；删除《婚姻法》和《收养法》的"法律责任"及附则，统一适用侵权责任编以及《民法典》其他相关规定。此外，物权编中规定的共有制度、合同编中规定的对违约行为的处罚、人格权编中规定的姓名权、继承编中规定的法定继承人范围顺序和遗产分配原则，以及侵权责任编中规定的自然人的侵权责任等，或者是婚姻家庭编相关制度的基础制度，或者是以婚姻家庭身份关系为前提而产生的人身关系或财产关系，或者是对婚姻家庭关系的违约行为及侵权行为可以适用的救助措施及法律责任。当然，鉴于婚姻家庭编所具有的身份关系的特殊属性，依据特别规定优先于一般规定的原则，对自然人因婚姻家庭的身份属性而产生的人身关系和财产关系，婚姻家庭编有规定的，应当优先适用婚姻家庭编的规定，《民法典》其他编或其他法律规定与婚姻家庭编规定相抵触的，适用婚姻家庭编的规定；婚姻家庭编没有规定或规定不明确的，可以适用《民法典》其他编或其他法律、法规、司法解释的相关规定。

（二）婚姻家庭编实现内部体系的逻辑化与完整性

《民法典》将原来的法律名称"婚姻法"修改为"婚姻家庭编"，将各自独立的《婚姻法》与《收养法》整合在一起，并通过对"亲属"等概念的规定、对"家庭关系"章节体例的逻辑性完善，完成了婚姻家庭编内部体系的逻辑化及完整统一。

首先，通过法律名称的修改，实现了法律名称与法律确认和调整对象的一致性。从 1950 年《婚姻法》到 1980 年《婚姻法》再到 2001 年修订的《婚姻法》，多年来，尽管法律的名称一直是"婚姻法"，但其调整对象实际上始终既包括婚姻关系也包括家庭关系和狭义的亲属关系，法律名称一直处于名不副实的状态。此次将法律名称由"婚姻法"修改为"婚姻家庭编"，并明确规定"本编调整因婚姻家庭产生的民事关系"（第 1040 条）①，实现了法律名称所代表的法律规范确认和调整的社会关系的特定范围及其内在联系与归属于其名下的法律规范体系的结构外延（即它实际涵盖的现有内容）相一致，既考虑了婚姻家庭编的调整对象主要是婚姻关系及家庭关系，也考虑到我国立法传统和立法习惯，当然也充分考虑了社会公众对法律的理解和认同程度。

其次，《收养法》回归婚姻家庭编，实现了婚姻家庭法律体系的完整性、统一性和协调性。自 1950 年《婚姻法》以来，我国有关婚姻家庭关系的法律规定始终未实现完整统一：尽管 1950 年《婚姻法》和 1980 年《婚姻法》对收养关系均有所规定，但都过于原则笼统；② 1991 年颁布的《收养法》一方面构建了收养法的基本制度、填补了立法空白，但另一方面却形成了收养制度独立于婚姻法的立法模式。《收养法》本身虽经 1998 年修

---

① 除特别标注外，本文括号内夹注的法条均为《民法典》的条文。
② 1950 年《婚姻法》仅用一款（第 13 条第 2 款）、1980 年《婚姻法》仅用一条（第 20 条）对收养关系作出了规定，其内容极尽简约。

改之后得到进一步完善，但是其长期徘徊于《婚姻法》之外，不利于婚姻家庭法的完善，不利于《收养法》与亲子法的体系化和逻辑完整性。因此，许多学者提出，在《婚姻法》回归《民法典》的进程中，《收养法》也应体系化地回归婚姻家庭法，放在婚姻家庭编中。① 关于《收养法》如何回归婚姻家庭法，如何科学地确定其在婚姻家庭编中的地位及体例结构，专家学者建议稿与立法机关审议稿的意见是一致的，均将收养制度单独成章。考虑到我国婚姻家庭立法的传统和收养制度及内容的相对独立性，将收养制度单列一章放在"家庭关系"章之后，既能体现收养制度与家庭关系特别是亲子关系之间的逻辑联系，也能体现收养制度所具有的独特性。

再次，对"亲属""近亲属""家庭成员"基本概念的规定，确定了亲属关系的范围和种类。自 1950 年《婚姻法》以来，我国《婚姻法》对亲属关系的范围和种类从未作出明确规定。这使得本应由婚姻家庭法律规定的法律术语长期缺位，一方面导致婚姻家庭法律内部体系不完整、不一致且缺乏逻辑性；另一方面导致相关法律、法规、司法解释的规定之间存在矛盾冲突，造成法律适用的不统一。② 婚姻家庭编规定："亲属包括配偶、血亲和姻亲。配偶、父母、子女、兄弟姐妹、祖父母、外祖父母、孙子女、外孙子女为近亲属。配偶、父母、子女和其他共同生活的近亲属为家庭成员。"（第 1045 条）其中，亲属是基于婚姻、血缘和法律拟制而形成的社会关系。现代各国大多根据亲属产生的原因，将亲属分为配偶、血亲和姻亲。配偶是基于结婚而产生的亲属，也称为"夫妻"。血亲分为自然血亲与拟制血亲，基于出生的法律事实而产生的亲属为自然血亲，基于收养等法律行为而产生的亲属为拟制血亲。姻亲是以婚姻关系为中介而产生的亲属。《民法典》中亲属的一般规定是法典化内部概念高度抽象的体现，不仅具有统领婚姻家庭编的作用，也从此结束了多年来我国法律体系中亲属关系的范围与种类不统一、不规范的历史。

最后，"家庭关系"章分节规定，体现了亲子关系的重要性。大陆法系

---

① 参见夏吟兰《民法典体系下婚姻家庭法之基本架构与逻辑体例》，《政法论坛》2014 年第 5 期，第 142~148 页。

② 参见夏吟兰、李丹龙《民法典婚姻家庭编亲属关系通则立法研究》，《现代法学》2017 年第 5 期，第 26 页。

民法典亲属编中，大多将亲子关系独立成章或者独立成节。我国自 1980 年《婚姻法》实施以来，父母子女关系就一直被包含在"家庭关系"中，在体例上未曾单列。婚姻家庭编的"家庭关系"一章包括三部分内容：一是夫妻之间的权利义务关系，二是父母子女之间的权利义务关系，三是祖孙之间、兄弟姐妹之间的权利义务关系。将"夫妻关系"与"父母子女关系和其他近亲属关系"分开，各自独立成节，体现了立法对学者多年呼吁将父母子女关系单独成章的回应。[1] 婚姻家庭编虽然仅仅是在"家庭关系"章中将"父母子女关系和其他近亲属关系"在体例上单独设节，但在立法思想上体现出亲子关系在家庭关系中的独立性与重要性，同时也体现出《民法典》在立法理念上更加关注亲子关系。这不仅是立法技术的成熟，也有利于弘扬我国养老育幼的家庭美德、强化父母双方对于未成年子女健康成长的职责以及维护社会主义核心价值观。

二 树立优良家风入法，强化社会主义核心价值观在婚姻家庭中的导向作用

（一） 树立优良家风入法，体现了家庭在贯彻社会主义核心价值观中的重要作用

党的十八大以来，以习近平同志为核心的党中央高度重视家庭问题，习近平总书记多次在各种场合就注重家庭、注重家教、注重家风发表重要讲话。2016 年 12 月 12 日，习近平总书记在会见第一届全国文明家庭代表讲话时指出，"无论时代如何变化，无论经济社会如何发展，对一个社会来说，家庭的生活依托都不可替代，家庭的社会功能都不可替代，家庭的文

---

[1] 例如，薛宁兰教授提出，现行《婚姻法》将父母子女关系与夫妻关系合为一章，统称"家庭关系"，未能突显亲子关系在婚姻家庭法中的地位，没有体现法律的体系化、逻辑性，没有充分体现子女本位的儿童最大利益原则。参见薛宁兰《我国亲子关系立法的体例与构造》，《法学杂志》2014 年第 11 期，第 29～30 页；李洪祥教授认为，"亲子关系是最本源的亲属关系，无论是其本身的重要性还是我国现实国情的需要，都决定了应对其单列一章予以完善"。参见李洪祥《我国民法典立法之亲属法体系研究》，中国法制出版社，2014，第 72 页。

明作用都不可替代",并提出希望大家注重家庭、注重家教、注重家风。①
此次婚姻家庭编在第一章"一般规定"中增加了"家庭应当树立优良家风,
弘扬家庭美德,重视家庭文明建设"的倡导性规定(第 1043 条第 1 款),
贯彻了习近平总书记关于注重家庭、注重家教、注重家风的重要思想,体
现了党和国家对家庭在国家的政治、经济、文化建设和社会生活中重要地
位的重视,是《民法典》第 1 条关于"弘扬社会主义核心价值观"之立法
目的规定在婚姻家庭编的具体体现。

家庭作为社会的基本细胞,在国家治理体系和治理能力现代化的过程
中发挥着重要作用。未成年人道德观、价值观的形成始于家长和家庭教育。
家庭教育在养成健全人格、培育思想品德、实现文化传承等方面都起着重
要的作用,②通过家庭教育可以完成未成年人的初级社会化,使他们能够真
正成长为社会的一员。家长是孩子的第一任老师;家庭作为未成年人人生
中的第一课堂,是树立优良家风、弘扬家庭美德、建设家庭文明、传播社
会主义核心价值观的重要阵地。只有通过家长和家庭的教育,使遵守社会
主义核心价值观成为未成年人的自觉行动,才能确保未成年人成年后成为
合格的社会主义接班人,成为社会的好公民。因此,家长和家庭教育在未
成年人社会化进程中具有重要的作用。家庭是人生的起点,也是传承社会
主义核心价值观的起点。

2001 年修正的《婚姻法》在总则中增加了一条倡导性的规定:"夫妻应
当互相忠实,互相尊重;家庭成员间应当敬老爱幼,互相帮助,维护平等、
和睦、文明的婚姻家庭关系。"(2001 年《婚姻法》第 4 条)该条力图通过
法律的导向性作用,弘扬中华民族传统美德,维护社会主义的婚姻家庭制
度。此次"树立优良家风,弘扬家庭美德,重视家庭文明建设"入法(第
1043 条第 1 款),更加强化了社会主义核心价值观在婚姻家庭中的导向作
用,是完善社会主义婚姻家庭法治建设的必然要求。

社会主义核心价值观是家庭文明建设的理论和基石,婚姻家庭编中所
确立的"婚姻自由""一夫一妻""男女平等""保护妇女、未成年人、老

---

① 《习近平谈治国理政》(第二卷),外文出版社,2017,第 353 ~ 356 页。
② 参见杨大文主编《婚姻家庭法学》,复旦大学出版社,2002,第 9 页。

年人、残疾人的合法权益"四大基本原则（第 1041 条），体现的正是文明、和谐、自由、平等、法治、友善等社会主义核心价值观。婚姻家庭编基本原则既是婚姻家庭制度的基本法理，也为婚姻家庭编各章各节所有条款的具体规则提供了价值导向和法理依据。树立优良家风、弘扬家庭美德、重视家庭文明建设就是要保护婚姻家庭关系，维护婚姻家庭的团体价值与伦理属性，"发扬尊老爱幼、男女平等、夫妻和睦、勤俭持家、邻里团结等中华民族传统美德，抵制歪风邪气，弘扬清风正气，以好的家风支撑起好的社会风气"。[①]

（二） 树立优良家风入法，体现了婚姻家庭关系德法共治的特殊属性

树立优良家风、弘扬家庭美德、重视家庭文明建设，既是家庭人伦关系本质属性的内在要求，也是回应婚姻家庭现实挑战的必然选择，体现了婚姻家庭关系德法共治的特殊属性。

婚姻家庭法的调整对象，是涉及两性关系和血缘亲情的夫妻关系、父母子女关系、祖孙关系、兄弟姐妹关系等亲属关系。"亲属身份关系具有本质上的人伦性、结合上的统体性、存续上的稳定性以及变动上的连带性"[②]，因此，婚姻家庭在本质上是一个伦理实体，其核心价值是关爱、责任、互惠、利他、奉献；其目的是圆满维持与经营家庭人伦秩序，实现家庭幸福安宁、实质正义与保护弱者，而非追求经济利益最大化。近年来，伴随着经济改革，追求经济效益最大化的"经济理性"越界进入家庭，个人中心主义在家庭中泛滥，导致结婚率下降、离婚率上升，家庭房产、继承、赡养等纠纷频发，家庭形态不断核缩、传统功能不断弱化。21 世纪以来，无论是国际社会还是我国社会的婚姻家庭观念和婚姻家庭关系均发生了重大变化，受到了前所未有的挑战。这种挑战有多元文化对传统观念、传统文化的挑战，有市场经济规则对婚姻家庭秩序、婚姻家庭规则的挑战，也有人权理念对传统民法理论、民法规制的挑战。[③] 在此背景下，强调优良家风

---

① 《习近平同全国妇联新一届领导班子成员集体谈话并发表重要讲话》，中央人民政府网站，2018 年 11 月 2 日，http://www.gov.cn/xinwen/2018－11/02/content_5336958.htm。
② 张作华：《亲属身份行为基本理论研究》，法律出版社，2011，第 3 页。
③ 参见夏吟兰《民法分则婚姻家庭编立法研究》，《中国法学》2017 年第 3 期，第 72 页。

的伦理价值，注重婚姻家庭的团体性价值和功能，彰显关爱、责任与奉献理念，弘扬传统文化中的善良风俗和家庭美德，就成为构建中国特色婚姻家庭制度的价值选择。

在婚姻家庭立法中，法律与道德密切相关，调整婚姻家庭的法律法规与调整婚姻家庭关系的伦理道德具有一致性，婚姻家庭关系具有德法共治的特殊属性。道德与法律相辅相成，共同调整婚姻家庭关系。一方面，道德是法律的重要渊源，"虽然在现代社会中法律已经取得越来越重要的地位，但这并不意味着习惯和惯例（道德）的消失。相反，现代国家往往会通过法律来支持或强化社会的固有道德——'任何具有重要社会意义的道德律或迟或早都会成为一种法律命令'"①。《民法典》第 10 条明确规定法律与习惯均为民法的法律渊源，有法律应当依照法律，法律没有规定的，可以适用习惯，但是不得违背公序良俗。另一方面，法律规范是人们必须遵守的行为规范，由国家强制力保障实施，如一夫一妻制是我国的基本婚姻制度，重婚者不仅需要承担民事责任，构成重婚罪的还要承担刑事责任。"法律是道德的保障，可以通过强制性规范人们行为、惩罚违法行为来引领道德风尚。要注意把一些基本道德规范转化为法律规范，使法律法规更多体现道德理念和人文关怀，通过法律的强制力来强化道德作用、确保道德底线，推动全社会道德素质提升。"②

《民法典》是人类文明的倡导者，是社会传统的继承者。《民法典》的发展不仅表现为单纯的制度进化和规则演变，更反映了社会经济政治制度环境的优化和社会传统的继承和发展。③ 婚姻家庭编把中国传统的、优秀的家庭文明、家风美德上升为法律，成为指导婚姻家庭关系的宣言性、导向性规定，旨在表明社会主义婚姻家庭法的价值取向。在社会主义核心价值观的引领下，家庭成员应当"共同升华爱国爱家的家国情怀、建设相亲相爱的家庭关系、弘扬向上向善的家庭美德、体现共建共享的家庭追求，在促进家庭和睦、亲人相爱、下一代健康成长、老年人老有所养等方面发挥

---

① 李猛编《韦伯：法律与价值》，上海人民出版社，2001，第 64 页。
② 《习近平谈治国理政》（第二卷），外文出版社，2017，第 117 页。
③ 参见赵万一《民法概要》，华中科技大学出版社，2014，第 7 页。

优势、担起责任"①。

三 完善婚姻制度，体现法律公平正义

婚姻制度自 1950 年《婚姻法》颁布以来一直是我国婚姻法的重要内容，具体包括结婚的实质要件与形式要件、违反结婚要件的无效婚姻与可撤销婚姻的情形、离婚的法定条件与程序、离婚的法律后果等内容。此次制定婚姻家庭编就是要通过完善婚姻法律制度，体现现代婚姻立法的发展，尊重与保护婚姻自主权，保障当事人的合法权益，体现法律的实质正义。

（一）修改禁止结婚条件，完善无效婚姻与可撤销婚姻制度

1. 修改禁止结婚条件

结婚的实质要件包括结婚的必备要件与结婚的禁止要件。婚姻家庭编对结婚的禁止要件作了重大修改，删除了 2001 年修正的《婚姻法》第 7 条第 2 项 "患有医学上认为不应当结婚的疾病" 禁止结婚的规定，而将其规定为可撤销婚姻的一种情形。② 禁止患有某些疾病者结婚的立法目的在于防止将某些疾病传染给对方，或者遗传给下一代。我国 1950 年《婚姻法》第 5 条明确规定，"有生理缺陷不能发生性行为者" "患花柳病或精神失常未经治愈，患麻风或其他在医学上认为不应结婚之疾病者" 禁止结婚。1980 年修改婚姻法时将禁止结婚的疾病限缩为 "患麻风病未经治愈或患其他在医学上认为不应当结婚的疾病。"（1980 年《婚姻法》第 6 条）当时把 "不能发生性行为" 从禁止结婚要件中取消的理由是尊重当事人的意愿，保障婚姻自由。一方面，此类疾病可以治愈、不会传染和遗传；另一方面，有利于老年人再婚，为老年人安享晚年创造了条件。③ 2001 年修正的《婚姻法》第 7 条再次将禁止结婚的疾病限缩为 "医学上认为不应当结婚的疾

---

① 《习近平同全国妇联新一届领导班子成员集体谈话并发表重要讲话》，中央人民政府网站，2018 年 11 月 2 日，http://www.gov.cn/xinwen/2018 - 11/02/content_5336958.htm。

② 《民法典》第 1053 条第 1 款规定："一方患有重大疾病的，应当在结婚登记前如实告知另一方；不如实告知的，另一方可以向人民法院请求撤销婚姻。"

③ 参见马忆南、高庆《改革开放三十年中国结婚法研究回顾与展望》，载陈苇主编《家事法研究》（2008 年卷），群众出版社，2009，第 117 页。

病"。彼时，麻风病已经随着科学技术的发展和医疗水平的提高得到控制，允许此类病人结婚一方面是为了保障婚姻自由，另一方面也是为了保护弱势群体的利益。此次婚姻家庭编则直接从结婚的禁止要件中取消了患病禁止结婚的规定，改为结婚前未如实告知患有重大疾病的，另一方可以请求撤销婚姻，其立法目的一是更好地尊重和保护当事人的婚姻自主权，保障当事人的知情同意权；二是引导公民在结婚之前积极进行婚前体检，行使自己的知情权。婚姻自由是婚姻法最重要的基本原则。结婚自由就是在符合结婚法定条件的前提下，当事人对于缔结婚姻关系的意思表示必须真实自愿、完全一致。在另一方知情的情况下，是否患病、患有何种疾病，并不必然影响当事人的结婚意愿。但问题在于，患病的一方是否明确告知另一方，另一方是否真正知情，是否在知情的前提下依然自愿与之结婚。因此，一方告知义务与另一方的知情同意权均是非常重要的。患有重大疾病的一方，负有在结婚登记前主动告知对方的义务，如明知自己患有重大疾病而不如实告知，使对方在违背真实意愿的情况下与之结婚的，属于《民法典》总则编规定的欺诈行为，另一方享有请求撤销该婚姻的权利。①

2. 完善无效婚姻与可撤销婚姻制度

我国 1950 年《婚姻法》和 1980 年《婚姻法》均要求结婚必须符合法定的结婚实质要件和形式要件，婚姻才具有法律效力，但对于欠缺婚姻实质要件的当事人之间的结合却没有明确其法律后果，这就使得我国的结婚制度处于不完整状态，不利于对合法婚姻的保护和对违法婚姻的制裁。因此，2001 年修正的《婚姻法》增设了无效婚姻制度与可撤销婚姻制度，该法第 10 条规定，"有下列情形之一的，婚姻无效：（一）重婚的；（二）有禁止结婚的亲属关系的；（三）婚前患有医学上认为不应当结婚的疾病，婚后尚未治愈的；（四）未到法定婚龄的"；第 11 条前段规定，"因胁迫结婚的，受胁迫的一方可以向婚姻登记机关或人民法院请求撤销该婚姻"。显而易见，2001 年修正的《婚姻法》采取的是无效婚姻与可撤销婚姻双轨制立法模式。②

① 《民法典》第 148 条规定："一方以欺诈手段，使对方在违背真实意思的情况下实施的民事法律行为，受欺诈方有权请求人民法院或者仲裁机构予以撤销。"

② 当今采用婚姻无效制度和可撤销婚姻制度双轨制的国家或地区主要有英国、美国、日本、我国台湾地区等；仅设无效婚姻制度的以法国为代表；仅设可撤销婚姻制度的以德国为代表。

此次婚姻家庭编对无效婚姻与可撤销婚姻制度作出了完善性规定。一是与修改禁止结婚条件相呼应，将"婚前患有医学上认为不应当结婚的疾病，婚后尚未治愈"的情形从无效婚姻中删除，改作为可撤销婚姻的一种情形（第 1053 条）。由此，无效婚姻的情形由四种减少为三种，可撤销婚姻的情形由一种增加为两种。① 同时，考虑到婚姻登记机关对一方在结婚登记前是否告知对方患病情况进行认定比较困难，《民法典》第 1053 条明确规定由人民法院撤销一方隐瞒重大疾病的婚姻，体现了法律对行使婚姻撤销权的慎重态度，而司法实践中对于何为重大疾病可以参考《母婴保健法》及国家卫计委（现为国家卫生健康委）关于不宜结婚或暂缓结婚的疾病的相关规定进行判定。二是在婚姻无效或者被撤销的法律后果中增加了无过错方的损害赔偿请求权，使得婚前隐瞒重大疾病的不诚信一方除承担婚姻被撤销的法律后果之外，还须承担损害赔偿的过错责任。《民法典》第 1054 条第 2 款规定："婚姻无效或者被撤销的，无过错方有权请求损害赔偿。"此规定的目的是保护无效婚姻或者被撤销婚姻中无过错方的权益。无过错方的损害赔偿请求权是以确认导致婚姻无效或者被撤销的一方有过错为前提的，比如一方刻意隐瞒重婚或者患有重大疾病，另一方因不知情而与之结婚，导致婚姻无效或者被撤销的。通过追究过错方的法律责任，保护无过错方的合法权益，可以达到明辨是非、伸张正义、惩罚过错方、救济无过错方的目的，实现法律的实质正义。

（二）增设登记离婚冷静期制度，防止冲动草率离婚

自 1950 年《婚姻法》颁布以来，我国就实行双轨制的离婚制度，当事人可以在自愿达成离婚协议后通过行政程序登记离婚，也可以通过诉讼程序调解或判决离婚。1980 年《婚姻法》颁布之后，1986 年 3 月 15 日民政部颁布的《婚姻登记办法》明确规定了离婚登记的条件和程序。② 1994 年 2

---

① 根据《民法典》第 1051 ~ 1053 条的规定，无效婚姻的情形为：重婚、有禁止结婚的亲属关系、未到法定婚龄。可撤销婚姻的情形为：因胁迫结婚、隐瞒重大疾病结婚。

② 《婚姻登记办法》第 7 条第 1 款规定："男女双方自愿离婚，并对子女抚养和财产处理达成协议的，必须双方亲到一方户口所在地的婚姻登记机关申请离婚登记。申请时，应持居民身份证或户籍证明和《结婚证》。婚姻登记机关查明情况属实，应准予登记，发给《离婚证》，收回《结婚证》。"

月1日，民政部发布了《婚姻登记管理条例》。与1986年的《婚姻登记办法》相比，1994年《婚姻登记管理条例》在登记离婚时需出具的证明中增加了"所在单位、村民委员会或者居民委员会出具的介绍信"（1994年《婚姻登记管理条例》第14条第3项），并在办理离婚登记的程序中增加了离婚申请审查期的规定等内容（1994年《婚姻登记管理条例》第16条）。在2001年修正的《婚姻法》发布之后，2003年8月8日国务院公布《婚姻登记条例》，对1994年的《婚姻登记管理条例》进行了比较大的修订，《婚姻登记条例》第10条至第14条对离婚登记作出了简化性的规定，第13条规定："婚姻登记机关应当对离婚登记当事人出具的证件、证明材料进行审查并询问相关情况。对当事人确属自愿离婚，并已对子女抚养、财产、债务等问题达成一致处理意见的，应当当场予以登记，发给离婚证。"该条例取消了单位证明及离婚审查期的规定，婚姻登记机关仅做形式审查，程序简易便捷，以充分体现"个人意志自治"与"自己决定权"，充分保障当事人的离婚自由。

20世纪中期以来，许多国家通过立法及司法有限制地介入离婚领域：一方面，尽可能地保护公民的离婚自由权利，充分尊重当事人的意思自治，使其不受到国家和他人的任意干涉；另一方面，也特别注意在离婚时维护家庭中的弱者的权益，以改变历史上形成的夫妻双方不平等状态。由于离婚不仅仅是个人私事，其效力将会对他方、子女和社会产生影响，因此，大陆法系和英美法系的许多国家均对离婚适当进行干预，在允许协议离婚的同时，对协议离婚规定了限制性条款，以维护婚姻关系的稳定，防止轻率离婚。① 例如，法国与大多数国家一样仅规定诉讼离婚程序，当事人无论是否达成协议，均须通过法院经诉讼程序离婚。在法官拒绝认可当事人自行达成协议的情形下，夫妻双方可以在最长6个月内提出新的协议。② 英国家庭法规定：婚姻当事人一方或双方作出离婚声明后，须经过9个月反省和考虑期，若仍然认为婚姻无法维持的，方可准许离婚。③

---

① 参见夏吟兰《对中国登记离婚制度的评价与反思》，《法学杂志》2008年第2期，第14页。

② 《法国民法典》第250～257条，参见《法国民法典》，罗结珍译，北京大学出版社，2010，第77页。

③ 参见《1996年家庭法》，蒋月等译，《英国婚姻家庭制定法选集》，法律出版社，2008，第232～233页。

保障离婚自由是婚姻自由的重要内容，但离婚自由是相对自由，是法定范围内的自由。保障离婚自由，防止轻率离婚，实行离婚救济是我国离婚立法的指导思想。2003 年以来，我国离婚率一直处于上升态势，且登记离婚所占比例不断上升，冲动离婚、任性离婚、规避政策离婚等草率对待婚姻的现象屡见不鲜，而简易便捷的登记离婚为草率离婚打开了方便之门。因此，有专家提出在登记离婚制度中应设立离婚冷静期或审查期，防止轻率离婚。① 婚姻家庭编明确规定了登记离婚的程序和离婚冷静期："夫妻双方自愿离婚的，应当签订书面离婚协议，并亲自到婚姻登记机关申请离婚登记。离婚协议应当载明双方自愿离婚的意思表示和对子女抚养、财产以及债务处理等事项协商一致的意见。"（第 1076 条）"自婚姻登记机关收到离婚登记申请之日起三十日内，任何一方不愿意离婚的，可以向婚姻登记机关撤回离婚登记申请。前款规定期限届满后三十日内，双方应当亲自到婚姻登记机关申请发给离婚证；未申请的，视为撤回离婚登记申请。"（第 1077 条）这两条规定的要旨有四。一是要求当事人双方须对是否自愿办理离婚登记以及离婚后的子女抚养、共同财产分割、债务清偿、离婚救济等问题均协商一致且订立书面离婚协议。二是要求当事人双方须两次共同亲自到婚姻登记机关办理离婚登记。第一次是双方共同到婚姻登记机关提交法定材料，提出离婚申请；自婚姻登记机关收到申请之日起 30 日之后，双方方可第二次共同到婚姻登记机关申请发给离婚证。三是在婚姻登记机关收到申请之日起 30 日的法定期间内，当事人任何一方均有反悔的权利，可以向婚姻登记机关请求撤回离婚登记申请。四是申请发给离婚证的时间是自 30 日冷静期届满后的 30 日内。显然，这些规定加大了登记离婚程序的难度和复杂性，但并不是不准予离婚。设置离婚冷静期的主要目的是保障当事人对是否同意离婚以及如何处理离婚后的各项事宜有时间冷静思考，提高当事人之间意思表示的真实性和一致性，以保护双方当事人的利益以及未成年子女的利益，从制度上减少冲动型和规避政策型的草率离婚。

---

① 参见陈苇《中国婚姻家庭法立法研究》（第二版），群众出版社，2010，第 313 页；吴国平：《我国登记离婚程序的缺陷与立法完善》，《上海政法学院学报》（法治论丛）2011 年第 5 期，第 31～32 页。

（三） 完善离婚救济制度，体现保护弱者利益的实质正义

离婚救济，通常指对离婚当事人所实行的有关人身和财产的救济措施。① 我国 1950 年《婚姻法》基于新中国成立前大多数女性没有独立的人格和财产，离婚后无法维持其基本生活而设立了离婚经济帮助制度："离婚后，一方如未再行结婚而生活困难，他方应帮助维持其生活；帮助的办法及期限，由双方协议；协议不成时，由人民法院判决。"（1950 年《婚姻法》第 25 条）该制度旨在通过帮助离婚时生活困难一方维持基本生活的方式，保障离婚自由权利的实现。1980 年《婚姻法》对 1950 年《婚姻法》规定的经济帮助制度作了适当的修改："离婚时，如一方生活困难，另一方应给予适当的经济帮助。具体办法由双方协议；协议不成时，由人民法院判决。"（1980 年《婚姻法》第 33 条）2001 年修正的《婚姻法》全面建构了我国的离婚救济制度，在细化离婚经济帮助规则（2001 年修正的《婚姻法》第 42 条）的基础上增设了家务劳动经济补偿（2001 年修正的《婚姻法》第 40 条）和离婚损害赔偿（2001 年修正的《婚姻法》第 46 条）。

2001 年修正的《婚姻法》颁布之后，离婚救济制度，特别是增设的离婚家务劳动补偿制度及离婚损害赔偿制度得到了普遍好评，② 但这些制度在司法实践中却面临着未能得到有效适用的窘境，呈现出低适用、低功效、低救济的特征。③ 家务劳动补偿制度适用难的主要原因是该制度以夫妻分别财产制为前提条件，这就阻却了适用婚后所得共同财产制的夫妻中从事家务劳动较多的一方在离婚时行使要求另一方给予经济补偿的请求权。经济帮助制度适用难的主要原因是当事人获得经济帮助的条件苛刻，仅以维持当地基本生活水平为限。④ 离婚损害赔偿制度适用难的原因是离婚损害赔偿

---

① 参见王歌雅《离婚救济制度：实践与反思》，《法学论坛》2011 年第 2 期，第 30 页。
② 参见蒋月《20 世纪婚姻家庭法：从传统到现代化》，中国社会科学出版社，2015，第 472 ~ 473 页。
③ 笔者在 2002 年、2010 年先后承担中国法学会项目"婚姻法执行中的问题"和国家社科基金项目"民法典体系中的婚姻家庭法新架构研究"，其均对离婚救济制度在法院的司法运行状况进行了实证调查研究，尽管调查的数据样本量有限，但两次调查的结果相同。
④ 《最高人民法院关于适用〈中华人民共和国婚姻法〉若干问题的解释（一）》第 27 条前两款规定："婚姻法第四十二条所称'一方生活困难'，是指依靠个人财产和离婚时分得的财产无法维持当地基本生活水平。一方离婚后没有住处的，属于生活困难。"

的法定理由（仅限于重婚、有配偶者与他人同居、实施家庭暴力、虐待或遗弃家庭成员等情形）范围过于狭窄，与实践中当事人寻求离婚损害赔偿的事由不匹配。因此，有学者指出：离婚救济制度适用难，与其制度设计本身存在必然联系。制度设计的缺陷，制约了离婚救济制度的有效实施，影响了婚姻家庭制度功能的发挥，应当进一步完善离婚救济制度。①

此次婚姻家庭编在总结司法实践经验的基础上，进一步完善了离婚救济制度，主要包括以下几点。

1. 取消了离婚家务劳动经济补偿的前提条件

婚姻家庭编取消了 2001 年修正的《婚姻法》第 40 条"夫妻书面约定婚姻关系存续期间所得的财产归各自所有"的限制，规定："夫妻一方因抚育子女、照料老年人、协助另一方工作等负担较多义务的，离婚时有权向另一方请求补偿，另一方应当给予补偿。具体办法由双方协议；协议不成的，由人民法院判决。"（第 1088 条）依此，离婚家务劳动经济补偿请求权不再以夫妻约定适用分别财产制度为前提条件。这一修改体现了总则编中公平原则的精神，反映了我国婚姻家庭法律对于无酬的家务劳动价值的进一步肯认。

无论是照顾、教育子女，看护、照料老人，还是为另一方准备服装、餐食、搜集资料、协助工作等无酬劳动都可以被认定为广义上的家务劳动。肯认家务劳动的价值，不仅可以在一定程度上促使家庭成员认识到家务劳动对家庭的贡献，同时也能促使社会尽快认识家务劳动对家庭和社会的贡献，承认从事家务劳动的一方所付出的时间成本和机会成本。按照我国签署和承诺的《北京宣言》的要求，应当由国家对家务劳动的贡献制定相应的政策和法律，② 离婚时的家务劳动经济补偿，既不同于财产法上的合同关系，也不是劳务付出或感情付出的代价，而是一种弥补对方损失的辅助性财产手段，③ 是对家务劳动付出较多一方逸失利益的补偿，是国家基于对从事家务劳动一方价值的尊重与认可而制定的法律规定。"职业资产上的投资

① 参见王歌雅《离婚救济的实践隐忧与功能建构》，载夏吟兰、薛宁兰主编《民法典之婚姻家庭编立法研究》，北京大学出版社，2016，第 348 ~ 354 页。
② 参见第四次世界妇女大会《北京宣言》，战略目标 H－3－206（g）。
③ 参见杨大文主编《亲属法》（第四版），法律出版社，2004，第 196 页。

是大多数夫妇拥有的最有价值的财富。妻子兼职或者间歇性地工作，她们自身的职业潜能就会减弱，她们变得极为依赖丈夫的职业资产。即使在妻子继续自己职业的时候，她们丈夫的工作需要——就时间、自由、教育培训和地理流动性而言——通常是优先的。双职工家庭家务和其他家庭劳动不平等分配的一个重要影响就是，比起丈夫，妻子留给付薪工作的时间和精力更有限。"① 夫妻双方对婚姻家庭的贡献和从中获得的利益是不平衡的，承担家务劳动较多的一方，往往会牺牲自己的职业发展和未来的谋生能力，离婚时，他们丧失了对因婚姻结合所产生的预期共同利益，而自身的社会地位与就业能力也相对较弱。故此，有必要赋予为婚姻家庭的共同利益而支持对方职业、从事家务劳动较多的配偶一方在离婚时享有家务劳动的经济补偿请求权。家务劳动经济补偿请求权在国外早有规定，如《瑞士民法典》第165条"婚姻一方的特别贡献"第1款中明确规定："支持配偶职业或事业的夫妻一方，如果其付出明显超过其供养家庭应当的付出，则该方有权获得合理的补偿金。"② 通过赋予经济补偿请求权对夫妻一方的家务劳动付出给予肯认，从总体上协调了夫妻双方的利益平衡，可鼓励夫妻双方根据婚姻家庭生活的需要共同为婚姻家庭付出，在一定程度上消除了离婚时弱势一方在经济上的后顾之忧，保障离婚自由的真正实现。这不仅有利于维护夫妻关系中的公平关系，符合民法中公平原则的精神，也体现了法律的实质正义。

2. 增设离婚损害赔偿法定事由的兜底性条款

婚姻家庭编在《民法典》第1091条增设了离婚损害赔偿法定事由的兜底性规定，在2001年修正的《婚姻法》规定的"重婚""与他人同居""实施家庭暴力""虐待、遗弃家庭成员"外，增加了"有其他重大过错"作为法定理由。

2001年修正的《婚姻法》根据我国离婚率上升、重婚、姘居、家庭暴力现象有所增加的情况，基于公平正义理念和维护离婚当事人合法权益的需要，增设了离婚损害赔偿制度。之后，最高人民法院先后颁布了《关于

---

① 〔美〕苏珊·穆勒·奥金：《正义、社会性别与家庭》，王新宇译，中国政法大学出版社，2017，第218~221页。
② 《瑞士民法典》，于海涌、赵希璇译，法律出版社，2016，第64~65页。

适用〈中华人民共和国婚姻法〉若干问题的解释（一）》（法释〔2001〕30号）、《关于适用〈中华人民共和国婚姻法〉若干问题的解释（二）》（法释〔2003〕19 号）和《关于适用〈中华人民共和国婚姻法〉若干问题的解释（三）》（法释〔2011〕18 号）（以下简称《婚姻法司法解释（一）》《婚姻法司法解释（二）》《婚姻法司法解释（三）》），根据审判实践中的情况就离婚损害赔偿的内容、损害赔偿的责任主体、登记离婚后损害赔偿诉请的提起以及离婚损害赔偿请求权的认定等具体问题作出了细化明确的规定。鉴于实践中导致离婚的严重的过错行为远不止 2001 年修正的《婚姻法》规定的 4 种行为，我国学界多数学者认为《婚姻法》的列举式规定过于狭窄，应当扩大离婚损害赔偿适用的情况。① 有学者认为：一方面，要增加列举的具体情形，如与他人发生婚外行为未达到同居程度的、欺诈性使他方抚养子女的、因犯强奸罪被判入狱的；另一方面，还须增设兜底条款"其他导致离婚的重大情形"。② 婚姻家庭编采取列举性规定与概括性规定相结合的列示主义立法模式，在现有的列举性规定之后增加一个概括性规定："有其他重大过错。"通过增加概括性规定，扩大离婚损害赔偿请求事由，切实保护因对方重大过错而离婚的无过错方的利益，提升离婚损害赔偿制度的适用效度。具体何种行为构成重大过错可由法官根据离婚案件中的过错情节与伤害后果确定。

离婚损害赔偿制度体现了法律的正义，对离婚自由具有重要的衡平作用。离婚损害赔偿具有填补损害、抚慰受害方、惩罚过错方的功能，通过伸张正义、明辨是非，使受害者获得了精神安慰，使加害者得到了应有的惩罚。离婚损害赔偿与无过错离婚主义并不相互排斥，无过错方有权提出离婚，有过错方也有权提出离婚，由法官根据"感情是否确已破裂"判决是否准予离婚。但如果因为一方的过错而导致离婚的，过错方应当为其过错行为承担相应的民事责任。"过错的实质是加害行为的不可原宥性，它体现着社会对个别行为的价值评断。通过这种评断来划分责任界限，并进而

---

① 中国法学会婚姻家庭法学研究会提交的《民法典婚姻家庭编（专家建议稿）》在 4 种法定离婚损害赔偿理由之后，增加了兜底性条款："有其他严重违反婚姻义务行为的。"
② 参见薛宁兰《我国离婚损害赔偿制度的完善》，《法律适用》2004 年第 10 期，第 16 页。

达到行为制导、积极预防、道德评价和间接平衡的效果。"① 在我国目前的婚姻家庭法律体系下，要维护婚姻制度的正当性、公平保护配偶双方的利益，就必须设置对过错行为的矫正制度。离婚损害赔偿制度正是适应无过错离婚法的救济机制，以避免无过错离婚的矫枉过正。②

四 完善法定夫妻财产制，确立夫妻共同债务的认定规则，平衡各方利益

（一） 法定夫妻财产制的完善

法定夫妻财产制是依照法律规定直接适用的夫妻财产制。法定夫妻财产制是立法者对多数婚姻当事人意愿的推定，目的是为处理夫妻财产关系提供明确的法律依据。法定夫妻财产制的内容由法律直接规定，具有适用简便、节约当事人成本的特点。关于法定夫妻财产制，我国 1950 年《婚姻法》规定的是一般共同制，即夫妻双方对各自婚前及婚后所得财产均享有平等的所有权。1980 年《婚姻法》规定的是婚后所得共同制，即夫妻在婚姻关系存续期间所得的财产，归夫妻共同所有。2001 年修正的《婚姻法》进一步完善婚后所得共同制，采取列示主义规定夫妻共同财产范围，确立个人特有财产制，实质上适度缩小了夫妻共同财产范围。此次在讨论婚姻家庭编法定夫妻财产制度时，学界对法定夫妻财产制是否应作适当调整有不同的意见：一是继续采用婚后所得共同制；二是改婚后所得共同制为婚后劳动所得共同制；三是改采增益共同制。经过反复讨论后，学界基本达成了共识：夫妻财产制度的安排应当有利于维护夫妻关系、实现家庭职能；婚后所得共同制体现了婚姻生活共同体的本质要求，与我国的国情、历史文化传统、民众生活习惯等相契合，应当继续坚持将其作为法定夫妻财产制。③ 婚姻家庭编采纳了专家学者的意见，《民法典》第 1062 条仍然采用婚

---

① 王卫国：《过错责任原则：第三次勃兴》，中国法制出版社，2000，第 171 页。
② 参见蒋月《20 世纪婚姻家庭法：从传统到现代化》，中国社会科学出版社，2015，第 637 页。
③ 参见中国法学会婚姻家庭法学研究会《关于民法典婚姻家庭编夫妻财产关系立法的复函》，载夏吟兰、龙翼飞主编《家事法研究》（2019 年卷），社会科学文献出版社，2019，第 323 ~ 324 页。

后所得共同制，并将劳务报酬、投资收益纳入共同财产的范围。①

除完善婚后所得共有财产的范围外，婚姻家庭编还确立了夫妻婚内共同财产分割的原则，即夫妻共同财产在婚姻关系存续期间以不许可分割为原则，以许可分割为例外。共同共有是"共同共有人对共有的不动产或者动产不区分份额地享有所有权"，②夫妻共同共有是夫妻双方对在婚姻关系存续期间所得的财产不区分份额地享有所有权。1950 年《婚姻法》、1980年《婚姻法》以及 2001 年修正的《婚姻法》均规定只有离婚时才可以对夫妻共同财产进行分割。《婚姻法司法解释（三）》根据《物权法》第 99 条"共同共有人在共有的基础丧失或者有重大理由需要分割时可以请求分割"的规定，以及实践中掌握家庭主要财产的一方虐待家庭成员、有病不给医治、为了离婚提前转移财产等情况，允许夫妻一方在有重大理由且不损害债权人利益的前提下，享有在婚姻关系存续期间分割夫妻共同财产的请求权。③

婚姻家庭编总结近年来司法实践的经验，将《婚姻法司法解释（三）》中关于婚内共同财产分割的规定上升为法律并进一步完善，同时取消了不损害债权人利益的限制。《民法典》第 1066 条规定："婚姻关系存续期间，有下列情形之一的，夫妻一方可以向人民法院请求分割共同财产：（一）一方有隐藏、转移、变卖、毁损、挥霍夫妻共同财产或者伪造夫妻共同债务等严重损害夫妻共同财产利益的行为；（二）一方负有法定扶养义务的人患重大疾病需要医治，另一方不同意支付相关医疗费用。"这一规定明确了夫妻婚内共同财产分割的法定重大事由，为夫妻一方当事人提供了在婚姻关

---

① 《民法典》第 1062 条规定："夫妻在婚姻关系存续期间所得的下列财产，为夫妻的共同财产，归夫妻共同所有：（一）工资、奖金、劳务报酬；（二）生产、经营、投资的收益；（三）知识产权的收益；（四）继承或者受赠的财产，但是本法第一千零六十三条第三项规定的除外；（五）其他应当归共同所有的财产。夫妻对共同财产，有平等的处理权。"

② 戴孟勇：《论共同共有的类型及其纯化》，载王洪亮等主编《中德私法研究》（第 14 卷），北京大学出版社，2017，第 40 页。

③ 《婚姻法司法解释（三）》第 4 条规定："婚姻关系存续期间，夫妻一方请求分割共同财产的，人民法院不予支持，但有下列重大理由且不损害债权人利益的除外：（一）一方有隐藏、转移、变卖、毁损、挥霍夫妻共同财产或者伪造夫妻共同债务等严重损害夫妻共同财产利益行为的；（二）一方负有法定扶养义务的人患重大疾病需要医治，另一方不同意支付相关医疗费用的。"

系存续期间保护自己财产权利的救济路径。夫妻婚内共同财产的分割要旨有四：一是必须在婚姻关系存续期间内行使分割夫妻共同财产的请求权，即以夫妻双方不离婚为前提条件，请求分割的主体是夫妻一方；二是必须存在法定事由，即分割的事由仅限于第 1066 条所规定的内容，不存在其他扩大或类推适用的情况，故非因法定事由不享有夫妻婚内共同财产分割请求权；三是必须由夫或妻一方行使夫妻财产分割请求权并向法院提出申请，法院不能依职权主动启动婚内共同财产分割程序；四是双方在分割财产后，如果未对夫妻财产制度进行约定，仍然适用夫妻婚后所得共同财产制。

（二） 确立夫妻共同债务的认定规则

我国对如何认定夫妻共同债务一直未作出明确规定，仅就离婚时如何清偿夫妻共同债务作了规定。1950 年《婚姻法》第 24 条前段规定："离婚时，原为夫妻共同生活所负担的债务，以共同生活时所得财产偿还。"此后的 1980 年《婚姻法》、2001 年修正的《婚姻法》均采纳了这一立法模式，只是表述略有不同而已。2001 年修正的《婚姻法》第 41 条规定："离婚时，原为夫妻共同生活所负的债务，应当共同偿还。共同财产不足清偿的，或财产归各自所有的，由双方协议清偿；协议不成时，由人民法院判决。"因法律规定不够明确具体，在司法实践中经常遇到以夫妻一方名义所负债务是否认定以及如何认定为夫妻共同债务等问题。2003 年，针对当时司法实践中存在较多的夫妻双方恶意串通、通过离婚将财产转移给另一方借以逃避共同债务的现象，最高人民法院在《婚姻法司法解释（二）》的第 24 条中进行了明确规定，根据该规定，在婚姻关系存续期间，以夫妻一方名义所欠的债务，原则上都视为夫妻共同债务；除非夫妻一方能够证明债权人与债务人明确约定为个人债务，或者能够证明夫妻双方已约定适用分别财产制。这一规定出台后，夫妻双方恶意串通、侵害债权人利益的情况得到有效遏制，达到了保护交易安全和保护债权人利益的目的。但同时，又出现了另外一种极端的情形，即夫妻中的一方伪造债务或者与第三人串通伪造虚假债务，或者非法举债，夫妻关系中没有举债的一方，也就是对"以一方名义所欠债务"毫不知情的一方"被负债"的情况不断出现。非举债配偶一方的合法权益受到了严重侵害，要求修改完善《婚姻法司法解释

（二）》第 24 条规定的呼声渐高。因此，2018 年，最高人民法院在充分调研的基础上，根据《婚姻法》的相关规定，对《婚姻法司法解释（二）》第 24 条作出进一步的细化完善，规定夫妻双方合意所欠之债、一方为家庭日常生活需要所欠之债以及债权人能够证明用于夫妻共同生活、共同经营或基于夫妻双方合意的债务均属于夫妻共同债务。① 在编纂婚姻家庭编的过程中，许多专家学者提出应当明确规定夫妻共同债务的范围以及离婚时夫妻共同债务的清偿规则。②

对于夫妻债务问题，《婚姻家庭编草案（一审稿）》基本未作修改。在对一审稿的讨论过程中，有的常委会委员和一些地方、部门、法学教学研究机构、专家学者及社会公众提出，从关于《婚姻法司法解释（二）》第 24 条的新司法解释（法释〔2018〕2 号）的施行效果看，总体上能够有效平衡各方利益，基本平息了此前的争议，各方面总体上赞同；建议草案吸收 2018 年新司法解释的规定，明确夫妻共同债务的范围。③ 立法机关最终采纳了上述建议，将最高人民法院的司法解释上升为法律规定，对如何认定夫妻共同债务作出了明确规定："夫妻双方共同签名或者夫妻一方事后追认等共同意思表示所负的债务，以及夫妻一方在婚姻关系存续期间以个人名义为家庭日常生活需要所负的债务，属于夫妻共同债务。夫妻一方在婚姻关系存续期间以个人名义超出家庭日常生活需要所负的债务，不属于夫妻共同债务；但是，债权人能够证明该债务用于夫妻共同生活、共同生产经营或者基于夫妻双方共同意思表示的除外。"（第 1064 条）这一规定与《婚姻法》及相关的司法解释一脉相承，是与时俱进的，有效平衡了夫妻双

---

① 《最高人民法院关于审理涉及夫妻债务纠纷案件适用法律有关问题的解释》（法释〔2018〕2 号）第 1~3 条规定："夫妻双方共同签字或者夫妻一方事后追认等共同意思表示所负的债务，应当认定为夫妻共同债务。夫妻一方在婚姻关系存续期间以个人名义为家庭日常生活需要所负的债务，债权人以属于夫妻共同债务为由主张权利的，人民法院应予支持。夫妻一方在婚姻关系存续期间以个人名义超出家庭日常生活需要所负的债务，债权人以属于夫妻共同债务为由主张权利的，人民法院不予支持，但债权人能够证明该债务用于夫妻共同生活、共同生产经营或者基于夫妻双方共同意思表示的除外。"
② 参见中国法学会婚姻家庭法学研究会《关于民法典婚姻家庭编夫妻财产关系立法的复函》，载夏吟兰、龙翼飞主编《家事法研究》（2019 年卷），社会科学文献出版社，2019，第 6 页。
③ 参见王姝《事关收养等问题 民法典婚姻家庭编草案二审五大新变化》，新京报网，2019 年 6 月 25 日，http://www.bjnews.com.cn/news/2019/06/25/595228.html，最后访问日期：2020 年 6 月 20 日。

方与债权人各方的利益，基本解决了司法实践中夫妻共同债务的认定问题。

夫妻双方基于共同意思表示所负的债务应当认定为夫妻共同债务。无论双方举债是为了共同生活、共同经营还是为了其他，只要夫妻双方对共同举债达成了一致的意思表示，双方均同意举债，就应当将该债务认定为夫妻共同债务。双方对共同举债的合意，可以是以共同签字的方式，也可以是以事后通过书面或口头追认的方式，当然也可以采取双方均认可的其他方式，如非举债方对负债知情且未提出异议即可视为双方具有合意。夫妻双方就共同举债所达成的一致的意思表示应当符合《民法典》第 143 条关于民事法律行为有效的要件：夫妻双方均有相应的民事行为能力；双方意思表示真实，任何一方不得以欺诈、胁迫等行为诱骗、迫使他方签字或追认以一方名义所欠的债务；双方合意没有违反法律、行政法规或者违背公序良俗，例如，即使双方达成合意，也不能共同举债从事赌博、吸毒等违法行为。

根据《民法典》第 1064 条的规定，夫妻一方在婚姻关系存续期间以个人名义为家庭日常生活需要所负的债务属于夫妻共同债务，因此，"以家庭日常生活需要为限"被确立为认定夫妻一方对外举债性质的标准。此外，《民法典》第 1060 条第 1 款明确规定了夫妻日常家事代理权："夫妻一方因家庭日常生活需要而实施的民事法律行为，对夫妻双方发生效力，但是夫妻一方与相对人另有约定的除外。"据此，被代理方亦须对代理方从事日常家事行为所产生的债务承担连带责任。日常家事是指夫妻共同生活及家庭共同生活日常中经常发生的各种事项，通常包括购买家用食物、能源、衣着，正当的保健、娱乐、医疗、子女的教育、保姆的雇佣、亲友的馈赠、文化消费等等。当然，在认定夫妻共同债务时还须考虑借债的数额、家庭生活的水平、当地的经济发展状况等多个因素。将夫妻一方为家庭日常生活所负的债务认定为夫妻共同债务，符合婚姻法规定的基本原则，符合我国夫妻财产制的法理基础，也符合家庭生活的实际情况。①

夫妻一方以个人名义超出家庭日常生活需要所负债务，原则上应认定

---

① 参见马忆南《家庭日常生活所负债务应当认定为夫妻共同债务》，《人民法院报》2018 年 1 月 19 日，第 2 版。

为个人债务；但是，如果"债权人能够证明该债务用于夫妻共同生活、共同生产经营或者基于夫妻双方共同意思表示的"，可以认定为夫妻共同债务（第1064条第2款）。换言之，若要将以一方名义超出家庭日常生活需要所负债务认定为夫妻共同债务，应当考量债务的用途或者举债是否为夫妻双方共同意思表示。如果债权人有证据证明夫妻一方对外所举债务确实用于夫妻共同生活或者共同生产经营，或者是基于夫妻双方合意，就应当认定为夫妻共同债务。关于举证责任由债权人承担的规定，目的是通过确立举证责任，为债权人主张权利提供救济途径。债权人承担举债责任，符合民事诉讼"谁主张，谁举证"的一般证明责任分配原则，也与《婚姻法司法解释（二）》第23条关于债权人对夫妻一方婚前所负个人债务向债务人的配偶主张权利时的举证责任规定相呼应，且适用规则一致。①

五　明确亲子关系异议路径，进一步完善收养条件，注重对未成年人利益的保护

（一）　明确亲子关系异议路径

亲子关系，是婚姻家庭编中重要的组成部分，是《民法典》的基本制度内容之一。所谓亲子关系，在法律上是指父母与子女之间的权利义务关系。正如恩格斯所指出的，"父亲、子女、兄弟、姐妹等称谓，并不是简单的荣誉称号，而是一种负有完全确定的、异常郑重的相互义务的称呼，这些义务的总和便构成这些民族的社会制度的实质部分"。② 亲子关系的确定是父母子女间产生权利义务关系的前提条件。母亲与子女间的亲子关系可以根据子女出生的事实加以确定，不必经过法律程序；而父亲与子女间的亲子关系的确定则相对复杂，由于存在生物性父亲与社会性父亲不相符的事实，就需要对父子关系加以确认。正是基于此，世界上绝大多数国家采取推定的方式确定父子关系：妻子在婚姻关系存续期间受孕或者生育的子

---

① 参见薛宁兰《在夫妻债务性质认定中合理分配举证责任》，《人民法院报》2018年1月19日，第2版。

② 《马克思恩格斯全集》（第21卷），人民出版社，1965，第40页。

女，推定其为夫的子女，该子女与母亲的丈夫之间存在亲子关系。① 如《瑞士民法典》第 255 条规定："1. 夫妻在婚姻关系存续期间出生的子女，则推定丈夫为其父亲；2. 子女在丈夫死亡后三百天内出生，或在三百天后出生，但能够证明妻子在丈夫死亡前已受孕，则推定丈夫为其父亲；3. 如丈夫被宣告失踪，自其生命危险发生之日或最后音讯知悉之日开始计算，在三百天内出生的子女，推定丈夫为其父亲。"②

我国《婚姻法》从未对亲子关系确认制度作出规定。最高人民法院根据司法实践的需要，多次通过复函、批复、答复等形式就非婚生子女、父母身份的确认以及亲子鉴定等问题指导下级法院的裁判。③ 2011 年《婚姻法司法解释（三）》第 2 条规定："夫妻一方向人民法院起诉请求确认亲子关系不存在，并已提供必要证据予以证明，另一方没有相反证据又拒绝做亲子鉴定的，人民法院可以推定请求确认亲子关系不存在一方的主张成立。当事人一方起诉请求确认亲子关系，并提供必要证据予以证明，另一方没有相反证据又拒绝做亲子鉴定的，人民法院可以推定请求确认亲子关系一方的主张成立。"婚姻法学界大多主张对亲子关系的确认制度作出完整规定，包括亲子关系的推定、亲子关系的否认和子女的认领三部分内容。④

婚姻家庭编虽然没有将"推定"作为确认亲子关系的方式，但根据司法实践的经验确立了对亲子关系提起异议的基本规则，为解决实践中存在的亲子关系确认和否认的问题提供了基本遵循。《民法典》第 1073 条规定："对亲子关系有异议且有正当理由的，父或者母可以向人民法院提起诉讼，请求确认或者否认亲子关系。对亲子关系有异议且有正当理由的，成年子女可以向人民法院提起诉讼，请求确认亲子关系。"亲子关系的推定，实为父母亲身份的确定。子女是夫妻双方的子女，基于夫妻平等理念和怀孕与

① 参见王丽萍《亲子法研究》，法律出版社，2004，第 49 页。
② 《瑞士民法典》，于海涌、赵希璇译，法律出版社，2016，第 87 页。
③ 参见最高人民法院 1974 年《关于对非婚生子女解释的复函》、1987 年《关于人民法院在审判工作中能否采用人类白细胞抗原作亲子鉴定问题的批复》、1998 年《关于确认非婚生子女生父中男方拒作亲子鉴定如何处理的答复》。
④ 参见中国法学会婚姻家庭法学研究会《关于〈民法典婚姻家庭编（草案）（征求意见稿）〉的修改建议》，载夏吟兰、龙翼飞主编《家事法研究》（2019 年卷），社会科学文献出版社，2019，第 376~377 页。

生育由妇女单方承担的事实，亲子关系的推定便不只是父亲身份的确定，也应包括母亲身份的确定，并且首先是母亲身份的确定。① 因此，婚姻家庭编亲子关系异议的规定，以男女平等、子女本位为立法原则，明确规定父母双方均有权请求确认或否认亲子关系，并且未采用婚生子女的否认与非婚生子女认领的传统概念。

亲子关系异议的规定实质上涉及亲子关系确认制度中的两大核心问题：亲子关系的否认与亲子关系的确认。在我国，亲子关系的否认是指否认婚姻关系存续期间受胎或出生的子女与其法律意义上的父亲或母亲具有亲子关系。父亲或母亲只要能提出现存亲子关系中的父亲或母亲不是或不可能是该子女的生父（母）的证明，便有权向法院提起否认亲子关系之诉，请求否认亲子关系存在。亲子关系的确认是指权利人请求确认某人是该子女的生物学意义上的父亲或母亲。父亲、母亲或者成年子女只要能够提出指认某人是其子女或其本人之生父（母）的证明，便有权向法院提起确认之诉，请求确认亲子关系。成年子女仅可以向法院提起确认亲子关系之诉，而不能提起否认亲子关系之诉，其立法目的是防止成年子女逃避对养育其长大的老年父母的赡养义务。亲子关系的异议，在追求血缘真实的同时，还要考虑亲子关系的稳定性，保障老年人的合法权益。

（二） 进一步完善收养条件

收养是自然人依法领养他人子女为自己的子女，从而在收养人和被收养人之间形成法律拟制亲子关系的法律行为。收养创设了养父母子女关系，使收养人和被收养人之间产生拟制血亲关系，具有父母子女间的身份和权利义务。收养制度是《民法典》的基本制度之一，养父母与养子女关系是亲子关系的重要类型，是亲属关系的基本内容之一。因此，如何根据婚姻家庭编的基本原则、计划生育政策和法律的变化以及社会观念的发展，与时俱进地修改收养成立的法定条件是此次编纂婚姻家庭编"收养"章的重中之重。

---

① 参见薛宁兰主编《中华人民共和国婚姻法评注·家庭关系》，厦门大学出版社，2018，第159页。

　　将《收养法》纳入婚姻家庭编最重要的变化之一是体例上的变化：取消了《收养法》中"总则""法律责任""附则"三章，改为适用《民法典》（包括婚姻家庭编其他章）的相关规定。此外，考虑到收养制度创设亲子关系的特殊性，将《收养法》总则中"收养应当有利于被收养的未成年人的抚养、成长"的原则提升至婚姻家庭编"一般规定"章中，进行了更有利于保护未成年子女利益的修改："收养应当遵循最有利于被收养人的原则，保障被收养人和收养人的合法权益。禁止借收养名义买卖未成年人。"（第1044条）作为收养制度的基本原则，该条是《儿童权利公约》中儿童最大利益原则和我国《宪法》及婚姻家庭编保护未成年人合法权益基本原则的体现。

　　将《收养法》纳入婚姻家庭编的另一亮点是对收养成立条件规定的修改完善（婚姻家庭编第五章第一节）。收养成立条件的变化主要有以下几个方面。

　　第一，放宽收养的实质要件。首先，取消了被收养人不满14周岁的限制，所有符合法定条件的未成年人（即不满18周岁的自然人）均可作为被收养人（第1093条）。通过扩大被收养人的范围，防止出现14周岁以上（含14周岁）的未成年人因父母死亡、查找不到生父母或生父母有特殊困难无力抚养，自身又没有足够能力自食其力，却不能被他人收养的状况。扩大未成年被收养人的范围，有利于更多有需求又符合条件的未成年人被收养，加大了保护未成年人利益的范围和力度。其次，在收养人的条件中增加了有一名子女亦可收养的规定（第1098条第1项）。通过规定无子女或者只有一名子女者均可作为收养人收养他人的子女，扩大了收养人的范围。最后，增加了收养人收养子女的数额，无子女的收养人可以收养两名子女，有一名子女的收养人只能收养一名子女（第1100条）。这一数额的确定与《人口与计划生育法》的规定相一致，因为无论是自己生育还是收养子女均应符合《人口与计划生育法》的规定。

　　第二，扩大单身收养的限制条件。无配偶者收养既要有利于未成年人的健康成长，也要符合男女平等的原则。《收养法》第9条规定"无配偶的男性收养女性的，收养人与被收养人的年龄应当相差四十周岁以上"，其目的是防止日后出现违反社会公德的事件，保护未成年女性的利益。婚姻家庭编将之修改为"无配偶者收养异性子女的，收养人与被收养人的年龄应当相差四十周岁以上"（第 1102 条），矫正了原有的两性不平等的规定。无论男女，无配偶的单身者收养异性二人年龄相差均须达到四十周岁以上，防止其利用收养行为达到不法之目的。

第三，提高对收养人的要求，保护被收养的未成年人的利益。在收养人的条件中增加了一项要求："无不利于被收养人健康成长的违法犯罪记录。"（第 1098 条第 4 项）收养人收养未成年人必须符合最基本的道德品质的要求，所谓不利于被收养人健康成长的违法犯罪记录应当包括曾有虐待、遗弃、性犯罪、暴力犯罪等有可能影响未成年人身心健康成长的违法犯罪行为的记录。

第四，增加收养评估程序。在收养的程序中增加了对收养人进行收养评估的规定："县级以上人民政府民政部门应当依法进行收养评估。"（第 1105 条第 5 款）民政部门或者指定的专业机构应当对收养人的收养动机、健康状况、道德品行情况、经济条件、婚姻家庭状况、共同生活的家庭成员的收养意愿等多方面因素进行科学的评估，① 收养登记机关根据评估机构出具的收养评估报告，为收养能力良好的收养人办理收养登记，以保障被收养的未成年人健康成长。

此次修改收养成立的条件既注重保护被收养的未成年人利益，禁止借收养之名买卖未成年人、侵害未成年人合法权益，最大限度地保护被收养的未成年人的利益；同时也注重兼顾收养人与被收养人利益的平衡，推动家庭中养老育幼功能的实现，保护收养人的合法权益。此外，本次修改收养的成立条件考虑到了我国计划生育政策和法律的变化。《收养法》的收养人、被收养人、送养人条件相对严苛，最重要的原因是要与我国之前提倡的"一对夫妻生育一个子女"之计划生育政策和《人口与计划生育法》的规定相一致。2015 年修正的《人口与计划生育法》，将"提倡一对夫妻生育一个子女"修改为"提倡一对夫妻生育两个子女"，并取消了"鼓励公民晚婚晚育"的规定。根据《人口与计划生育法》的这一重大变化，婚姻家庭编取消了计划生育原则，并在修改收养成立的条件时，对与计划生育相关

---

① 参见民政部《收养能力评估工作指引》（民发〔2015〕168 号），"四、评估标准"部分。

的规定均作了相应修改。

余　论

《民法典》的颁布，标志着关系到 14 亿人口、4 亿多家庭的《婚姻法》即将完成历史使命。婚姻家庭编开创了我国婚姻家庭立法新的历史，翻开了新的一页。我国《民法典》婚姻家庭编具有中国社会主义法治的特色，体现了中国传统、中国价值、中国经验，有多项亮点和创新发展。同时，我们也应当充分意识到，世界正在经历百年未有之大变局，在迅速变化的社会中，婚姻家庭的观念、婚姻家庭的形态与作用也在发生着前所未有的变革。对同居关系的规制、夫妻财产制度的细化、亲子关系的充实、人工生殖子女地位的确认，监护制度的完善等问题，有待在进行更广泛的社会调研、更深入的理论研究以及对民情民意的充分研判之后，通过制定单行法规、立法解释、司法解释以及地方性法规等形式，与时俱进地作出更为明确、具体，更具可操作性的相关规定。

（责任编辑：任彦）

坚持与主导，回归与谦抑

——诠释《民法典》婚姻家庭编的社会属性和私法属性

焦淑敏[*]

【内容摘要】《民法典》的颁布，标志着婚姻家庭法的回归、民法大一统体系建立的完成，更是争论已久的婚姻家庭立法与民法关系问题的终结。但是，回归大民法体系以后的婚姻家庭立法、婚姻家庭关系以及婚姻家庭纠纷的处理，是否也完全归入民法体系、适用民法一般规则、放弃其特殊的社会属性？本研究认为答案是明确的：婚姻家庭立法、婚姻家庭关系以及婚姻家庭纠纷的社会属性，是其固有的特征、特色和本质，必须坚持其主导地位。但不可否认的是，婚姻家庭法回归之后，在民法体系一统之下的婚姻家庭立法、婚姻家庭关系以及婚姻家庭纠纷的处理，有别于独立成典的时代，无论其规则、制度以及具体规范，都必须服从于民法体系化的要求以及一般的民事规则、制度以及规范，即其私法属性得到前所未有的张扬；同时，婚姻家庭的社会属性又必然要求、必然遏制一般民事规则、制度以及规范在婚姻家庭领域中的适用；特别是当婚姻家庭编无具体规定时，必须优先适用婚姻家庭法的基本原则，注重婚姻家庭的风俗习惯，保持一般民法原则的"谦抑"与限制。

---

* 焦淑敏，女，辽宁大学法学院副教授。

【关　键　词】婚姻家庭　　社会属性　　私法属性

一　社会属性的坚持——《民法典》婚姻家庭编社会属性的主导地位

关于婚姻家庭关系与婚姻家庭纠纷的民法适用问题，一直以来都是学术界争议的话题，特别是在《民法典》草案的制定和修改过程中，以及至《民法典》颁布实施以后具体案件纠纷的司法适用中，这种争议尤其集中体现于婚姻家庭关系和婚姻家庭纠纷是否能够适用一般民事规则、婚姻家庭的性质是否独立于民法之外具备其特殊性等方面。在分析和汇总争议各方的论据、论点后，本研究认为实质的、根本的争点为婚姻家庭关系的社会属性与私法属性（民法性）之争，准确地说，应该是婚姻家庭关系的社会性主导和法律性主导之争①。强调婚姻家庭关系和婚姻家庭立法应该独立于民法之外特殊存在者，其论据集中于婚姻家庭关系的伦理性、民族性、人文性等特征；强调婚姻家庭关系和婚姻家庭立法应该回归民法、适用民法一般规则而不应该游离于民法之外自成体系者，认为婚姻家庭关系本质上是民事法律关系，婚姻家庭立法本质上是民法体系之有机构成，所以自然应当遵从一般民事规则，特别是当婚姻家庭编无具体规定时，必然适用民法的原则和规则，② 这一点体现在《民法典》总则编的规定中，在《民法典》合同编的规定中体现得更是直接。《民法典》总则编第 2 条明确规定民法的调整范围是"平等主体的自然人、法人和非法人组织之间的人身关系和财产关系"，其中也包括婚姻家庭关系；总则编第二章第二节"监护"的规定，涵盖了亲权的内容等。合同法规则是否适用于婚姻家庭关系，虽然

---

①　特别说明：这里的法律性主导，专门针对长期以来关于婚姻家庭立法是否应独立于民事基本立法之外，或者在一般民事立法和民事规则之外应否适用特别的社会属性规则之争，而绝不是排斥法律规则在婚姻家庭关系和婚姻家庭纠纷中的适用，更不否认婚姻家庭法的私法属性。

②　杨立新教授认为，"婚姻法长期脱离民法而成为法律的独立部门，逐渐形成了社会法的偏向，是应当纠正的"。杨立新：《民法典婚姻家庭编完善我国亲属制度的成果与司法操作》，《清华法学》2020 年第 3 期。

之前存在争议，但是《民法典》合同编第 464 条第 2 款关于身份关系协议的法律适用的规定，明确了合同规则在婚姻家庭关系和婚姻家庭纠纷中的应用，该款规定："婚姻、收养、监护等有关身份关系的协议，适用有关该身份关系的法律规定；没有规定的，可以根据其性质参照适用本编规定。"人格权编的规定也体现了这一适用规则，第 1001 条规定了身份权保护的法律适用规则："对自然人因婚姻家庭关系等产生的身份权利的保护，适用本法第一编、第五编和其他法律的相关规定；没有规定的，可以根据其性质参照适用本编人格权保护的有关规定。"①

《民法典》婚姻家庭编的社会属性与私法属性问题，在《民法典》草案编纂过程中的学者讨论中已然是有观点呈现的。有学者主张"《民法典·婚姻家庭编》的编纂目的，就是制定出具有法律理性、伦理关怀、德性引导、习俗超越的调整婚姻家庭关系的法律规范"当定位为《民法典》婚姻家庭编的"编纂策略"，②认为《民法典》婚姻家庭编是以"高度重视婚姻家庭关系的人伦本质和人文关怀，以保障亿万人民群众在当代中国婚姻家庭领域的人权实现和家庭和睦为核心目标"③等等。

婚姻家庭立法的社会属性体现在多个层次的规范构成和多维度规则的适用中。比如《民法典》婚姻家庭编"结婚"一章之结婚有效条件的规定修改了自 1950 年《婚姻法》即已确立的、1980 年《婚姻法》微调的患病者结婚能力限制规则，改为由当事人自主决定，赋予婚姻当事人确实的结婚自由决定权。④但是对于结婚知情权的保护则赋予了公法的强制力，规定结婚当事人必须如实向对方说明身体情况，如果有恶意隐瞒，对方可行使婚

---

① 有学者将人格权编此条规定直接列为婚姻家庭法律关系的一般规则。杨立新：《民法典婚姻家庭编完善我国亲属制度的成果与司法操作》，《清华法学》2020 年第 3 期。

② 王歌雅：《〈民法典·婚姻家庭编〉的编纂策略与制度走向》，《社会社科文摘》2020 年第 2 期，第 14 页。

③ 龙翼飞：《编纂民法典婚姻家庭编的法理思考与立法建议》，《法制与社会发展》2020 年第 2 期，第 40 页。

④ 1950 年《婚姻法》第 5 条规定，有生理缺陷不能发生性行为者，或患花柳病或精神失常未经治愈，患麻风或其他在医学上认为不应结婚之疾病者禁止结婚。1980 年《婚姻法》第 6 条规定，患麻风病未经治愈或患其他在医学上认为不应当结婚的疾病者禁止结婚。2001 年《婚姻法》修正以后，此条改为患有医学上认为不应当结婚的疾病者禁止结婚。《民法典》婚姻家庭编第 1048 条禁止结婚的规范中，删除了此一规定，只保留近亲通婚的限制。

姻撤销权。①

　　婚姻家庭立法回归私法属性，是《民法典》婚姻家庭编从草案拟定、修改到最终颁布贯穿始终的信念与追求，也是关于婚姻家庭立法是否为民法性质、是否为私法规范以及婚姻家庭规则能否冲出传统"礼"的束缚走进法制化的争论的结果。②

　　但是前述条款的颁布，是否意味着婚姻家庭关系社会性质的淡化和法律性质的加强？是否意味着婚姻家庭纠纷的解决将完全法律化而摒弃或者排斥社会化因素的伦理、习俗等？答案显然是否定的，也就是说，《民法典》颁布以后，虽然婚姻家庭关系的法律性以及婚姻家庭纠纷解决的民法一般规则的适用有所加强，但是从《民法典》婚姻家庭编的规定中分析，婚姻家庭关系的伦理性、婚姻家庭纠纷解决的非法律因素的功能和作用，不但没有淡化和降低，反而更加适应了现实的发展和婚姻家庭关系的特殊属性。比如在婚姻家庭编开篇一般规定中，针对遗留至今的传统婚姻习俗，第 1042 条第 1 款提出摒弃和限制的规定："禁止包办、买卖婚姻和其他干涉婚姻自由的行为。禁止借婚姻索取财物。"从 20 世纪 30 年代开始的婚姻家庭关系和婚姻家庭立法的改革，都明确要摒弃包办、买卖婚姻和其他干涉婚姻自由的行为，倡导爱情为婚姻的基础、反对婚姻论财等陈规陋俗，并且从 1950 年新中国第一部《婚姻法》开始，订婚、婚约以及相应的彩礼等习俗都被排斥在立法之外，形成法律不支持、不保护、不处理相应的人身性质的纠纷的立法态势；对于其中的财产纠纷的处理，秉持坚持改革的精神、不保护给付行为、实务中以返还财产为主的处理规则。③

---

① 《民法典》婚姻家庭编第 1053 条第 1 款规定：一方患有重大疾病的，应当在结婚登记前如实告知另一方；不如实告知的，另一方可以向人民法院请求撤销婚姻。

② 关于婚姻家庭立法是否独立于民法而存在的争议，在实体法领域因《民法典》的颁布而宣告终极结论，但是在程序法领域的争论尚在进行时，体现在家事法程序是否独立于民事诉讼程序的讨论中。全国法院系统关于家事审判改革的试点已于 2018 年结束，但是家事审判在程序的角度，仍适用一般民事诉讼程序。

③ 这一点从 1950 年第一部《婚姻法》颁布以来的法律解释、批复等法律文件中，都可寻得踪迹。第一阶段如 1950 年 6 月 26 日发布的《中央人民政府法制委员会有关婚姻法施行的若干问题与解答》第 1 条即明确：订婚不是结婚的必要手续。任何包办强迫的订婚，一律无效。该解答第 4 条规定，所谓借婚姻关系问题索取财物，系指：公开的买卖婚姻，或变相的买卖婚姻（以索取对方一定的财物为结婚条件者）。至于父母或男女双方出于自愿的帮助或赠与，不在禁止之列。第二阶段如 1979 年 2 月 2 日《最高人民法院关于（转下页注）

再比如《民法典》婚姻家庭编一般规定之第 1043 条第 1 款规定了文明婚姻家庭的倡导性条款："家庭应当树立优良家风，弘扬家庭美德，重视家庭文明建设。"第 2 款规定："夫妻应当互相忠实，互相尊重，互相关爱；家庭成员应当敬老爱幼，互相帮助，维护平等、和睦、文明的婚姻家庭关系。"其中的第 1 款是此次《民法典》草案编纂、修改至最后增加的，是优良道德伦理观在婚姻家庭关系中的宏观镜像。文明、忠实、平等、相互敬爱都不是法律所能调整的，也不具备可操作性。但是却可以通过立法的方式，彰显法律的精神和追求，提供人们行为的道德指引，为虽属私的本质，但又同时具备社会性的行为提供法律衡量的规则、划定法律"红线"，这也正是婚姻家庭关系社会性的法律保障"凸显社会主义法律的教育功能"。①

二 私法属性回归——《民法典》一统体系下的婚姻家庭关系和婚姻家庭立场

不容忽视的是，《民法典（草案）》从拟定、修改到最终成稿颁布，婚

（接上页注③）贯彻执行民事政策法律的意见》"（三）买卖婚姻问题"中确定，如果认定是买卖婚姻的财物的，应根据具体情况分别处理：买卖婚姻的，以没收为主，即确定是骗财或者拐卖妇女的，所得财物一律没收；（包括女方父母）以买卖婚姻骗取财物，情节严重的，应依法予以没收。如受骗的一方因此造成生产、生活严重困难的，可酌情返还一部分，但不能因返还财物妨碍婚姻自由。对于共同生活多年、生有子女的买卖婚姻，其财物不予没收，也不予返还。而对于基本自主自愿结婚、女方或其父母向男方索要财物的，不按买卖婚姻对待，但是提倡破旧立新、移风易俗，如果财物发生纠纷，可根据实际情况，酌情返还。对于完全自主自愿的婚姻，男女主动互相赠与和赠送对方父母的财物，以及为结婚而共同购置的衣物用品、结婚时操办所花用财物，离婚时一律不返还。第三阶段，即 2003 年最高人民法院颁布了《关于适用〈中华人民共和国婚姻法〉若干问题的解释（二）》，第 10 条规定，当事人请求返还依习俗给付彩礼的，分别不同情况处理：未办理结婚登记或结婚登记后未共同生活的、婚前给付并导致给付人生活困难的，法院支持返还诉求。参见中国人民大学法律系民法教研室、资料室编《中华人民共和国婚姻法资料选编（一）》，1982。

① 《著名民法学者王泽鉴教授七评〈民法典〉》，"北大法律信息网"微信公众号，2020 年 9 月 6 日，https://mp.weixin.qq.com/s?_biz = MjM5NTc5NTU4Ng = = &mid = 2652181449&idx = 1&sn = 8d7a8c5dddf64e855c7ae7a9e2712707&chksm = bd12b4248a653d32d019a26f732858f119c9901acdf4b5770a2ba5ae14cbc86e97f44390a889&mpshar-e = 1&scene = 23&srcid = 0906bLC2c6BjcZVzieyEdVb1&sharer_sharetime = 1599362413673&sha-rer_shareid = a0cb1be01d889eb49cfcfb5303e8ed5c#rd。

姻家庭法回归民法、纳入民法大体系、私法属性至上等观点一直贯穿始终。在《民法典（草案）》修订过程中，有学者认为，由于当代社会"传统伦理生活方式的解体，伦理机制逐渐被利益机制所取代"，所以在《民法典》的草案修订过程中，体现了利益与伦理机制的博弈，"伦理"规范的"原则化"与"财产"规范的"明晰化"趋势逐渐加强，"立法关注"更是大部分都集中在了"财产权利"的分配议题上。① 具体到《民法典》婚姻家庭的规范中，突出了财产性的民法"大概念"、淡化了婚姻家庭的"小概念"，无疑会随之突出财产性规则——平等、公平、等价、有偿、过错规则等等——的法律性，而忽视了人伦、感情、亲情、习惯习俗等非财产性规则无价的因素——婚姻家庭关系的社会性。

社会性与法律性，原本是法理命题，是区分社会关系的属性以及处理社会关系纠纷的规则的属性：纳入法律规范调整的社会关系为法律关系，具备法律属性，其调整规范为法律规范；由道德、习俗以及依自律调整的社会关系为一般社会关系，非法律范畴，不具备法律属性，其调整规范亦属一般社会属性。前者具有强制性、规范统一性、国际化或全球化倾向等特征，而后者具有自觉性、选择适用性、地域性、民族性、内国性等特征。

任何一种社会关系，一旦纳入法律调整的范畴，即为法律关系，即遵从法律强制性规则、受法律强制性规范约束，即具备了法律性，其伦理性被法律性所取代，无有其二，婚姻家庭关系也必然囿于其中。

另一方面，如果我们退回至婚姻家庭法独立立法时期，强调婚姻家庭法的独立法律地位，强调婚姻家庭立法的非财产法性质，而排斥甚至否认其私法性质、民法性质，把婚姻家庭法"摆脱对民法的依附而独立"，认为"民法领域的财产关系不同于婚姻法领域里的财产关系"，完全是一种"商品经济的一般要求"，二者"有着根本不同的性质"，② 这也是不符合、不能

---

① 戴巍巍、李拥军：《利益分配理念在立法过程中造成的"进化"困境与纾解——以〈民法典婚姻家庭编（草案）〉的分析为进路》，《内蒙古社会科学》2020 年第 3 期。

② 杨大文主编《婚姻法教程》，法律出版社，1982，第 18、23 页。这本书曾经作为我国恢复法律专业本科招生以后大部分学校的婚姻法学课程的教材，也是我国比较早，甚至可能是最早出版的大学法学专业教材之一，影响了我国 20 世纪 80 年代的法学专业毕业生，也是我国 20 世纪八九十年代关于民法与婚姻家庭法关系的讨论中主流观点的体现。我国 20 世纪八九十年代的婚姻法学教材绝大部分采此观点和表述。

反映出我国当今民事立法的进步和发展的。

因此，《民法典》的规定，反映了大一统体系化以后的民法（一般意义上的民事立法和民事规则）与婚姻家庭立法（狭隘意义上的婚姻家庭法——如《民法典》婚姻家庭编）的关系，即婚姻家庭法是民法的组成部分，具备私法属性，这是根本，是前提，是一切讨论和争论的基础，在法律适用上，按照《民法典》总则编的规则：优先适用婚姻家庭编和其他分编中的相关规定①，其次适用民法一般规定。这是不可动摇的法律适用规则。

三 谦抑——民法基本原则和规则在婚姻家庭纠纷处理时的适用

婚姻家庭关系和婚姻家庭纠纷的处理，优先适用《民法典》婚姻家庭编的规定；当婚姻家庭编的具体制度或具体规范没有规定时，适用婚姻家庭编基本原则的规定，这一法律适用规则当是无争议的。② 但是，如果婚姻家庭编的基本原则仍不能解释和为纠纷的解决提供处理方向，这时应适用民法的一般原则、规则，还是适用习俗习惯？特别是当习俗习惯与民法的一般原则、规则相悖时，如何选择？这也是对《民法典》总则编第 10 条这一规定在婚姻家庭纠纷处理中的理解与适用。③

按照《民法典》总则编第 10 条的规定，法律与习惯的适用顺序应当是：有法律适用法律，无法律才适用习惯。结合《民法典》总则编第 11 条的规定，具体到婚姻家庭关系和婚姻家庭纠纷的法律适用顺序，应当是婚姻家庭法律（婚姻家庭编的具体制度和规则—婚姻家庭编的基本原则）—

---

① 《民法典》合同编第 464 条第 2 款在《民法典》颁布后的受关注程度也反映了婚姻家庭私法属性在民事立法中的认知，该款规定："婚姻、收养、监护等有关身份关系的协议，适用有关该身份关系的法律规定；没有规定的，可以根据其性质参照适用本编规定。"
② 婚姻家庭编的优先适用性，在《民法典》总则中有明文规定。《民法典》总则编第 11 条规定："其他法律对民事关系有特别规定的，依照其规定。"
③ 《民法典》总则编第 10 条规定：处理民事纠纷，应当依照法律；法律没有规定的，可以适用习惯，但是不得违背公序良俗。

民法（总则编和其他编①）—习惯。习惯习俗，是在穷尽所有法律规范以后的选择。

如果我们只是在理论上分析婚姻家庭关系以及婚姻家庭立法的社会属性、私法属性，很容易产生"被带入"的效果。在法治社会，婚姻家庭关系是社会关系，更是法律关系。既然是法律关系，那么依法治理是基本的要求。依何法？自然是婚姻家庭法；而婚姻家庭法是民法的组成部分，婚姻家庭编是《民法典》的其中一编，因此，婚姻及家庭法的私法属性自不可替代。自此推论下来，婚姻家庭纠纷解决的法律规则适用是伦理规则、习俗习惯、公众认知等非法律因素所不及其项背的。但是，婚姻家庭关系、婚姻家庭纠纷在实务中具体解决和处理时，则非一则法理、一个法律规则和一体法律程序所能涵盖的。这一点，在最近出现的几起家庭纠纷的舆情及其对于纠纷处理的促进作用上，可见其端。一则是妇女不堪家暴、跳楼致残的报道，引发民众普遍关注，民众纷纷围观法院的离婚审判和致暴男方的刑事责任;②

---

① 《民法典》其他编（婚姻家庭编以外的其他编）在婚姻家庭纠纷处理中也位居优先地位，这一点的立法依据是《民法典》第 10 条的规定。参见黄薇主编《中华人民共和国民法典总则编解读》，中国法制出版社，2020，第 31~32 页。

② 参见《女子不堪家暴跳楼致截瘫　没能离成婚还曾遭死亡威胁》，新浪新闻，2020 年 7 月 23 日，https://news.sina.com.cn/s/2020 - 07 - 23/doc-iivhvpwx7090538.shtml。该纠纷后续被广泛围观，并且被"快速"判决离婚。参见《河南不堪家暴跳楼致截瘫女士获判离婚，当事人：解脱》，新浪新闻，2020 年 7 月 29 日，https://news.sina.com.cn/s/2020 - 07 - 29/doc-iivhvpwx8150353.shtml。该妇女在社会各界的支持下，该案于 2021 年 4 月 30 日经第 5 次起诉离婚被法院判离。《湖南女子 5 年第 5 次起诉当庭判决离婚　宁顺花：对结果满意》，"新京报"百家号，2021 年 4 月 30 日，https://baijiahao.baidu.com/s? id = 16984431174734 69930&wfr = spider&for = pc。实施家暴的男子的刑事责任还在处理中。而这件纠纷的处理，民众的参与、社会舆论、道德评判的力量，对于超出一般离婚案件审判周期的"快速"获得离婚判决以及妇女获赔，都是不可或缺的。《广东省实施〈中华人民共和国反家庭暴力法〉办法》于 2020 年 7 月 29 日经广东省十三届人大常委会第二十二次会议全票表决通过，将于 2020 年 10 月 1 日起实施。其中亮点之一即为加强对未成年人的保护，明确目睹家庭暴力的未成年人是家庭暴力受害人。这种突破传统法理的规定，只会出现在婚姻家庭关系和婚姻家庭立法中。参见《〈广东省实施《中华人民共和国反家庭暴力法》办法〉全票表决通过　努力构建有广东特色的反家庭暴力防治体系》，"中国日报网"百家号，2020 年 7 月 30 日，https://baijiahao.baidu.com/s? id = 1673601191438242234。2020 年 7 月 30 日，陕西省第十三届人大常委会第十九次会议表决通过了《陕西省实施〈中华人民共和国反家庭暴力法〉办法》，办法规定，禁止任何形式的家庭暴力，包括侮辱、诽谤等精神侵害行为。参见《陕西：禁止侮辱诽谤等精神侵害行为的家庭暴力》，新浪新闻，2020 年 7 月 31 日，https://news.sina.com.cn/s/2020 - 07 - 31/doc-iivhvpwx8388488.shtml。

一则是因女方生病，男方几次起诉离婚获法院裁判驳回的报道，① 夫、妻一方生病而"遏制"法定离婚标准的适用，改变了法院裁决离婚的方向。婚姻关系的社会属性、夫妻相伴相依的感情和人身属性，代替了具有强制性的离婚标准，限制了离婚自由权的行使，这是除婚姻关系以外的其他任何民事法律关系都不具备的特殊性使然。

中央电视台著名的法制节目《今日说法》曾经报道一则因男方单方悔婚对女方造成伤害的案件，最终女方获得男方的财产和精神损害赔偿。在这则依法律规则不可能获得胜诉的案件中，法官在判决时强调：双方是自由恋爱、两个成年人自愿同居并怀孕、最终解除婚约都非法律所调整，风险、损失自担。但是作为双方当事人之女方，是在获得男方承诺结婚的前提下才选择与其同居并怀孕的，对方的承诺是可期待的；而男方本应以诚信为本、履行承诺，自愿选择不结婚亦非法律所强制；但是男方应该对于女方的损害勇于承担自己应当承担的责任，而不是选择一走了之、逃避现实，致使女方一个人承担所有后果，所以对于男方的行为法院选择了"苛责"：男方要承担女方部分医疗费用、赔偿女方的精神损害。②

再有，我国的婚姻家庭立法以及其他民事立法历来不承认"婚约"和

---

① 参见《妻子患重病丈夫要离婚　3 年 6 次对簿公堂》，新浪新闻，2020 年 7 月 29 日，https://news.sina.com.cn/s/2020-07-29/doc-iivhvpwx8136480.shtml。妻子重病，丈夫竟先后 3 次诉至法院要求离婚。妻子也先后 2 次将丈夫诉至法院，要求其承担扶养义务，支付部分医疗费和扶养费。两人婚生子也起诉父亲，要求其支付抚养费。张某、杨某夫妻二人及其婚生子的官司达 6 次，最终经过该院家事审判庭调解，张某和杨某达成离婚协议：张某一次性支付杨某离婚补偿金、扶养费以及离婚前婚生子抚养费共计 18 万元，离婚后张某将每月支付婚生子抚养费 800 元。法院认为，杨某和张某系夫妻关系，在妻子患重病的情况下，张某应当履行扶养义务。很显然，在病重需要扶养的妻子面前，夫妻感情是否破裂的离婚标准已不是法院裁判的主要标准，而夫妻相互扶助、互守结婚时的承诺虽非法律准则，但是依理获得支持。

② 女孩小韦与男孩小苏自由恋爱、同居，并按照当地习俗和双方约定，同居后怀孕即结婚办婚礼。但是小韦怀孕以后，双方因为矛盾男方不辞而别，只一条信息通知小韦"我们不结婚了"。小韦无奈做了引产手术。面对身、心的痛苦以及医疗费用支出的损害，小韦决定起诉小苏，请求法院判决小苏说明悔婚理由、赔偿手术造成的医疗费用损失和精神损害。法院支持了小韦的部分请求：小苏承担部分医疗费用、赔偿小韦精神损害，其他请求驳回。"苛责"一词正是主审法官在当庭裁判时所言，准确而且明确。参见中央电视台《今日说法》2017 年 7 月 25 日播出的《悔婚》。

"彩礼"习俗，也从未依法予以调整。但 2003 年我国颁布了《最高人民法院关于适用〈中华人民共和国婚姻法〉若干问题的解释（二）》，其第 10 条不但定性了"彩礼"给付行为，还制定了因婚约解除或者离婚而有条件地彩礼返还规则。① 该条规定中的"按照习俗"四个字，成为我国少见的、以立法形式确认"习俗"的法律效力的条款。虽然该条并未明确规定习俗的效力高于法律，但是该条规定赋予法官裁量权，法官可依当地习俗作出主观判断、确认是否属于"彩礼"给付行为以及是否支持返还请求权。至此，"习俗"作为形成债务关系的判断标准，而不是适用所谓的法定的条件和因素。同时这四个字也意味着：在判断彩礼的适用上，法律允许各地依不同的标准（习俗）作出不同的裁决结果。也可以说是"社会属性"优先于"法律属性"。这一点从实务裁判中也已见例证，在未来《民法典》的实施过程中应当也是值得借鉴的。

除本部分前揭实例之外，两则彩礼返还纠纷案可以进一步印证前述观点。一则是徐某诉贺某某彩礼返还纠纷案，② 二人的子女订立婚约，后因解除了婚约，给付方请求接受彩礼方返还彩礼，二人还签订了一份《婚姻解除协议》，并且已经履行了一部分给付义务。法院在审理时虽然也判断"该协议反映了一定客观事实，具有可信度"，但是却不同于一般的合同，认定时也采取了完全不同的标准，法院认定协议"系自愿履行的性质，并不必然产生约束力"，并在判决中改变相应的内容，未当然支持协议的履行。另一则是段峰与杜成钰、李水英婚约财产纠纷案，③ 该案中法院认定当事人的行为有"借婚姻索取财物"的性质，判决彩礼依法"在婚约解除后应予以退还"。但是给付彩礼的男方是在举行结婚仪式的前一天取消婚约的，给另一方造成了损失和负面的影响，所以彩礼不能全部返还，而是返

---

① 《最高人民法院关于适用〈中华人民共和国婚姻法〉若干问题的解释（二）》第 10 条规定："当事人请求返还按照习俗给付的彩礼的，如果查明属于以下情形，人民法院应当予以支持：（一）双方未办理结婚登记手续的；（二）双方办理结婚登记手续但确未共同生活的；（三）婚前给付并导致给付人生活困难的。适用前款第（二）、（三）项的规定，应当以双方离婚为条件。"

② 徐某与贺某某婚约财产纠纷上诉案，（2014）庆中民终字第 437 号。

③ 段峰与杜成钰、李水英婚约财产纠纷案，（2014）庆中民终字第 497 号。

还一部分。

前述几则案例充分展现了实务应用中在法律原则和规定的适用"遭遇"风俗习惯、风土人情、民族传统等社会性因素时所采取的"谦抑"的姿态，其社会效果是积极的和正能量的，在《民法典》实施以后，也必将承继和保持。

优秀传统文化的婚姻家庭法表达[*]

郝 佳^{**}

【内容摘要】《民法典》体系下完成新价值的植入，需要立法和司法相互协调形成二元框架。立法层面，"见家"要求在制度的设计上能够观照到中华文化中家的主体性地位，照顾到家庭的整体性，彰显家庭关系、亲属关系的利他性，倡导亲情文化，以家庭关系的和谐稳定为基本价值取向。"见人"应是"见到家中人"，即将家庭成员置于家庭关系中考量，一方面，对于家庭中的人予以充分的人文关怀，情感支持；另一方面，在权利义务和责任的话语系统中，重拾责任，以完善的家庭责任体系引导和保障和谐稳定家庭关系的形成。司法层面，要求在具体规范的适用和案件纠纷的解决过程中，应有家庭整体观，有家庭和谐理念，通过法律续造等法律适用手段和多元化的纠纷解决机制，植入"看见家中人"的新价值，实现法治对家庭和对家庭中人的终极关怀。

【关 键 词】《民法典》　优秀传统文化　婚姻家庭法

家庭是社会的细胞，婚姻为人伦之始，作为调整婚姻关系、家庭关系

---

*　本文系 2018 年度国家社科基金"把社会主义核心价值观融入法治建设"重大研究专项项目"中华优秀传统文化传承发展的立法对策研究"的阶段性研究成果，项目编号 18VHJ009。

**　郝佳，西北政法大学民商法学院副教授，法学博士。

及亲属关系的法律规范，婚姻家庭法自产生之日起就与文化有着千丝万缕的联系，抑或说婚姻家庭法本身就是一种民族文化现象。一方面，婚姻家庭法律制度的设计安排受到当时社会文化尤其是伦理、道德等人伦文化要素的深刻影响，这些要素的发展演变往往也决定了家事法律制度的更迭绵延；另一方面，法律规则固有的行为导向功能，又将一个民族一个社会一定历史时期的伦理和道德准则法定化、强制化，具有强化和发展当时核心文化的作用。中华民族的传统美德、人文精神本就是中国历代婚姻家庭法律制度的固有基因，根植于民族血脉中的文化基因亦应在当代婚姻家庭法律制度中传承发展。因此，探讨优秀传统文化在当代婚姻家庭法中的表达，不仅是一项极具学术趣旨的理论研究课题，更将是一次富含实践意义的制度建构尝试。

一 优秀传统文化植入婚姻家庭法是社会主义核心价值观入法的优选路径

习近平总书记在主持中共中央政治局第十三次集体学习时指出，培育和弘扬社会主义核心价值观必须立足中华优秀传统文化，要深入挖掘和阐发中华优秀传统文化讲仁爱、重民本、守诚信、崇正义、尚和合、求大同的时代价值，使中华优秀传统文化成为涵养社会主义核心价值观的重要源泉。[①] 天下之本在家，家庭的和谐稳定是一个国家、一个社会、一个民族和谐稳定有序发展永续传承的前提。家庭的基本功能、传统文化与婚姻家庭制度的历史相关性、婚姻家庭法的基本特性决定了将优秀传统文化植入婚姻家庭法是社会主义核心价值观入法的优选路径。

首先，家庭的教育功能和扶养功能是涵养社会主义核心价值观的重要事实基点。家庭具有教育功能，父母是子女的第一任老师，家庭既是人生的第一课堂，也是人生永恒的课堂。家长的言传身教、家庭成员间的身体力行与耳濡目染，是学校教育无法取代的。以家庭教育功能为基点，重视

[①] 《中共中央政治局进行第十三次集体学习　习近平主持》，中央人民政府网站，2014 年 2 月 25 日，http://www.gov.cn/ldhd/2014-02/25/content_2621669.htm。

家庭教育，注重良好家风建设，在家庭中培育社会主义核心价值观，引导家庭成员热爱党、热爱祖国、热爱人民、热爱中华民族，传播中华民族传统美德，倡导和谐理念，培育文明风尚，较之学校教育、社会教育更具浸润性，更具效能。家庭有扶养功能，父母对子女有抚养义务，夫妻间和兄弟姐妹间有相互扶养和帮助的义务，子女对父母、孙子女外孙子女对祖父母外祖父母有赡养的义务。家庭的扶养功能是家庭成员间身体力行的教化，是尊老爱幼、夫妻和睦传统美德在家庭中的体现，是责任理念、亲情理念在家庭关系中的呈现。家庭成员间扶助互利、家庭扶养功能的实现，恰是践行社会主义核心价值观的具体内容和举措。

其次，历史地看，婚姻家庭制度是中华民族源远流长的民族文化的重要组成部分。婚姻家庭关系首先是一种伦理关系，中国古代多以道德、伦理规范来调整婚姻家庭关系。《孟子》总结了父子、君臣、夫妻、兄弟、朋友五伦基本的社会关系，明确规定了其间的行为准则："父子有亲，君臣有义，夫妇有别，长幼有序，朋友有信。""这种五伦关系理论通过儒家学者的鼓吹并将之礼仪化后，乃逐渐成为中国人民所奉行的人与人之间的对待行为规范。"[①] 家国一体同构的社会结构下，亲属关系间的伦理准则也是构建整个社会行为规范准则的基础，五伦关系中，父子、夫妻、兄弟三项亲属关系是基础性关系。儒家规范的行为理论，源于周礼，发端于春秋，历经秦汉时期的变动后，唐时固化于国家立法（《唐律》），形成了我国固有的礼法并用、以礼辅法的特色法律文化，伦理规范、道德律令透过家规和国法这样的二元规范体系调整着婚姻家庭关系，衍射至整个社会关系的调整和国家治理。因此，讨论婚姻家庭制度，不可避免地要谈及中国传统文化；探讨传统文化，尤其是探讨传统文化的创造性转化、创新性发展，则无法回避其原生起点——婚姻家庭关系及相应的婚姻家庭制度。

最后，婚姻家庭法是婚姻家庭制度逻辑化、系统化的高级形态，基于其特有的民族性、伦理性，婚姻家庭法被认为是"一个国家的法律体系中最具民族历史文化传统的法律，……它是一个国家、一个民族对自己婚姻

---

① 陈惠馨：《传统个人、家庭、婚姻与国家——中国法制史的研究与方法》，台北：五南图书出版股份有限公司，2006，第212页。

家庭生活中存在的正义观的制度表达"①。"民法中最具有民族性、习俗性的，当属亲属法。夫妻关系、父母子女关系，无不受其民族、习惯之影响而各有传统。因此，各国制定亲属法时，常将习惯列为首要考虑，期使法律与社会相结合。实施与习惯不同之亲属法，只会徒然造成法与社会脱节的现象。"② 如果说民族性、伦理性是一国婚姻家庭法的基因，那么该民族所特有的传统文化就是一国婚姻家庭法的血脉和灵魂。作为固有法，婚姻家庭法一方面要面对其所负载的传统文化要素，另一方面，更要回答传统文化与现实文化的融通这一时代命题。由此，优秀传统文化在婚姻家庭法中的植入是当代社会主义核心价值观入法的必选路径。婚姻家庭法作为一国法律中适用最广泛、涵盖人群最多的法律部门，在其中植入优秀传统文化，更是能够最大限度地实现社会主义核心价值观入法的实践效用。由此，优秀传统文化植入婚姻家庭法中又构成当代社会主义核心价值观入法的优选路径。

综上所述，本部分将重点解决什么样的优秀传统文化，通过何种路径，以怎样的创造性、创新性的模式最终嵌入婚姻家庭法律制度。

二　婚姻家庭法视角下优秀传统文化要素的析出

（一）　婚姻家庭法的历史文化考察

婚姻家庭法是调整婚姻家庭关系的法律规范的总和。自有婚姻家庭制度始，其调整对象从未发生实质性的变化。对婚姻家庭法而言，无论其形式如何，是抽象化的行为规范、伦理禁忌，还是具象化的法典，其调整对象均集中于婚姻关系、亲子关系、家庭（其他亲属）关系这三个方面。因此，我们对中国婚姻家庭法的历史文化考察也是从这三个方面开始的。

1. 婚姻关系制度的历史文化考察

按照摩尔根《古代社会》、恩格斯《家庭、私有制和国家的起源》等经

---

① 金眉：《论中国特色婚姻家庭法的制度建构》，《南京社会科学》2019 年第 11 期。
② 林秀雄：《台湾百年来收养制度之变迁》，载台湾"法学会"编《台湾法制一百年论文集》，台湾"法学会"印行，1996，第 614 页，转引自蒋月《20 世纪婚姻家庭法：从传统到现代化》，中国社会科学出版社，2015，第 170 ~ 171 页。

典著作的划分，人类社会婚姻形态以出现时间的先后分为五种，即原始杂婚、血缘群婚、亚血缘群婚、对偶婚和一夫一妻婚。一般认为，一夫一妻婚的出现代表着人类社会进入文明时期。

关于我国一夫一妻婚出现的时间，学者存在争议。有学者认为我国早在新石器时代就存在一夫一妻制的婚姻关系。① 有学者认为我国在夏朝以前（包括夏朝）都不存在一夫一妻制的婚姻关系。② 能够形成共识的是"上古时代的人们，在感情生活上曾经是自由的"③，在婚姻的缔结和退出机制上都享有充分的自由。时至周以降，男权本位下的一夫一妻（多妾）的婚姻制度逐渐确立并固化。春秋时期的一夫一妻制度尚是带有原始浪漫主义色彩的男女平等的婚姻关系，如《邶风·谷风》中记载了一对夫妻离婚后，男方又娶新妇的故事："德音莫违，及尔同死。行道迟迟，中心有违。不远伊迩，薄送我畿……宴尔新婚，不我屑以。"无论是男女离异，还是男子再娶，都没有受到惩处，甚至连社会道德层面的批评都没有。至战国时期一夫一嫡的夫妻关系制度确立，《法经·杂律》中记载"夫有二妻则诛，妻有外夫则宫"，即丈夫所要遵守的仅仅是不能有两个以上嫡妻，而妻子更不得与丈夫之外的男子发生关系，否则要受到刑法的处罚。④ 秦汉之后，婚律渐兴，日趋于详。又，汉武帝罢黜百家独尊儒术，以"尊尊""亲亲"为价值判断宗旨的封建纲常礼教与成文法结合，取得行为规范意义上的统治地位，在夫妻关系制度上，也全面进入夫为妻纲的"三从四德"时代，这一时代延续了数千年之久，至《大清民律草案》亦未见有改。具体体现为以下几个基本特征。

首先，在婚姻形态上，严格维护一夫一妻制的基本婚姻制度。"在宗法社

---

① 参见李博《中国婚姻法文化考论》，黑龙江大学出版社，2012，第70页。"一夫一妻制类型存在于新石器时代，距今10000—4600年。"

② 参见汪汾玲《中国婚姻史》，武汉大学出版社，2013，第25页。"史称夏代已有一夫一妻制，其实是一夫多妻，只是对女子来说是一夫而已。"

③ 唐达、严建平、赵人俊：《文化传统与婚姻演变——对中国婚姻文化轨迹的探寻》，文汇出版社，1991，第9页。

④ 对此，陈顾远先生有不同的看法，"《法经》其中尚无关于婚事之直接规定，惟奸淫事例入于《法经》之《杂律》"。依照此种观点，"二妻""外夫"均属淫逸之事，即便处以刑罚也是因为两性关系的伦乱，而非对于夫妻关系的破坏。参见陈顾远《中国婚姻史》，商务印书馆，2014，第18页。

会中，一方面为胤嗣之续可以多娶，一方面重嫡庶之别，不得多'妻'。"①
因之，中国古代宗法社会中所要竭力维护的一夫一妻制实则为一夫一妻多
妾制。"一妻"是保证血统纯正的需要，"多妾"是保证子孙数量的需要。
一夫一妻多妾的婚姻制度，是中国古代存在时间最长的婚姻制度，甚至于
新中国成立之前，这一制度仍然存在。宗法社会中，一夫一妻不仅是礼制
的要求，也是法律的要求，违反者会受到刑事处罚，如《唐律·户婚》规
定："诸有妻更娶妻者，徒一年；女家，减一等。若欺妄而娶者，徒一年
半；女家不坐。各离之。"根据这一规定，凡有妻更娶者，男方和明知的女
方都要受到刑事处罚，婚姻关系的效力亦不被认可，需"各离之"。② 在此
基础之上，一夫一妻制还强调妻妾地位不能乱，《唐律·户婚》规定："诸
以妻为妾，以婢为妻者，徒二年。以妾及客女为妻，以婢为妾者，徒一年
半。各还正之。"乱妻妾地位者要受到刑事处罚，被乱之秩序也要恢复原
状。无论是礼制还是法制中对于一夫一妻制的维护，其核心目的都是为了
维持宗法礼教之下，尊卑有序的等级身份制度。

其次，在夫妻关系上，秉持夫为妻纲的父权制夫妻关系宗旨。中国古
代社会以宗法制为主要特征，宗法制下，"尊尊""亲亲""男女有别"的
等级秩序决定该制度的夫妻关系必然是"男尊女卑"的不平等关系。"三从
四德"是中国封建社会对女性的基本要求，一方面，否认女性的人格独立，
认为其在不同的人生阶段都是应当附属于男性（家庭尊亲属）的，女性应
当"在家从父，出嫁从夫，夫死从子"；另一方面，在行为规范上，要求女
性讲求"妇言、妇德、妇功、妇容"，要求女性在言行、思想、家事劳动和
仪表上都能够严守妇道，以男性（家庭尊亲属）为取悦对象和目的。在具
体的权利义务关系上，由于妻子没有独立人格，其人格已经被丈夫所吸收，
因而无论是其人身权还是财产权均受到极大限制，丈夫对妻子有教令权、
支配权等生杀予夺的权利，而妻子更多的是负担对丈夫的义务，如保持贞
操和忠诚的义务。财产方面，丈夫拥有绝对的财产权，对家庭财产有处分、

① 陈顾远：《中国婚姻史》，商务印书馆，2014，第39页。
② 亦有学者认为，禁止有妻更娶只是法律上的形式主义，在执法层面已经流于形式，即《唐
律》中的禁止有妻更娶条款已经被现实架空，并未得到真正的执行。参见陈鹏生主编《中
国法制通史·隋唐编》，法律出版社，1999，第536页。

支配和使用的绝对权利。在实际生活中，家庭财产都因妻子没有独立的法律地位而被丈夫所实际享有："夫用妇钱，义无还礼。"① 可以说，在夫妻关系制度的设计上，男尊女卑的特征占据主导地位，男权特色的家长权下，女性的平等权利是无从谈起的。

最后，在婚姻关系的解除上，实行父权制的专权离婚制度。较之于西方中世纪法律，中国古代法律对待离婚的态度更为开放。西方中世纪法律基于宗教对于婚姻本质的界定——"神作之和"，原则上禁止离婚。中国古代法律则多采许可离婚模式，即由法律规定准予离婚的情形。许可离婚模式下，离婚的方式主要有以下三种：出妻、和离、义绝。这三种离婚的方式均以男性享有离婚专权为基本特征。出妻有七种法定情形：无子、淫佚（纵欲放荡）、不事舅姑（不侍奉公婆）、口舌（说闲话、搬弄是非）、盗窃（妻以秘密手段违法取得不属于自己的财产②）、妒（嫉妒、忌恨）、恶疾（妻患有不能与夫一同祭祀宗庙的疾病③）。七种情形均为对妻子单方面设定的要求。和离是自愿离婚的一种方式，"夫妻不相安谐而和离者，不坐"，即男女双方因为不能和谐相处而自愿离婚的，不受刑事处罚。在具体实施过程中，和离的主动权依然在男方，和离只是"以平和的方式表达男权的行使"④。义绝是中国法制史上一种特殊的离婚制度，是指由国家（官府）强制男女双方解除婚姻关系。《唐律·户婚》规定："犯义绝者离之，违者，徒一年。"《唐律疏议》进一步说明了义绝的情形："义绝，谓殴妻之祖父母、父母及杀妻外祖父母、伯叔父母、兄弟、姑、姊妹，若夫妻之祖父母、父母、外祖父母、伯叔父母、兄弟、姑、姊妹自相杀及妻殴詈夫之祖父母、父母，杀伤夫外祖父母、伯叔父母、兄弟、姑、姊妹及与夫之缌麻以上亲、若妻母奸及欲害夫者，虽会赦，皆为义绝。"⑤ 从这一说明来看，对妻的要求仍然是高于夫的，义绝制度从根本上讲也是为了维护封建宗法社会"亲亲""尊尊"的基本价值遵奉。

---

① 陈鹏生主编《中国法制通史·隋唐卷》，法律出版社，1999，第551页。
② 陈鹏生主编《中国法制通史·隋唐卷》，法律出版社，1999，第561页。
③ 陈鹏生主编《中国法制通史·隋唐卷》，法律出版社，1999，第562页。
④ 陈鹏生主编《中国法制通史·隋唐卷》，法律出版社，1999，第570页。
⑤ （唐）长孙无忌等撰，刘俊文点校《唐律疏议》，中华书局，1983，第267页。

2. 家庭关系制度的历史文化考察

中国古代法律以家族本位为基本定位，因此，在具体制度设计上也以维护家庭结构的稳定、维系长幼尊卑的身份地位为基本理念。对家庭成员关系的调整，也是以宗法尊卑秩序的维系为前提和指导的。这一点在"亲属相犯"的规定，也即中国古代家庭暴力规范中体现得尤为明显。

在儒家宗法伦理思想理念的统辖之下，中国古代法律①对于家庭成员之间的暴力行为，一般交由家族内部处理，即由"家规"进行规制。与此同时，在作为外部控制系统的国家立法中对于严重的家庭暴力行为也有专门的规定，其特点是以刑罚为惩治手段，以亲属关系的尊卑、远近、辈分的大小来决定刑罚的轻重。儒家理论认为"存在于家族中的亲疏、尊卑、长幼的分异和存在于社会中的贵贱上下的分异同样重要，两种差异同为维持社会秩序所不可缺"②。中国古代法律制度中对于亲属或曰家庭成员间的暴力行为的处理，就是以维护传统的伦理纲常和家长制度为基本原则的。

（1）家规——家庭成员间暴力行为的内部处理

中国社会历来有家规、国法之分。家庭内部纠纷往往交由家庭（族）自行处理，国家法律是不予干涉的。"家之有规犹国之有典也，国有典则赏罚以饬臣民，家有规寓劝惩以训子弟，其事殊，其理一也。"③

"家规"是调整家庭内部关系的规范，一般由家长制定，往往延续数代，并且不容更改。从性质上看，家规是一种以血缘关系为纽带的属人习惯法规范，凡该家庭（家族）中的成员均应无条件遵守；从内容上看，家规一方面规范家庭成员间的人身关系和财产关系，如对婚姻实质要件和形式要件的规定、对夫妻关系及行为的规范、对家产的使用和继承的规定等等；另一方面家规还涉及家庭教养、家族祭祀、婚丧嫁娶等活动的礼仪程序等内容，如家蒙之规（指家庭教育的规范、原则）、立品之规（教导子孙礼义廉耻之道）、慎终之规、祖茔之规等等；从形式上看，家规一般表现为"家训""族规""宗谱"等形式，著名的《朱子家训》实际上就是规范家

---

① 本文所谓"中国古代法律"亦包括习惯法。
② 瞿同祖：《中国法律与中国社会》，中华书局，2003，第295页。
③ 安徽《仙原东溪项氏族谱》卷一《祠规引》，转引自朱勇《中国法律的艰辛历程》，黑龙江人民出版社，2002，第68页。

庭成员行为、调整家庭成员间关系的家规。

家规依宗法血缘伦理而设，是在家庭内部维系伦理纲常和家长制等级关系的工具。"名尊卑""敬长上""尊卑有伦，不可侵犯"这样的词句经常出现在后世所存有关家规的文献中，①"亲亲""尊尊"的儒家理念通过家规在家庭内部推行并巩固。因此，家庭成员间的互相侵犯或是暴力行为被视为破坏家庭内部秩序的"违礼"行为而为家规所不容。同时，对于家庭成员间互相侵犯的行为，家规的处罚也因血缘伦常身份的不同而有所不同。如昆陵费氏宗谱规定："伯叔皆父行也。其有诸侄孙干犯叔父、伯叔祖父者，责二十板，锁祠内十日；再犯责三十板，锁祠内二十日；三犯公革出祠。其或恃祖、父行欺凌卑幼者，量事缘由，重者议责，轻者议罚。兄弟有序，以弟犯兄，不恭，责三十板；以兄凌弟，不友，责十板。"②卑幼犯尊长，不问缘由一律板责或禁锢，而尊长欺凌卑幼，则需视具体情况追究行为人的责任，并且处罚程度也较卑幼犯尊长的处罚为轻。更有甚者，即使对言语冒犯和争执事件的处理，也会因尊长卑幼身份的不同而有所区别。如章溪郑氏宗谱规定，尊卑发生争论时，尊长"如恃尊压卑，有所侵夺"，卑幼可告诉宗长，由宗长来处理。但"若卑幼犯其尊"，宗长就要"先责其犯上之罪"，而后再辨别这一争论的曲直。③

此外，在家庭内部系统中，尊长对卑幼、家长对家庭成员的暴力行为还有一种合法化的形式，那就是惩戒权的行使。"家无怒笞，则竖子婴儿之有过也立见"④，"笞怒废于家，则竖子之过立见；刑罚不中，则民无所措手足。治家之宽猛，亦犹国焉"⑤。家长的惩戒权通过执行家规得以实现，罚跪、禁闭、掌掴等人身性的惩罚手段是家规中最为常见的。在有些情况下，家长将子女处死也是合情、合"礼"、合规的，这一点甚至得到了封建帝王

---

① "明尊卑"见万历《茗洲吴氏家记》卷七；"敬长上"见光绪《深洞李氏大宗谱》卷一；"尊卑有伦、不可侵犯"见《四明栎溪杨氏宗谱》。参见高其才《中国习惯法论》，湖南出版社，1995，第35页。
② 江苏昆陵《费氏重修宗谱》卷一《宗规罚例》，转引自高其才《中国习惯法论》，湖南出版社，1995，第36页。
③ 《章溪郑氏宗谱》卷一《族约》，转引自费成康主编《中国的家法族规》，上海社会科学院出版社，1998，第90页。
④ 《吕氏春秋·荡兵》。
⑤ 《颜氏家训·治家》。

的支持。雍正皇帝在一道针对尊长以家法诛杀不法子弟的案件的上谕中写道："其本人所犯之罪，在国法虽未至于死，而其尊长、族人竭除凶恶，训诫子弟，治以家法，至于身死，……情非得已，不当按律拟以抵偿。"① 如上所述，忠孝的礼教观、长幼有序的等级观以及对尊长、家长绝对权力的服从观通过家规的灌输和培养一代一代地延续并深化。至 19 世纪，当梅因名之为"从身份到契约"的运动业已在西方社会基本完成的时候，中国的家长依然掌握着惩戒和出卖子女、决定其婚姻状况以及控制家庭财产等所有基本权力。②

作为家庭成员间暴力行为的内部控制系统，家规严格地按照宗法伦理的准则进行规范，卑幼对尊长的侵犯被视为"不伦""不尊"的行为而被禁止，并且要受到严厉的惩罚。相反，尊长对卑幼的侵犯在一定程度上是被允许的，并且借由惩戒权合法化。在这一体系下，家长、尊长的权力和地位被置于至高之处，其实质是对传统父权家长制度及在该制度之下形成的既有秩序的维护。

（2）国法——家庭成员间暴力行为的外部控制

所谓国法，以其主体观之主要指历朝历代由国家制定的法律规范。有据可查的可追溯至秦汉时期，再至唐、宋、元、明、清，各朝均有系统的法律制度。国法与家规同属社会控制系统，国法是治国平天下之具，而家规则是修身治家之道。同时，国法与家规又具有共源性与同构性。所谓共源性，是指"国法与家规都是由中国初民社会的原始习俗嬗变而来的"③，只是国法以国家正式制度的形式出现，而家规则以民间习惯法的形式存在；同构性则是指二者在性质上均为社会秩序的调整规则，并以人身关系的网状等级结构为基本设置，以身份关系的不同决定权利义务的差异。不难看出，共源性与同构性存在着共同的指向——宗法伦理。维护父权家长制的宗法伦理亦是国法的基本功能与主要目标，这一点在其对家庭成员间暴力侵犯案件的处理上体现得淋漓尽致。

---

① 《钦定大清会典事例》卷八百一十一《刑部·刑律斗殴》，商务印书馆，1908。
② 梁治平《寻求自然秩序中的和谐》，中国政法大学出版社，2002，第 112 页。参见瞿同祖《中国法律与中国社会》，第一章第二节"父权"，中华书局，2003。
③ 张中秋：《家礼与国法的关系、原理、意义》，《法学》2005 年第 5 期。

第一，准五服以治罪，对于家庭成员间的相互侵犯，依尊卑长幼的身份及亲属关系的远近决定刑罚与否或刑罚的轻重。依秦律，父母擅自杀死子女、奴婢，或者刑伤、髡剃子女或奴婢的案件为"非公室告"，国家不予受理。若提出此类诉讼，原告会被处以刑罚惩罚。① 张家山汉简《贼律》（三九）规定："父母殴笞子及奴婢，子及奴婢以殴笞辜死，令赎死。"《贼律》（三四）规定："子贼杀伤父母，……，皆枭其首市。"② 不难看出，汉律对父母对子女的生杀权是有所控制的，但父母殴笞子女致死还是可以以金赎罪，而子女殴伤父母，即使未伤及生命，也要处以枭首的极刑。唐律中关于谋杀期亲尊长的规定更为明显地体现出宗法伦理身份在此类案件中的决定性作用。依唐律，谋杀期亲尊长，外祖父母、父母者，皆斩。谋杀缌麻以上尊长者，流二千里；已伤者，绞；已杀者，皆斩。③ 即尊长谋杀卑幼者，各依故杀罪减两等；已伤者，减一等；已杀者，依故杀法。至明清时期，故杀子孙者，仅杖六十，徒一年。相反，若子孙杀伤父母者，即使为无心误杀，也会被处以凌迟酷刑。④ 对于非杀伤的斗殴，根据大明律的规定，凡卑幼，殴本宗及外姻缌麻兄姊，杖一百；小功，杖六十，徒一年；大功，杖七十，徒一年半；尊属又加一等。折伤以上，各递加凡斗伤一等；笃疾者，绞；死者，斩。若尊者殴卑幼，非折伤，勿论。至折伤以上，缌麻，减凡人一等；小功减二等；大功，减三等；致死者，绞。⑤

可见，古代法律对于亲属间或曰家庭成员间互相侵犯案件的处理更为鲜明地表现为：对以卑犯尊者，其处罚的轻重与亲属关系的远近成反比，关系越近处罚越重，关系越远处罚越轻；若为尊长犯卑幼，则其处罚的轻重与亲属关系的远近成正比，关系越近处罚越轻，关系越远处罚越重。

第二，不孝罪加重处罚。按照儒家伦理子孙理应恭顺孝敬，因此对父

---

① 《秦简·法律问答》："'公室告'【何】殴也？'非公室告'可［何］殴【也】？贼杀伤、盗他人为'公室'；子盗父母，父母擅杀、刑、髡子及奴妾，不为'公室告'。""子告父母，臣妾告主，非公室告，勿听。""主擅杀、刑髡其子、臣妾，是谓'非公室告'，勿听。而行告，告者罪。"参见曹旅宁《秦律新探》，中国社会科学出版社，2002，第91页。

② 曾加：《张家山汉简法律思想研究》，商务印书馆，2008，第175页。

③ 《唐律疏议笺解》卷十七"谋杀期亲尊长"条，刘俊文笺解，中华书局，1996。

④ （清）祝庆祺等编《刑案汇览三编》（一）卷二"误伤父母拟斩随案声请承祧"条，北京古籍出版社，2004，第44页。

⑤ 《大明律》刑律三"斗殴""殴大功以下尊长"条，怀校锋点校，法律出版社，1999。

母尊长的侵犯被认为是不孝行为为历代法律所不容。对于不孝罪的处治，中国古代法律皆采加重主义，① 所谓"五刑之属三千，罪莫大于不孝"②。秦律中就有免老（六十岁以上的老人）控告子孙不孝，官府应立即将被控之人逮捕的规定："免老告人以为不孝，谒杀，当三环之不？不当还，亟执勿失。"③ 依汉律，不孝皆斩枭。④ 唐律则专设骂尊长条，以惩治污骂尊长的不孝行为，最重可处绞刑。⑤ 而对尊长的身体的侵犯则被认为是比不孝更为严重的忤逆行为，亦给予严惩。

第三，在司法审判中，家庭关系是重要的法律适用标准。"某一犯罪若涉及家庭亲属关系，而规定该项犯罪的律或例又同时有两条以上，在这种情况下，涉及家庭关系的律例优先于不考虑家庭关系的律例。"⑥ 如清朝嘉庆年间有一案，张某因其妾王氏撒泼，将王氏捆于房内，冀其悔改。忽听王氏在房内咒骂张某父母，故断其饮食，以致王氏气痛病发作身死。张某行为同时符合清律关于"屏去人服食"的规定和"妻妾殴骂夫之父母，而夫擅杀"的规定。依前者，张某应被处绞监候，而依后者，仅杖一百。此案最终以后者定案，给予张某杖一百的处罚。⑦

无论以家规形式对家庭暴力行为进行内部控制，还是以国家立法的形式对家庭暴力行为进行外部规制，都是以中国传统宗法伦理的基本理念为指导，以宗法礼教为基本内容，以维护宗法家长制为根本目的的。

3. 亲子关系制度的历史文化考察

亲子关系制度也称父母子女关系制度。封建宗法制下，亲子关系制度被家长制所涵摄，父母子女关系也被纳入尊卑长幼、尊尊、亲亲的基本秩

---

① 瞿同祖：《中国法律与中国社会》，中华书局，2003，第30页。
② 程树德：《九朝律考》，中华书局，1988，第96页。
③ 《秦简·法律问答》，参见曹旅宁《秦律新探》，中国社会科学出版社，2002，第76页。
④ 《公羊传》文公十六年，何休注，转引自瞿同祖《中国法律与中国社会》，中华书局，2003，第29页。
⑤ 《唐律疏议·斗讼》"殴詈祖父母父母"条，参见（唐）长孙无忌等撰，刘俊文点校《唐律疏议》，中华书局，1983，第414页。
⑥ 〔美〕D. 布迪、〔美〕C. 莫里斯：《中华帝国的法律》，朱勇译，江苏人民出版社，2004，第224页。
⑦ （清）祝庆祺等编《刑案汇览三编》（二）卷三十三"因妾咒骂夫之父母将其绝食病死案"条，北京古籍出版社，2004，第1202页。

序和价值评判标准中。考察其具体制度，亦可从两个方面展开，一是以家长对家属、尊长对卑幼绝对控制为主要内容的家长权制度，二是以子女对家长、卑幼对尊长的服从、尊重以及奉养为主要内容的关于"孝"的制度性规范。

（1）家长权

家长，指家庭中的男性最尊者，在三世家庭中一般为祖父。家长对外是整个家庭的代表，对内统领全体家属，也即其他家庭成员。子女作为家属，必须服从家长的管制。各代法律对家长权的具体规范不同，但基本内容和大致方向是一致的，即强调家长对家属、尊长对卑幼的绝对控制。这种控制主要体现在以下几个方面。

第一，严格的教令权。这是家长权中最为核心的内容。依据教令权，家长有权利教导和管束家属，父母尤其是父亲有权利教导和管束子女，尊长有权利教导和管束卑幼。此种教导和管束的权利覆盖了家庭生活的方方面面，无论是家庭的生产、消费、日常生活，还是家属（子孙）的行为举止，都在家长的管制之下。子孙必须听从家长的教令。如若违反，则有可能构成犯罪。唐代《斗讼律》即规定"诸子孙违反教令及供养有阙者，徒二年"[1]。同时，国家法律对于违反教令的刑责，需要由家长来启动，只有家长选择告官，才会追究子孙违反教令之罪。更为特别的是，在告官和自行责罚之间，家长有选择权，"刑罚不可弛于国，笞棰不可废于家"。[2] 对于子孙违反教令的行为，家长也可以自行惩罚，即使在责罚过程中过失杀伤子孙，也不为罪，无须承担刑事责任。无论是家规还是国法，无论是礼治还是法治，都在强调子孙对家长意志的绝对服从。需要说明的是，对于这种服从针对的是合法的教令，对于不合乎法律和伦常的教令，子孙可以不遵守："祖父母、父母有所教令，于事合宜，即须奉以周旋，子孙不得违反。"[3]

---

[1] 《唐律疏议·斗讼》"子孙违反教令"条，参见（唐）长孙无忌等撰，刘俊文点校《唐律疏议》，中华书局，1983，第437页。

[2] 语出《唐律疏议·名例》，参见（唐）长孙无忌等撰，刘俊文点校《唐律疏议》，中华书局，1983，第1页。

[3] 钱大群：《唐律疏义新注》，南京师范大学出版社，2007，第716页。

第二，绝对支配的财产权。在同财共居的家庭模式下，中国古代的家长财产权不同于现代财产权，家长财产权往往指对于财产的支配权而非所有权，主要体现在对财产的管理和处分上。家庭财产总摄于尊长，卑幼不得自专。同时为了维持共同财产的稳定性和持续性，保证家长对家庭财产的绝对支配权，还有父母在，子孙不得别籍异财的规定。在唐代，父母在世，子孙别籍异财者，会被课以"徒三年"的刑事责任。

第三，对子女婚姻的主婚权。主婚权指法律赋予家长对其子女婚姻的成立、持续及解除的决定权。① 中国古代社会，婚姻被认为是"合二姓之好，上祀宗庙，下继后世"的家族大事，因此，婚姻当事人个人的意志被排除在外，婚姻之事全由家长做主，家长享有并行使对子女的主婚权。这是一种对子女婚姻的支配权，嫁娶皆由父母。婚姻的成立要遵循父母之命、媒妁之言，完备六礼程序，六礼齐备谓之"婚"，六礼不备谓之"奔"。婚姻的解除也往往由家长做主，且"不事舅姑"亦是出妻的法定事由之一。

此外，还有对子女出养、出嗣等权利。所谓"家事统于一尊"，家长权的主旨即在于维护尊尊、亲亲的封建宗法制度，保证家长对于家属（子孙）的绝对控制，在家长权之下，子孙的独立意志严格受限，其人格被家长所吸收，形成一种不平等的、控制与被控制的依附关系。

（2）"孝"的规范

古代亲子关系法一方面要求强化家长对子女的家长权，另一方面又对子女提出"孝"的要求，要求子女给予父母尊长充分的敬重、服从和奉养。子曰：夫孝，德之本也，教之所由生也……身体发肤，受之父母，不敢毁伤，孝之始也。立身行道，扬名于后世，以显父母，孝之终也。夫孝始于事亲，中于事君，终于立身。②

从具体法律规范上看，"孝"作为子女的义务，主要体现在两个方面。一方面是对家长意志的遵从、服从（前文"家庭关系制度的历史文化观察""家长权"部分均已述及）；另一方面是对子女奉养父母尊长的规定，强调子女对父母尊长的物质赡养和生活照顾。在对孝的要求上，法律几乎照搬

---

① 陈鹏生主编《中国法制通史·隋唐卷》，法律出版社，1999，第587页。
② 《孝经·开宗明义章》。

了礼制的孝义之道，法制与礼制在对子女孝的要求上达到了高度的统一。"儒家关于孝亲的原则乃至细枝末节的规定，即是律所规定的供养的全部内容。"① "家道堪供，而故有阙者：各徒二年"②，违反孝道奉养不到的子女，要受到刑事处罚。无论是违反父母尊长的意志，还是奉养不到，均可能以十恶之一的"不孝"（"不孝谓告言、咒骂祖父母、父母。夫之祖父母、父母及祖父母、父母在，别籍异财，若奉养有缺。居父母丧，身自嫁娶，若作乐释服从吉，闻祖父母、父母丧，匿不举哀，诈称祖父母、父母死"③）被治以重罪。

（二）古典价值的发掘与新价值的生成——婚姻家庭法视角下传统文化的辩证分析

中国古代婚姻家庭法律制度以礼法结合为外部表征，以封建宗法等级制度为核心内容，以国法家规并用为特有的调整手段。站在今人立场观察古代法律，其必然是为了古为今用，那么，抛却其因历史时代局限所固有的文化桎梏，发现滋养古代婚姻家庭法律制度的古典价值土壤的现代意义，生成当代社会婚姻家庭法律制度的新价值体系，则是达至古为今用的前提和必经程序。

1. 尊卑长幼、尊尊、亲亲的伦理宗法价值观是中国古代婚姻家庭制度据以建构的古典价值基础

中国社会几千年来以家庭为基础的基本社会结构未发生根本性的变革。家庭仍然是社会的基本构成单位。不断发生变化的，是调整婚姻家庭关系的规范以及生成该规范的相应的价值观。中国古代婚姻家庭法律制度以宗法等级制为其本质核心内容，其赖以存在和生长的文化价值体系是儒家尊卑长幼、尊尊、亲亲的伦理宗法价值观。

第一，维护家长专制是其调整家庭关系的基本价值宗奉。从身份上看，妻的人格被夫吸收，子的人格被父吸收，家属的人格被家长吸收，家长之外的其他家庭成员没有独立人格，其生产、生活、婚嫁等事项的决定权均

---

① 陈鹏生主编《中国法制通史·隋唐卷》，法律出版社，1999，第586页。
② 《唐律疏议·斗讼》"子孙违反教令"条。
③ 张晋藩、怀效锋主编《中国法制通史·明卷》，法律出版社，1999，第299页。

在家长集权控制之下。财产方面，同财共居的模式是中国古代家庭的标准模式，家长对财产享有绝对控制权，从家长专权的集权表征下，可以窥见封建婚姻家庭制度对于家的维系，即其在竭力保证家的稳定与延续，人格的一体化、财产的共享化、家庭权力的集权化都是为了确保家作为一个整体的稳定永续。如果说家长专制之下的人格依附和压制是中国古代婚姻家庭制度历史局限性的体现，那么，对于家的重视则是贯穿古今中华文化发展历程的不变因素，不仅在家族本位的古代社会，即便是在个人本位盛行的现代社会，家的稳定都关乎个人的福祉、国家的稳定与社会的和谐。

第二，男尊女卑夫为妻纲是婚姻关系制度的基本价值标尺。父权制下，女性实为婚姻关系的客体，缔结婚姻的决定权由其父（家长）享有并行使，解除婚姻的决定权由其夫或夫之父（家长）决定。在日常生活中，妻子亦需服从丈夫的管控，夫为妻纲，"妇者，服也，服于家事，事人者也"[①]。"一种妇女低男人一等，受奴役基础上的婚姻关系"[②]是大多数学者对中国古代婚姻关系的共识。不过，即便是在这样所谓的奴役关系中，妻子的权利也并非完全被无视。财产权利方面，中国自古就有妆奁制度，妆奁作为女子出嫁从母家带出的财产，具有一定的独立性，不属于夫妻共同财产或者夫之家庭财产，在夫妻关系存续期间丈夫可以对其行使管理权，若婚姻关系解除则应将其归还妻子。离婚制度中，尽管丈夫拥有出妻的决定权，但国家法律还是以"三不去"的强制性规定限制了丈夫的出妻权。"三不去者，谓：一，经持舅姑之丧；二，娶时贱后贵；三，有所受无所归。"[③]经持舅姑之丧不去，一方面体现了对父祖家长意志的遵从，另一方面也是对孝道的倡导。娶时贱后贵不去，则是体现了国家法律对婚姻关系稳固的强制保护，认为男方社会地位的变化不得影响婚姻关系的存续。有所受无所归不去，则是考虑到此种情形下女性的生存需要，实际上起到了保护女性生存权利的作用。

第三，在家庭成员关系的规制上强调长幼尊卑的基本伦理秩序。如前所述，对于卑幼侵犯尊长的行为，比照普通人之间的侵犯行为加重处罚；

---

① 《白虎通·嫁娶篇》。
② 蒋月：《20世纪婚姻家庭法：从传统到现代化》，中国社会科学出版社，2015，第100页。
③ 《唐律疏议·户婚》。

对于尊长侵犯卑幼的行为，则比照普通人之间的侵犯行为减轻处罚，甚至不予处罚。从当代平等理念来看，此种规制方式显然是一种尊卑有别的不平等制度，但若更换视角，以当时的时代背景观之，对家庭成员间暴力行为的规制，何尝不是中国古代法律对和谐家庭关系的倡导与追求，只是这种价值导向在宗法社会之中，必然体现为一种等级差序的不平等格局。笔者认为，这并不影响对"古代婚姻家庭制度强调家庭关系和谐"的价值追求的认定。

第四，在父母子女关系上奉行以"孝"为核心价值导向的基本原则。中国古代法律中的父母子女关系制度均以"孝"为核心来构建，强调子女晚辈对父母长辈的意志的服从和物质的供养，且将二者均作为子女的强制性法定义务。中国古代法律在父母子女关系的规制上，与当代婚姻家庭法的规制方法不同，不是权利义务对等型，而是单项的权利与单项的义务，父母家长享有权利，子女负担义务，强调子女对父母意志的绝对服从。若整体地看，这显然不符合当代法律中人格独立、自由、平等的基本价值观，但若将其拆解开，仅看对子女孝的要求，便能于否定性评价中跳脱出来，看到以"孝"为核心的封建父母子女关系制度的历史进步性，即制度本身对老年人、长辈的关爱。自古以来，"孝"不仅是父母子女关系制度的价值原则，更是中国社会的一项基本道德标准，对父母长辈的敬重与赡养，是中华民族几千年来形成的优秀传统和民族共识，这一共识迄今为止并未有变。

综上所述，中国古代婚姻家庭法律制度赖以存在和发展的古典价值土壤，是以尊卑长幼、尊尊、亲亲为基本价值内核的封建宗法伦理等级制度。在这一价值观体系下，不见独立人格、不见平等的人身关系，但将之置于中华文明的发展长河中，则不难看到，中国古代婚姻家庭制度所体现出的古典价值同样蕴含着对人的关怀、对善的追求和对家庭关系和谐稳定的倡导。

2. 新中国成立以来至《民法典》颁布前，《婚姻法》的三次立法活动对古典价值的扬弃

无论是清末修律还是民国时期的民事立法，均未对封建的婚姻家庭法律制度作出实质性的修订，尤其是在基本的价值导向方面，更是没有实质的变动。真正对我国婚姻家庭制度做出革命性变更的，是新中国的婚姻家庭立法。自 1950 年新中国第一部法律《中华人民共和国婚姻法》（以下简称《婚姻法》）颁布以来，我国共计实施过两部《婚姻法》，开展过三次婚姻家庭立法活动。第一次是 1950 年制定首部《婚姻法》，第二次是 1980 年重新制定《婚姻法》，第三次是 2001 年修正 1980 年《婚姻法》。三次立法活动基于不同的历史时代和社会背景，分别对婚姻家庭制度进行了不同的设计，在每一次改变的背后，都负载着传统文化和社会价值观的变化。

1950 年 4 月 13 日，中央人民政府委员会第七次会议通过了新中国首部《婚姻法》，并决定自同年 5 月 1 日起施行。这是一部承担着反封建的历史使命的婚姻家庭立法。这部法律在第 1 条就明确规定"废除包办强迫、男尊女卑、漠视子女利益的封建主义婚姻制度。实行男女婚姻自由、一夫一妻、男女权利平等、保护妇女和子女合法权益的新民主主义婚姻制度"。重婚、纳妾、童养媳、借婚姻索取财物等封建婚姻家庭制度下常见的行为、习俗被禁止，旨在构建起自由平等的社会主义婚姻家庭制度。1950 年《婚姻法》颁布施行后，全国各地开展了轰轰烈烈的贯彻《婚姻法》活动。中共中央和政务院分别于 1952 年 11 月 26 日和 1953 年 2 月 1 日发出贯彻执行《婚姻法》的重要指示，并将 1953 年 3 月定为全国"贯彻《婚姻法》运动月"。"包括婚姻家庭法改革在内的若干社会改革运动成功地改变了宗法中国，个人从宗族、宗法中解放出来了。"[①] 1950 年《婚姻法》的颁布施行和贯彻实施，代表着以封建宗法制度为核心内容和价值基础的旧的婚姻家庭制度在中国的崩溃瓦解，一种以平等自由为基本价值导向的新的婚姻家庭制度开始成长。

1980 年《婚姻法》的制定有其特殊的历史背景，彼时，改革开放刚刚开始，整个社会的家庭观、婚恋观都发生了巨大的变化。1980 年《婚姻法》一方面要巩固 1950 年《婚姻法》所构建起的社会主义新型婚姻家庭制度，另一方面也要面对新的经济形势和社会形势。开放的价值观决定了在构建平等自由的新型婚姻家庭关系上，1980 年《婚姻法》必然会走得更加深远。

[①]　金眉：《中国亲属法的近现代转型——从〈大清民律草案·亲属编〉到〈中华人民共和国婚姻法〉》，法律出版社，2010，第 3 页。

在这一点上，1980 年《婚姻法》所做的最具里程碑意义的努力，是将"感情确已破裂"明确为判决离婚的唯一法定事由，将婚姻自由从结婚自由扩展至离婚自由，从而实现了婚姻关系的绝对自由，不仅涤除了传统家长权力在子女婚姻关系中的强制作用，还最大限度地排除了公权力对婚姻关系尤其是婚姻关系解除的干预。可以说，1980 年《婚姻法》是我国婚姻家庭法律制度全面走向个人本位、自由平等的标志。

2001 年《婚姻法》在 1980 年《婚姻法》的基础上进行了进一步修正。个人本位的色彩愈发浓烈，自由平等的价值观在这部修正案及其司法解释中得到了更加深入的贯彻。首先，在人身权利方面，"禁止家庭暴力"被明确的写入总则，同时家庭暴力被作为判定"感情确已破裂"的法定情形，遭受家庭暴力一方还可以据此提起离婚损害赔偿之诉。其次，在财产权利方面，2001 年《婚姻法》增加了夫妻约定财产制的规定，赋予夫妻双方财产制的选择自由，并明确约定优于法定。在夫妻财产制度上全面落实自由平等的现代价值观。最后，2001 年《婚姻法》后陆续出台了三个司法解释，其中财产性条款占据了较大比重。我国婚姻家庭法律规范体系重财产、轻人身的特征开始显现，在财产关系的处理上，往往也强调个人本位，直接以民法普通法的规定适用于婚姻家庭关系中，如《最高人民法院关于适用〈中华人民共和国婚姻法〉若干问题的解释（三）》第 6 条规定："婚前或者婚姻关系存续期间，当事人约定将一方所有的房产赠与另一方，赠与方在赠与房产变更登记之前撤销赠与，另一方请求判令继续履行的，人民法院可以按照合同法第一百八十六条的规定处理。"在夫妻之间的赠与关系中直接使用了一般财产法的规定，这意味着婚姻法在处理夫妻之间的财产关系时将夫妻双方完全视作两个独立的主体，并不考虑二者的身份关系。可见，2001 年《婚姻法》不仅延续了 1950 年《婚姻法》所确立的平等自由的基本价值观，更是将此种价值观极端化为一种个人本位的理念并将其延伸至婚姻家庭法律制度中。

婚姻家庭制度通过三次立法活动的改造，将传统婚姻家庭制度中男尊女卑、家长专制的不平等宗法秩序涤除殆尽，代之以人格独立、自由平等的现代法治价值观。这固然是一种进步，具有划时代的历史意义。不过，站在中国语境下看，"中国的婚姻家庭制度改革赋予了婚姻法一个纯粹个人主义的、去国家化的、去社会化的形式，但是，个人主义对婚姻家庭的瓦解不是社会主义的要求，而是……资本主义发展的结果"。在承认自由、平等作为现代社会基本价值的前提下，我们始终无法否认的是，一方面，传统婚姻家庭法律制度及婚姻家庭法律文化中并非皆是糟粕，如前所述，中国传统文化中亦有诸多可取之处值得当代立法借鉴吸收；另一方面，家庭关系是所有社会关系中与传统相关性最大、受传统影响最深、最具文化意义的关系，立法对传统文化因素的无视并不会完全消解传统文化对婚姻家庭关系的影响，此种作用自然发生，立法理应有所回应。

3. 新价值的生成——从"见人不见家"到"看见家中人"

（1）《民法典》实施前新中国婚姻家庭法律制度是"见人不见家"的个人本位立法

商品经济大潮的冲击，改革开放以来市场经济的进一步深化，以及法治领域追随西方、移植西方的西法东渐的思维定式的影响，使得当代中国婚姻家庭法律制度逐渐远离中国固有的家庭文化土壤。新中国成立以来三次《婚姻法》的立法修法活动，尤其是 20 世纪 80 年代以来的两次立法修法活动，"将个人本位""经济理性"的西方法治理念全面导入我国的婚姻家庭法律制度当中。一方面，在婚姻家庭法律制度中居然难以寻见"家"这一主体，家庭成员身处其中，也只是被视为独立的民事主体，至于其父母、子女、夫妻等身份则被实质性地忽略了；另一方面，对家庭关系、家庭纠纷的规制与处理，完全遵循西方契约观，婚姻关系、家庭关系被契约化、财产化，家庭作为社会生活单位本该拥有的亲情文化特质荡然无存。

此种"见人不见家"的个人本位的婚姻家庭法律制度，与中国文化对家的推崇，对亲情的珍视以及对家庭伦理、美德的重视格格不入，这导致《婚姻法》在具体适用过程中的种种尴尬。如 2001 年《婚姻法》在总则部分第 4 条加入了"夫妻应当相互忠实"的倡导性规定，但又没有在具体制度中对夫妻之间的情感或性的相互忠诚作具体的规定。实践中，当事人即依契约自由理念，创设订立"忠诚协议"，约定凡婚内出轨者，净身出户、赔偿配偶另一方违约金等，期待用契约来保证夫妻之间情感和性的忠诚。其实质是将金钱作为衡量情感和性的标尺，是经济理性侵入情感生活的生动体现。此类协议的效力问题也是各级法院审判过程中颇感棘手的难点问题。又如，个人本位的立法将父母子女视为独立的个体，以权利和义务模式调整二者之间的关系，同时，为了与传统家长专制的封建家庭制度切割，尤其强调子女的独立性，规定父母不得干涉子女的婚姻自由。而事实上，家庭生活中大部人在结婚离婚问题上都会征求父母意见，同时，在结婚购房时，更是需要父母实质性的出资帮助，而根据《婚姻法》的规定，这并非父母的法定义务。此种立法和家庭生活的冲突，迫使审判机关不得不以司法解释的形式对此做出回应①，而父母出资购房问题在西方社会很少出现，也是西方个人本位的法治思维难以理解的。

（2）中国特色的婚姻家庭法律制度应当能够"看见家中人"

"在西方个人主义世界观下形成的成熟的权利理论以及'为权利而斗争'的观念与实践与中国人的生活方式并不相符。"② 《民法典》的编纂恰恰给修正我国婚姻家庭制度"见人不见家"的个人本位立法偏差、改变经济理性全面侵蚀婚姻家庭关系的现状提供了契机。西方的权利观、自由观、契约理念固然有其进步性和先进性，但由于中国家庭文化所固有的团体差序格局，这些西方观念和理念并不能直接适用于婚姻家庭关系当中。治愈此种法律移植下南橘北枳的痼疾，需从文化着手，向传统文化"要答案""讨路子"。"传统文化是当今价值观问题的治理之方。一方面，传统文化具有重要的维系功能。传统文化是维系古典价值的纽带、培育新价值的土壤。因此，以传统文化所蕴含的价值观来有效整合社会意识，可以使社会系统得以正常运转，社会秩序得以有效维护。"③ 作为其中重要组成部分的家庭文化以及由此生发出来的亲情伦理与道德精神的意义系统，更是"传统中国人生存哲学的基础"、"当下中国人精神世界的基石"、"中华民族生生不息的精神力量"和"中华文化主体性的核心要素"。④

---

① 根据 2001 年《婚姻法》第 17 条的规定，婚后由一方父母出资为子女购买的不动产，产权登记在出资人子女名下的，可按照《婚姻法》第 18 条第 3 项的规定，视为只对自己子女一方的赠与，该不动产应认定为夫妻一方的个人财产。由双方父母出资购买的不动产，产权登记在一方子女名下的，该不动产可认定为双方按照各自父母的出资份额按份共有，但当事人另有约定的除外。

② 李拥军：《"家"视野下的法治模式的中国面向》，《环球法律评论》2019 年第 6 期。

③ 王莹：《以优秀传统文化滋养社会主义核心价值观》，《光明日报》2017 年 9 月 29 日，第 4 版。

④ 李拥军：《"家"视野下的法治模式的中国面向》，《环球法律评论》2019 年第 6 期。

那么，传统文化能够给出的答案如何呢？前文在对中国古代婚姻家庭制度的历史文化考察中发现，中国古代婚姻家庭制度所赖以存在的古典价值基础是以长幼尊卑、尊尊、亲亲为文化内核的封建宗法伦理。剔除其不平等的人身依附关系后，仍可见其对"家"的重视、对家庭和谐的追求、对家中人的关怀。前两者可谓"见家"，后者可谓"见人"，合称"看见家中人"。此三者历经千年留存至今，与时代精神相结合，被融入"尚和合""孝老爱亲""以人为本"的社会主义优秀文化精神内核中，成为中华民族家庭文化的基因，是民族的共识。因此，当代婚姻家庭立法应当充分植入此三项传统文化价值要素，借由《民法典》婚姻家庭编的编撰和实施，重建符合中国文化传统的中国特色的婚姻家庭法律制度。

三 《民法典》体系下优秀传统文化植入婚姻家庭法的宏观逻辑框架和具体方案设计

（一） 优秀传统文化植入婚姻家庭法的宏观逻辑框架

《民法典》的编纂为传统文化在婚姻家庭制度中的复兴提供了契机，但也存在一定的挑战。民法之于中国是舶来品，《民法典》在编纂体例上延续了德国潘德克顿式的立法体例，在立法理念上采取了权利本位的基本理念，这决定了我国《民法典》仍然是建构在强调无差别的"民法上的人"的权利法，其核心功能是保护人格的独立，主要内容是其权利体系。要实现"看见家中人"的新价值的植入，就需要关注到婚姻家庭法的特性，关注到家庭的文化属性和民族性，认识到在《民法典》中强调家文化的正当性和合理性，恰如有学者提到的让《民法典》回"家"。①

《民法典》体系下完成新价值的植入，需要立法和司法相互协调形成二元框架。立法层面，"见家"要求在制度的设计上能够观照到中华文化中家的主体性地位，照顾到家庭的整体性，彰显家庭关系、亲属关系的利他性，倡导亲情文化，以家庭关系的和谐稳定为基本价值取向。"见人"应是"见

① 李春斌：《家庭法律化：民法典编纂中婚姻家庭编的重大使命——基于中国家庭法百年来变革的反思》，《辽宁师范大学学报》（社会科学版）2017年第4期。

到家中人"，即将家庭成员置于家庭关系中考量，一方面对于家庭中的人予以充分的人文关怀、情感支持；另一方面在权利义务和责任的话语系统中，重拾责任，以完善的家庭责任体系引导和保障和谐稳定的家庭关系的形成。司法层面，要求在具体规范的适用和案件纠纷的解决过程中，应有家庭整体观，有家庭和谐理念，通过法律续造等法律适用手段和多元化的纠纷解决机制，植入"看见家中人"的新价值，实现法治对家庭以及家庭中人的终极关怀。

（二）　优秀传统文化植入婚姻家庭法的具体方案设计

1. 《民法典》婚姻家庭编的设计应当注重家庭的整体性

《民法典》体系下，基于现代法治理念的背景，抛弃权利本位和个人自由这两个当代私法体系基本理念的做法无疑是反动的，此举可能性几乎为零。不过，强调家庭的整体性与婚姻家庭关系中个体的独立自由并不矛盾。不仅如此，强调家庭的整体性，明确个体在家庭中的身份、角色，有利于厘清个体的家庭责任，进而在促进家庭和谐的同时保障个体利益与自由。

（1）注重家庭整体性首先应当在婚姻家庭编的总则部分明确家庭的概念

这是导入"看见家中人"这一新价值的制度逻辑起点。《民法典》总则编所确立的民事主体体系中，包含了自然人、法人和非法人组织三类，家庭并未进入民法的主体范畴。从家庭的组织性、规范性及独立性的角度来看，也确实无法直接将家庭归入民事主体范畴，但不可否认的是，以家庭为单位的民事活动从未因民法对于民事主体的限定而销声匿迹，"只要在现实生活中以'户'为计算单位的传统没有绝迹，以家庭作为对外交往主体的形式还依然存在，法律就不能无视这样的实践。事实上，当下中国法律对'农户''个体工商户''农村承包经营户'以及以家庭为征税对象的规定就说明了这一点"①。在婚姻家庭编"一般规定"部分明确家庭的概念，一方面可以利用宣誓性条款的导向性作用宣誓民法对于家的重视，呈现"民法回家"的态度；另一方面亦可在法理逻辑和现实需求间达至平衡，即

---

① 李拥军：《"家"视野下的法治模式的中国面向》，《环球法律评论》2019 年第 6 期。

以婚姻家庭编中的家庭概念为"农户""个体工商户""农村承包经营户"等家庭户提供法律定位上的参照。《民法典》中已经明确了家庭成员的范围，但并未对"家庭"的概念予以明确，因此，其关注的仍然是家庭中的个体，仍然是个体权利本位理念下的制度设计结果。笔者认为，在《民法典》中应当对家庭的概念予以明确，以"引导家庭成员提升家的荣誉感和尊荣感，强化家庭的道德内涵"①。

（2）注重家庭整体性以倡导家庭和谐维护家庭稳定为基本价值取向

张岱年先生曾将"和与中""天人协调"归为中华文化基本思想体系的主要要素。② 家庭和谐即这一优秀传统基本思想观在家庭范畴的体现。2001年《婚姻法》在"总则"部分第4条明确倡导一种"平等、和睦、文明的婚姻家庭关系"，在具体的"结婚"、"家庭关系"、"离婚"以及"救助措施与法律责任"几个章节中，更多的规定了维护家庭成员之间平等关系的规范，而对"和睦"着墨甚少。《民法典》婚姻家庭编基本沿袭了2001年《婚姻法》的规定，对于夫妻之间的忠实义务的规定，仅限于《民法典》第1043条这一倡导性条款。具体制度中针对违反忠实义务的情形，也仅规定了重婚和有配偶者与他人同居两种。实践中，这两种情形的司法认定标准较为严苛，由于婚姻登记网络系统的完善，重婚的概率很小，有配偶者与他人同居更是需要达到"与婚外异性不以夫妻名义持续稳定共同生活居住"的标准。那么，与婚外同性持续稳定共同生活居住、婚外与多名异性分别短期共同居住等不在前述标准内的行为显然也构成对忠实义务的违反，但《民法典》婚姻家庭编并未将其纳入规制范围。实践中，此类行为往往无须担负任何的法律责任。这一制度安排始得《民法典》婚姻家庭编"一般规定"中关于夫妻间互相忠实的倡导性规定被实际地架空，以法律引导夫妻之间的忠实归于失败。而在实际生活中，此种不构成有配偶者与他人同居或者重婚的婚外情、婚外性行为对夫妻关系、家庭关系的破坏与影响并不小于前者。如前所述，由于无须负担法律责任，因此，此类行为的发生率更高、破坏性更大。《民法典》婚姻家庭编有必要对此作出回应。笔者认

① 李拥军、雷蕾：《论我国婚姻家庭关系的伦理价值与立法表达——以〈民法典（婚姻家庭编）〉制定为背景》，《政法论丛》2019年第2期。

② 参见张岱年《中华文化的基本精神（上）》，《党政论坛》2015年第18期。

为，立法无法穷尽所有的违背忠实义务的行为，因此，可采用概括式的规定，对此类行为进行规制，具体的操作交由实务部门在适用法律的过程中具体问题具体分析。此外，当前《民法典》婚姻家庭编中新规定的重大疾病婚前告知义务、协议离婚冷静期①等条款都是对和谐稳定这一基本价值导向的落实与回应，值得肯定。

(3) 注重家庭整体性要给予家庭成员以足够的人文关怀

注重家庭整体性并不是无视家庭中个人的利益和需求，相反，它更要求给予家庭成员足够的人文关怀。只有生活在其中的每一个家庭成员都能感受到家庭给予的关爱，感受到家庭的温暖，才能最终达至家庭的整体和谐。因此，《民法典》婚姻家庭编有必要在具体的制度中观照到不同身份的家庭成员在家庭关系中的实际需求，观照到其中可以上升到法律规范层面的利益，将此类利益列入具体制度中。如在父母子女关系中可以引入孝老爱亲的规范，一方面，将子女对父母的赡养义务进一步的具体化，细化物质赡养的具体形式（货币、房产、居住权等），明确精神赡养的具体途径（直接探望、网络交流、通信等），同时增加鼓励性的规定，将履行较多赡养义务作为子女继承遗产时多分遗产的法定条件，在家庭中涵养一种关心父母、孝敬老人的良好价值观。另一方面，进一步完善父母对子女的抚养义务及相关规范，尤其是拟制的父母子女关系，因为双方缺乏血缘联系，在此种拟制血亲中亲情文化的培养同样需要制度的支持。因此，有必要进一步完善收养制度，如设置"试养期"，在收养关系成立之前，要求收养人与被收养人有一定时间的共同生活经历，经权威部门审核评定确认收养人

---

① 离婚冷静期在司法实务中早已展开：江苏徐州贾汪区人民法院在离婚案件中设置感情冷静期，成功挽救了濒临破碎的家庭。有一个案件中夫妻双方自由恋爱，感情基础较好，结婚5年，有两个儿子。但因为孩子的教育问题，女方经常与婆婆发生争吵，后夫妻俩也产生了矛盾，都有了离婚的想法，双方同时到法院要求离婚。贾汪区法院没有草率地出具离婚调解书，而是安排了庭前调解。由于双方都在气头上，当天没有调解成功。但家事法官没有放弃，认为这桩婚姻还不是"死亡婚姻"，只是产生了危机，双方同意离婚也是一时冲动，于是没有给双方出具离婚调解书，而是告知双方回去冷静思考再作决定。在40天的冷静期内，贾汪区法院两次通知双方到庭询问，帮助夫妻双方回顾了恋爱过程、举行婚礼过程、双方的工作状况、两个儿子的养育过程、婆媳关系以及以后的打算等等。后丈夫和妻子各自找到了突破口，不再要求离婚，丈夫向法院申请撤回了诉讼。杜万华：《弘扬核心价值观 促进家风家庭建设》，《西南政法大学学报》2018年第1期。

有能力抚养被收养人，且该种拟制关系的成立不会对被收养人造成损害之后，始得办理收养登记。另外，在离婚制度中，充实完善由离婚损害赔偿、离婚经济帮助和家务劳动补偿三大条款构成的离婚衡平机制，完善夫妻共同债务的认定标准和清偿标准，避免当事人因为离婚而陷入困境。

2. 婚姻家庭纠纷解决机制的多元化

徒法不足以自行，法律制度的效果必然受到司法过程的影响。法律的具体适用决定了法律最终的实施效果。因此，"看见家中人"的新价值不仅要体现在立法当中，体现在《民法典》的文本当中，也要贯彻进法典的实施过程，融入婚姻家庭纠纷的解决过程。

首先，应当倡导婚姻家庭纠纷的多元化解决机制，在对抗式的诉讼方案之外，增加调解等非诉纠纷解决方法，充分利用家庭成员之间的亲情、爱情化解矛盾，利用家庭的利他性特征解决纠纷，避免纠纷的升级。多元化的纠纷解决机制一方面避免了纠纷解决的单一化、绝对化，为当事人提供了纠纷解决的选择项；另一方面，由于各种社会力量的介入，解决手段的多元，可以有效地淡化单一诉讼机制的对抗性，更全面地照顾到纠纷当事人的各项利益诉求和需求，使家事纠纷的解决更为人性化。

其次，在家事诉讼中，亦应充分利用诉前调解程序化解矛盾，利用较为温和的手段查清事实，如引入心理咨询师、婚姻家庭辅导师等专业人员，给予家事纠纷的当事人有效的疏导和指导，根据家庭纠纷的特征给出专业的建议。在离婚案件的审理过程中，建立有效的区分机制，即合理区分"死亡婚姻"和"危机婚姻"。对于"死亡婚姻"，应当及时判决双方离婚，避免纠纷的升级，如对于因家庭暴力而引发的离婚诉讼，应及时判决，不适用调解，避免因为久调不决而引发的暴力升级甚至恶性案件。对于一般的"危机婚姻"，则可适用调解程序和相关手段，充分化解夫妻双方的矛盾。在"三费"（赡养费、抚养费、扶养费）案件的审理过程中，除了要厘清基本的权利义务关系外，还应考量基本的道德价值理念和基本的行为规范，充分利用公序良俗等基本原则的可适用性，通过法律续造的方法，将孝老爱亲的优秀传统文化因素贯穿"三费"案件审理的始终。

婚姻家庭纠纷的发生、处理无不源于或受制于这一难题，解决之道还是应当回到历史文化的场域中去寻找。"亲属身份关系，是法律以前关系，乃是人伦秩序，唯因外在必要，而被法律秩序化后则变为亲属的身份法关系，但其有固有人伦秩序本质，并不因而有所改变。"① 如果说前文所述《民法典》中相关制度涉及的新价值植入是从制度文本角度对这一难题的解决，那么，在具体婚姻家庭纠纷的解决过程中新价值的植入，一方面要依赖道德和基本行为规范的适用，以多元化的纠纷解决机制来淡化诉讼纠纷解决机制的强对抗性；另一方面在诉讼程序中适用法律时，应考量道德规范，利用基本原则的道德律背景，将和谐理念、人本理念植入，依法审判、以德服人，在明晰法理的同时做到以德润人心。

---

① 陈棋炎等：《民法亲属新论》（修订5版），台北：三民书局，2005，第11～12页。

《民法典》中的家庭成员身份法定与约定

——以《民法典》第 1045 条和第 1050 条为中心[*]

蒋　月[**]

【内容摘要】 哪些人相互具有家庭成员身份，从来是家庭制度的基本问题。《中华人民共和国民法典》第 1045 条和第 1050 条的规定以亲属类型为原则，兼及共同居住生活事实，确定了具有家庭成员身份的近亲属范围及其种类；家庭成员身份以法定为主，以约定为例外。未将形成扶养关系的继父母与继子女、继兄姐与继弟妹列入法定家庭成员范围，似不合理。第 1045 条第 3 款规定本应该却没有为第 1050 条赋予家庭成员身份约定权预留空间。法定家庭成员身份效力明确、具体，约定家庭成员身份效力却不明，且该约定权及效力与《中华人民共和国村民委员会组织法》等相关立法赋予有关主体的权利之间明显不协调，易滋生性别平等保护的裂缝。建议第 1045 条增加规定，说明 "本编所称父母包括已形成扶养关系的继父母，子女包括已形成扶养关系的继子女" 等；现有第 1045 条第 3 款增加 "本编另有规定的除外"。第 1050

---

　*　本文主要观点和内容，作者已以《论家庭成员身份的法定与约定——以〈民法典〉第 1045 条和第 1050 条为中心》为题，发表于《中华女子学院学报》2020 年第 4 期。

　**　蒋月，女，厦门大学法学院教授、博士生导师。

条应当进一步规定家庭成员身份约定的形式、效力和后果、约定终止等事项和内容；平等保护因结婚、家庭成员身份约定而迁居的配偶方及其所生子女的权益。有必要在《中华人民共和国民法典》婚姻家庭编中增设婚姻住所商定权。

【关键词】 家庭成员　　身份资格　　法定　　约定　　法律效力

家庭成员是家庭关系的主体，是家庭制度的主要承载者。哪些人具有家庭成员身份是婚姻家庭法的最基本问题。《中华人民共和国民法典》（以下简称《民法典》）第 1045 条在新中国立法史上首次明文规定亲属的种类和范围，确立了亲属制度基本结构（或称"亲属通则"规定）；其第 2 款规定了近亲属的范围和种类，即"配偶、父母、子女、兄弟姐妹、祖父母、外祖父母、孙子女、外孙子女"；第 3 款规定了家庭成员的范围和种类，即"配偶、父母、子女和其他共同生活的近亲属"，此为家庭成员身份的法定。《民法典》第 1050 条又赋予行将结婚的准配偶和夫妻约定家庭成员身份的权利，男女结婚以后，双方可以约定，男方成为女方家庭的成员，女方成为男方家庭的成员。在此之前，关于家庭成员的身份资格、构成范围，立法上不十分明晰，法学法律界的认识也未完全一致。近代以来，我国学者对家庭、家户、家的内涵以及家庭成员范围的探讨始于民国时期；新中国成立后至 1970 年，家庭研究不受重视。① 从 20 世纪 70 年代末开始，国家决定实行计划生育政策②，家庭重新成为公共政策关注的问题；少生优生特别是一对夫妻只生育一个孩子的独生子女政策，极大地改变了中国人传统上以"多子多福""养儿防老""男孩偏好"为主要内容的生育观，并快速导致普遍意义上的家庭小型化，社会大步流星跨进了少子化阶段。从 20 世纪

---

① 王跃生：《中国当代家庭、家户和家的"分"与"合"》，《中国社会科学》2016 年第 4 期。
② 1971 年 7 月 8 日，国务院转发卫生部等《关于做好计划生育工作的报告》，要求加强对计划生育工作的领导。1973 年 7 月 16 日，国务院成立计划生育领导小组，在计划生育宣传教育上提出"晚、稀、少"的口号。国家先在城市推行计划生育，倡导"一个不少，两个正好，三个多了"。1979 年中央人民政府工作报告将控制人口增长列入我国国民经济发展的十项主要任务中。1980 年，提倡一对夫妻"只生一个孩子"。参见《1971 年 7 月 8 日　国务院转发卫生部等〈关于做好计划生育工作的报告〉》，国务院新闻办公室网站，http://www.scio.gov.cn/wszt/wz/Document/952050/952050.htm，最后访问日期：2021 年 7 月 15 日。

90 年代初引入"家庭暴力""反家庭暴力"概念和域外相关立法经验以后，我国对家庭和家庭成员的研究显著增加。2001 年修正后的《中华人民共和国婚姻法》（以下简称《婚姻法》）明文禁止实施家庭暴力，在围绕家庭暴力主体的讨论中，家庭成员的概念和相互关系的研究形成了一个小高潮。有观点主张重构"家庭"概念，将其定义为市民私人生活单位；家庭成员的范围不宜仅仅局限于以婚姻、血缘和法律拟制形成的亲属，而应当包含以共同生活为基础的亲密关系者。[①] 2015 年《中华人民共和国反家庭暴力法》通过前后，有关家庭成员的研究进入了第二波浪潮，延续至《民法典》公布。夏吟兰提出，确定家庭成员范围，应考虑中国国情、与现行法律的衔接以及公众接受程度，要顺应社会发展和立法发展趋势；"将具有权利义务关系的亲属作为划定家庭成员范围的基本标准"，不应将非婚伴侣、同居当事人等纳入家庭成员范围。[②] 关于家庭及其成员的既有研究中，社会学研究成果比较多，法学研究成果比较少。根据 2001 年《婚姻法》规定，具有法定权利义务关系的家庭成员包括夫妻、父母、子女、兄弟姐妹、祖孙。《民法典》保持《婚姻法》关于家庭关系范围的规定，没有采纳扩大家庭范围的学术观点。这就不得不令人思考：家庭成员身份是法定的还是约定的，或者两者皆可？家庭成员身份有何效力以及该身份的法定与约定效力是否存在差异？家庭成员身份约定权与相关立法是否存在冲突？若存在，该如何解决？家庭成员身份立法是否还有欠缺？本文将从法律解释和法律适用两个层面讨论上述问题，提出完善立法的意见和化解冲突的对策建议，以期对该两条规定的理解与适用有所裨益。

一　法定的家庭成员身份资格

《民法典》第 1045 条规定家庭成员的范围和亲属种类，是新中国立法史上的首次。新中国三部婚姻法案均明文规定具有特定亲属称谓的人相互

---

① 夏吟兰：《家庭暴力概念中的主体范围分析》，《妇女研究论丛》2014 年第 5 期。
② 夏吟兰：《家庭暴力概念中的主体范围分析》，《妇女研究论丛》2014 年第 5 期。

享有一定权利，承担一定义务，但是，从未使用"家庭成员"一词，更未明文规定家庭成员包括哪些亲属。1980 年《婚姻法》设立第三章"家庭关系"，规定了夫妻、父母与子女、孙子女与祖父母、外孙子女与外祖父母、兄弟姐妹、形成抚养关系的继父母与继子女之间的权利与义务，是婚姻家庭立法对家庭成员构成的第一次清晰界定，但是，其范围是否仅限于此，并不明确。2001 年《婚姻法》保留了该第三章"家庭关系"，问题也如旧。1985 年《中华人民共和国继承法》（以下简称《继承法》）规定一定范围内的亲属享有遗产继承权，也是认定家庭成员身份和范围的法律依据；《继承法》未使用"家庭成员"概念，不划定"家庭成员"范围。诚然，根据《婚姻法》、《中华人民共和国收养法》（以下简称《收养法》）、《继承法》及其相关司法解释赋权情况和对相关当事人负担扶养、赡养、抚养义务之内容，可以推断得出家庭成员范围，可是，立法始终未确立家庭成员身份制度。《民法典》第 1045 条规定指向明晰、含义固定、效果直观，既是家庭制度的建制需要，又有利于减少或避免这类亲属之间的权益争议，为解决涉及家庭成员权利义务争议提供了统一的裁判标准。

（一）　家庭成员身份是法定的而非约定的

《民法典》第 1045 条规定宣告了家庭成员身份的法定性。

第一，配偶、父母、子女和共同生活的近亲属依法具有家庭成员资格。配偶是第一类家庭成员。男女结婚确立夫妻关系，双方依法组成了家庭，配偶互为家庭成员，这是婚姻在当事人人身上的效力，是由法律强行规定的，任何夫妻都不能例外；无须当事人协商约定，更不允许当事人通过约定或协议予以变更或排除。配偶是通过婚姻而相互联系起来的亲属，因其地位是如此重要和特殊，立法将配偶单列为一类亲属。古今中外，夫妻都是当然的家庭成员，而不论法律是否明确宣告。父母是第二类家庭成员。其意是指父母与子女互为家庭成员，但不能直接推论出一方是对方家庭的家庭成员。子女是家庭成员中的第三种类型，其意是指子女是父母家庭的家庭成员。在 1950 年《婚姻法》、1980 年《婚姻法》和 2001 年《婚姻法》中，夫妻、父母、子女都是家庭成员中的主要亲属类型。那么，能取得家庭成员身份的"共同生活的近亲属"还包括哪些人呢？根据第 1045 条第 1

款的规定，近亲属范围中的亲属，除配偶、父母、子女以外，还有兄弟姐妹、祖父母、外祖父母、孙子女、外孙子女。换言之，亲属还包括这四类近亲属中的某一类或者几类人。法定的家庭成员，除配偶以外，全部是血亲，且主要是直系血亲，旁系血亲中仅兄弟姐妹入列。值得注意的是，形成扶养关系的继兄弟姐妹未被明文列入法定家庭成员。这既不符合新中国长期以来婚姻家庭立法的传统，也不利于鼓励有扶养能力的继兄继姐扶养需要扶养但无父母或者父母无能力抚养的继弟继妹。

第二，形成抚养关系的继父母与继子女未被明文列入家庭成员范围。最令人意外的是，《民法典》第五编"婚姻家庭"未将形成抚养关系的继父母子女归入法定家庭成员范围。继父母与继子女本是姻亲，这两类姻亲中的部分人彼此不在一起共同生活，通常情形下，无机会成为对方家庭的成员。然而，如果继父母抚养了继子女的，最近40年间的立法始终将他们视同父母子女。1980年《婚姻法》第21条第2款规定："继父或继母和受其抚养教育的继子女间的权利和义务，适用本法对父母子女关系的有关规定。"2001年《婚姻法》第27条保留了原法案第21条。事实上，《民法典》第1072条规定保留了2001年《婚姻法》第27条规定，其第2款同样规定"继父或继母和受其抚养教育的继子女间的权利义务关系，适用本法关于父母子女关系的规定"。两部法律对此问题的规定，仅有不导致意思相异的个别文字不同。既然适用父母子女关系的规定，继父母和受其抚养的继子女之间依法将产生权利和义务，包括抚养、扶养、赡养和遗产继承。《民法典》第1127条明文把形成抚养、扶养关系的继父母、继子女归入法定继承顺序和继承人中的"父母""子女"之中。形成抚养、扶养关系的继父母子女区别于自然血亲父母子女，前者可能在有生之年终止彼此间的亲属关系，后者则不可能，除非子女被他人收养。例如，继父与生母离婚，或者继母与生父离婚，曾经抚养教育继子女的继父或继母不愿意继续抚养尚未成年的继子女，或者继子女回到生父或生母或生父母双方身边共同生活，不需要继父或继母继续抚养。然而，有相当部分继父母与继子女因为使他们发生亲属联系的婚姻保持稳定直至当事人一方或双方死亡，继子女受继父或继母抚养成年，依法未来应当赡养照顾年老的继父或继母，双方也有相互继承遗产的权利。从改革开放至今，在离婚率不断升高、中青年人占离婚当事人多数的情形下，将近一半左右的离婚当事人将再婚，与未成年继子女共同生活的继父或继母数量巨大。《民法典》未将形成扶养关系的继父母子女列入法定家庭成员，确实不合理。笔者更愿意将《民法典》未将这类亲属归入家庭成员的安排视为立法者"一时疏忽"。

第三，公婆与媳妇、岳父母与女婿相互不是法定的家庭成员。这两类亲属均是姻亲，不是血亲。亲属划分为下列三类：配偶、血亲、姻亲。姻亲是亲缘关系比较疏远的亲属，包括血亲的配偶（如兄嫂、姐夫）、配偶的血亲（如公婆、岳父母）、配偶的血亲的配偶（如妯娌、襟襟）。从1950年《婚姻法》到1980年《婚姻法》再到2001年《婚姻法》，"公婆"与"媳妇"、"岳父母"与"女婿"就没有出现在我国任何一部婚姻法案中；这四类亲属不是《婚姻法》上相互有法定权利和义务的家庭成员关系。《继承法》第12条、《民法典》第1129条规定，丧偶儿媳对公婆，丧偶女婿对岳父母，尽了主要赡养义务的，作为第一顺序继承人。如果儿媳对公婆或者女婿对岳父母履行了主要赡养义务的，并且配偶已故的，儿媳或女婿将依法享有继承权。此规定与2001年《婚姻法》第9条规定之间也有一定关联。尽管《继承法》赋予特殊情形下的儿媳、女婿法定继承人资格，并且可作为第一顺序继承人参加公婆或岳父母的遗产继承，看似他们的地位与子女相同，但是，由于他们不是近亲属，即使彼此长时期共同生活，并不改变公婆与儿媳、岳父母与女婿是姻亲关系的性质，他们相互依然不是法定家庭成员关系。获得继承人资格的儿媳、女婿，法律并不要求其具有家庭成员资格。当然在实际生活中，如果他们，特别是女婿原先已与配偶约定成为配偶对方家庭的成员的，在不幸丧偶之后，更有可能主动承担起赡养已故配偶的父母之责任，从而达到"尽了主要赡养义务的"要求而获得法定继承人资格。

（二） 法定家庭成员的构成和范围之演变

明文规定家庭成员，是《民法典》婚姻家庭编中的一个亮点。我国此前的立法未曾规定哪些人具有家庭成员身份。《婚姻法》规定互负法定权利和义务的特定亲属时，直接使用相关亲属称谓。1950年《婚姻法》没有使用"家庭成员"概念；仅使用了"直系血亲""五代以内的旁系血亲""兄弟姐妹""夫妻""配偶""父母""子女""养父母""养子女""婚生子女""非婚生子女""男方""女方""前夫""前妻""生父""新夫"等称谓和术语，确立这些人员彼此之间的权利和义务；其中"直系血亲"和"五代以内的旁系血亲"是禁止相互结婚的亲属范围。1980 年《婚姻法》中，以"三代以内的旁系血亲"取代"五代以内的旁系血亲"，增加了继父母与继子女、祖父母与孙子女、外祖父母与外孙子女这三组亲属称谓；未再使用"新夫"。2001 年《婚姻法》中出现的亲属范围与 1980 年《婚姻法》相同。

在《民法典》之前，国家法中，只有《中华人民共和国老年人权益保障法》（以下简称《老年人权益保障法》）明文使用"家庭成员"概念；其他法律使用了"家庭""近亲属"概念，也有规定近亲属范围的。现行《老年人权益保障法》第二章"家庭赡养与扶养"明文涉及的亲属包括配偶、子女、父母、兄弟姐妹、近亲属；其第 13 条规定"家庭成员应当尊重、关心和照料老年人"，第 27 条规定"国家……鼓励家庭成员与老年人共同生活或者就近居住，……为家庭成员照料老年人提供帮助"。《老年人权益保障法》使用"家庭成员"概念始于 1996 年通过的原法案，但是，至今没有规定哪些亲属互为家庭成员，也未规定近亲属是指哪些人。《中华人民共和国妇女权益保障法》（以下简称《妇女权益保障法》）设立了"婚姻家庭权益"专章，使用了"家庭""婚姻家庭权利"等概念，赋予妇女不生育自由权，但未使用"家庭成员"一词，未规定家庭成员的亲属种类和范围。《中华人民共和国未成年人保护法》（以下简称《未成年人保护法》）第二章"家庭保护"规定了父母或其他监护人的义务和责任，也有诸多条款明文使用"家庭""家庭财产状况""家庭环境""家庭教育"等术语，不过，该法没有定义家庭是什么。现行《中华人民共和国刑事诉讼法》（以下简称《刑事诉讼法》）第 108 条第 6 项规定的近亲属的范围和种类是"夫、妻、父、母、子、女、同胞兄弟姊妹"，而该规定是 1996 年《刑事诉讼法（修正案）》第 82 条增设的。

最高人民法院相关司法解释不仅界定了近亲属范围，而且使用了"家庭成员"概念。1988 年《关于贯彻执行〈中华人民共和国民法通则〉若干问题的意见（试行）》（以下简称《执行民法通则的意见》）第 12 条规定：

"民法通则中规定的近亲属，包括配偶、父母、子女、兄弟姐妹、祖父母、外祖父母、孙子女，外孙子女。"2001 年《最高人民法院关于适用〈中华人民共和国婚姻法〉若干问题的解释（一）》第 1 条规定，家庭暴力是指行为人以殴打等手段，"给家庭成员的身体、精神等方面造成一定伤害后果的行为"。这是司法解释中首次使用"家庭成员"概念，但没有界定其范围。2009 年《最高人民法院关于审理城镇房屋租赁合同纠纷案件具体应用法律若干问题的解释》第 24 条第 2 项规定八类亲属是近亲属，内容与《执行民法通则的意见》第 12 条规定保持一致。可见，《民法典》第 1045 条关于近亲属范围和种类的规定是吸收了上述司法解释规定，并且两者内容完全一致。

二 家庭成员身份的约定

根据《民法典》第 1050 条规定，夫妻双方有权自由约定一方成为对方家庭的成员，其含义应是指准配偶或者夫妻双方约定配偶一方与配偶另一方的父母互为家庭成员。通常情形下，配偶任何一方与配偶另一方的父母等家人不是法律上的家庭成员关系，因为这两类亲属互为姻亲，尽管他们可能在内心认同对方为自己家庭的成员或者与对方一起共同生活而形成事实上的家庭关系。所以，第 1050 条才特别授权准配偶或夫妻约定一方成为对方家庭成员。第 1050 条的规定内容与 2001 年《婚姻法》第 9 条完全相同。综合该条立法宗旨和重点指向调整的社会关系、家庭文化传统和现实家庭关系状态，该条规定不仅包含对婚姻住所的调整，更重要的是赋予家庭成员身份约定权。

（一）第 1050 条赋予准配偶和夫妻约定婚后成为对方父母家庭成员的权利

第 1050 条赋予夫妻双方平等地享有婚姻住所决定权。在婚姻自由时代，男女婚后，如何安排共同居住和生活的地点，任凭当事人双方自愿。双方经自愿平等协商确定婚后共同生活住所，均将获得法律的尊重、承认和保护。该条平等地适用于男女任何一个性别群体，平等地适用于夫妻双方。

当然，夫妻双方商定婚姻共同生活居所，会受到户籍、经济条件、家庭状况、职业、未来子女入托就学等多种因素制约和影响。严格地讲，该条不是直接或专项调整婚姻住所的。居民住所变动涉及户籍管理，还需遵从1958 年《中华人民共和国户口登记条例》（以下简称《户口登记条例》）。该条例第 5 条规定："户口登记以户为单位。同主管人共同居住一处的立为一户，以主管人为户主。单身居住的自立一户，以本人为户主。居住在机关、团体、学校、企业、事业等单位内部和公共宿舍的户口共立一户或者分别立户。户主负责按照本条例的规定申报户口登记。"第 6 条规定："公民应当在经常居住的地方登记为常住人口，一个公民只能在一个地方登记为常住人口。"如果只是夫妻共同生活居住地和居所的安排，不是家庭成员身份约定，将不涉及第三人，因为无论妻到夫家居住或者夫随妻居住，或者双方单独居住，都只是当事人共同生活的安排。

《民法典》第 1050 条和《婚姻法》有关条款规定确立的是家庭成员约定权。按照男娶女嫁模式，若婚姻当事人双方无必要约定则女方成为丈夫家庭的成员，因为在人们的观念和认知中，习惯于将已婚妇女视为夫家的家庭成员，尽管媳妇在法律上通常不是公婆的家庭成员。在城镇或工商业都市，许多结婚后的男女单独居住，既不与丈夫的父母一起居住，又不与妻子的父母一起居住，许多已婚夫妻甚至与双方各自的父母居住生活在不同城镇或省份，但是，凡是男娶女嫁者，依然如上。若女娶男嫁，则相反，丈夫迁居妻子家庭所在地，俗称"上门女婿"，因其是少数人的选择，故婚姻当事人双方需要明确约定，不仅是自知之需，而且有让第三人知晓的必要。如果说非农业户籍人口实行男娶女嫁或女娶男嫁，基本上都是两个家庭内部的事务，除了涉及户籍管理等行政管理秩序，不涉及其他人利益，但是，在农村地区或者农业户籍人口中，情形就有极大的不同，不同村庄居民之间通婚，嫁娶涉及集体经济组织成员资格，涉及承包土地（含山林、滩涂等）等大宗财产利益分配，是男娶女嫁还是女娶男嫁，非十分明确不可。从协议原理上讲，该家庭成员约定权是可以同时双向行使的，当事人双方约定丈夫成为妻子家庭的成员，同时约定妻子成为丈夫家庭的成员；立法也未限制该双向约定，然而，从当事人利益诉求和生活实际看，该类约定仅仅是单向的，即约定男性婚后成为妻子家庭的成员。

（二） 该约定权立法坚持男女平等，更鼓励支持丈夫成为妻子原家庭的家庭成员

《民法典》第 1050 条立法保障已婚男性随妻居并成为岳父母家庭的家庭成员，是针对男娶女嫁传统和妻随夫居习俗相向而行的。由于历史传统等原因，我国至今普遍盛行男娶女嫁，绝大多数妇女是自愿"出嫁"，婚后迁往夫家或在丈夫提供的房屋居住或者在观念上认同"嫁到夫家"（无关乎她们是否实际上与公婆同住）。而该法条侧重于支持夫随妻居，丈夫婚后迁移到妻子家庭所在地居住并共同生活，即成为上门女婿。特别是在农村，居所安排涉及婚后户籍迁移、承包土地分配等与身份密不可分的重大财产利益。男女结婚，凡实行女娶男嫁的，按习俗，当地村庄或村民小组会同意随妻共同生活的已婚男性将户口迁入妻子所在村庄或村民小组落户，在共同生活期间，在特定社区范围内，该男子与岳父母之间被承认互为家庭成员关系，从而可以参与村庄或村民小组土地利益分配等。该条规定为迁入妻子家庭居住和共同生活的已婚男性提供了保障，不仅使其具有平等家庭成员地位，而且保障其享有集体经济组织成员资格和平等参与集体经济利益分配的权利。无论农村人口还是城镇人口，夫妻一方死亡后，另一方主动承担起赡养照顾已故配偶的父母之责任，无论是否居住在一起（居住在一起者照顾起来容易些），该媳妇或女婿依据《继承法》《民法典》有关规定，有权作为第一顺序继承人继承公婆或岳父母的遗产。此种情形下的媳妇或女婿，是否有取得被赡养人家庭成员的资格，则是另一个问题，或者说，履行主要赡养义务的事实不是取得对方家庭成员资格的充分条件。

该立法宗旨主要是为了提倡男到女家，满足有女无儿家庭稳定家庭结构、传承血统的期许和赡养负担的预先安排和考虑。第 1050 条来源于 2001 年《婚姻法》第 9 条，而该条又是对 1980 年《婚姻法》第 8 条的保留：三个法案对此问题的规定内容相同。关于《中华人民共和国婚姻法（修改草案）》的说明中，阐明了第 8 条规定的立法目的，"关于男方成为女方家庭成员的问题，也就是通常说的'入赘'问题"；"这对于保障婚姻自由，推行计划生育，解决有女无儿户的实际困难，都有好处。条文中没有用

'落户'的提法，因为这里指的是成为对方家庭成员，不是指迁移户口。如果要迁移户口，那就需要另行办理，不一定要和婚姻关系连在一起。而按约定成为对方家庭成员，就相应享有和承担了作为家庭成员的权利和义务，即使户口不在对方所在地，也一样有赡养老人的义务，享有继承遗产的权利。"① 遗憾的是，《继承法》《民法典》规定的儿媳和女婿享有继承权的条件远远高于 1980 年《婚姻法》第 8 条的规定，与前述立法草案说明阐明的精神不完全相符。我国历史上长期实行男娶女嫁、妻从夫居；立法通例明确将婚姻住所决定权授予丈夫，妻处于从属地位。作为赘婿而从妻居的男性，在古代社会备受歧视。然而，总有部分夫妻仅育有女儿，为保留以本姓氏为代表符号的血脉并代代相传，为解决养老问题，历朝历代都有入赘婚姻。新中国婚姻法始终坚持男女平等原则。2001 年《婚姻法》第 9 条平等地适用于男女双方，结婚后，在自愿基础上，根据双方约定，丈夫或者妻子加入对方原生家庭。在当代社会，夫到妻家，无论是否落户，其性质都不同于古代"入赘"。婚姻当事人双方被赋予自愿选择婚姻住所的权利，双方根据各自需求和意愿，达成一致意见共同安排婚后居所；夫妻家庭地位平等，双方均不必更名改姓；所生子女可以随父姓，可以随母姓。男到女家落户，是在男女平等原则下，为了解决有女无儿家庭的实际生活困难，与男娶女嫁婚俗并存的一种嫁娶方式，这是对婚姻居住方式的某种改革，也是彻底抛弃以男子为中心的宗法传统意识，实现男女平等的制度安排。2001 年《婚姻法》第 9 条、《民法典》第 1050 条规定均不否认、不排斥、不妨碍夫妻双方建立自己的独立家庭。

三 家庭成员身份的效力

家庭成员身份的效力包括对内效力和对外效力两方面。在婚姻家庭内部，其效力表现为家庭成员相互享有法定权利，负担法定义务，主要体现在婚姻家庭法、继承法、收养法等调整身份关系的法律中。在对外关系中，

---

① 武新宇：《关于〈中华人民共和国婚姻法（修改草案）〉和〈中华人民共和国国籍法（草案）〉的说明》，中国人大网，http://www.npc.gov.cn/wxzl/gongbao/2000 - 12/25/content_5001174. htm，最后访问日期：2021 年 7 月 10 日。

其效力表现为代表权、成员权、参与权等，体现在其他部门法中。无论是依据《民法典》或者依据《中华人民共和国民法通则》（以下简称《民法通则》）、《中华人民共和国民法总则》（以下简称《民法总则》）和2001年《婚姻法》有关家庭关系、监护的规定，还是根据《中华人民共和国民事诉讼法》（以下简称《民事诉讼法》）和《刑事诉讼法》有关近亲属及其权利的规定，家庭成员关系都是依法产生，由法律直接规定的，并具有强制效力。法定家庭成员身份的效力是明确具体的，而约定家庭成员身份的效力不清晰、不明确。

（一）法定家庭成员身份的效力

第一，在婚姻家庭内，法定家庭成员身份的效力主要体现在《婚姻法》《继承法》《收养法》等调整身份关系的法律中。《民法典》第1127条、《继承法》第10条规定了法定继承人范围及继承顺序，遗产按照下列顺序继承：第一顺序为配偶、子女、父母；第二顺序为兄弟姐妹、祖父母、外祖父母。继承开始后，由第一顺序继承人继承，第二顺序继承人不继承；没有第一顺序继承人继承的，由第二顺序继承人继承。所称的子女，包括婚生子女、非婚生子女、养子女和有扶养关系的继子女；所称的父母，包括生父母、养父母和有扶养关系的继父母；所称的兄弟姐妹，包括同父母的兄弟姐妹、同父异母或者同母异父的兄弟姐妹、养兄弟姐妹、有扶养关系的继兄弟姐妹。被列入上述法条并被赋予继承对方遗产权利的人，他们之间是家庭成员关系。第二顺序中出现的继承人"祖父母、外祖父母"，对应的被继承人是孙子女、外孙子女。关于儿媳、女婿成为公婆、岳父母的法定遗产继承人，《民法典》第1129条、《继承法》第12条规定必须同时具备"丧偶"和"尽了主要赡养义务"这两个十分严格的条件。儿媳享有公婆遗产的继承权、女婿享有岳父母遗产的继承权，并不意味着赋予了此类特殊情形下的儿媳或女婿法定的家庭成员身份。从《民法典》第1128条第2款赋予侄子女、外甥子女代位继承权，也可以推知，享有继承权不等于具有家庭成员资格，因为侄子女、外甥子女不具有法定近亲属身份资格。

第二，法定家庭成员身份的对外效力主要体现在其他部门法中。《刑事诉讼法》第108条第6项规定"近亲属"是指夫、妻、父、母、子、女、同胞兄弟姊妹；第 97 条规定犯罪嫌疑人、被告人及其法定代理人、近亲属或者辩护人有权申请变更强制措施。该法第 101 条还规定，被害人死亡或者丧失行为能力的，被害人的法定代理人、近亲属有权提起附带民事诉讼。在刑法中，具有家庭成员或近亲属身份是某些罪名的犯罪构成要件。例如，《中华人民共和国刑法》（以下简称《刑法》）第 260 条第 1 款规定："虐待家庭成员，情节恶劣的，处二年以下有期徒刑、拘役或者管制。"根据《刑法》第 388 条之一"利用影响力受贿罪"的规定，国家工作人员的近亲属通过该国家工作人员职务上的行为，或者利用该国家工作人员职权或者地位形成的便利条件为请托人谋取不当利益，索取请托人财产或者收受请托人财物，数额较大或者有其他较重情节的，构成犯罪。离职的国家工作人员或者其近亲属利用该离职的国家工作人员原职权或者地位形成的便利条件实施前款行为的，依照前款的规定定罪处罚。

（二）约定家庭成员身份的效力

关于约定家庭成员的效力，2001 年《婚姻法》和《民法典》均无规定，但在户籍法和农村土地承包经营法等领域，确实具有一定效力。

第一，约定家庭成员身份不产生与法定家庭成员身份同等的效力。约定家庭成员权并非真正赋予当事人约定家庭成员资格的权利，只是允许和鼓励当事人彼此约定的仅仅是相互之间在财产上的、居住上的、日常生活照顾上的、扶养赡养上的权利与义务。约定当事人双方或三方之间不因该约定而产生亲属身份关系变更，岳父母与女婿依旧是姻亲。或许是基于此考虑，2001 年《婚姻法》和《民法典》均未明确规定家庭成员约定的效力。从婚姻家庭法、《继承法》中，找不到约定家庭成员身份效力的规定事项。无论是《民法典》还是 2001 年《婚姻法》中，公婆与儿媳、女婿与岳父母，都没有出现在一般情形下享有法定权利和承担法定义务的亲属名单中。根据《民法典》第 1129 条的规定，丧偶儿媳对公婆，丧偶女婿对岳父母，尽了主要赡养义务的，作为第一顺序继承人。此条赋予这两类晚辈姻亲继承权，是因为他们实际上履行了主要赡养责任，并没有要求他们具备约定家庭成员身份，即使他们之间不曾约定互为家庭成员，并不影响此特殊情形下的儿媳或女婿成为公婆或岳父母遗产的第一顺序继承人。可见，在婚姻家庭法上，约定家庭成员身份并不产生法定家庭成员身份应有的相同效力或同等效力。《妇女权益保障法》第35条规定："丧偶妇女对公、婆尽了主要赡养义务的，作为公、婆的第一顺序法定继承人，其继承权不受子女代位继承的影响。"由该条可以进一步推论：赋予此类儿媳或女婿法定继承权，不是因为他们与被继承人之间约定互为家庭成员关系，将特定情形下的儿媳或者女婿享有的继承权与孙子女和外孙子女享有的代位继承权进行比较，可以进一步说明前述儿媳或女婿在家庭法上不具有家庭成员的地位。子女代位父亲或者母亲来继承祖父母或外祖父母的遗产，既是因为其与被继承人之间具有家庭成员关系，又是因为照顾家庭养老育幼功能实现的需要。

第二，在户籍法、农村土地承包经营法等领域，该类家庭成员约定的确具有明确效力。约定家庭成员身份为儿媳、女婿取得公婆或岳父母所在村庄的村民资格提供了依据。男女双方约定一方成为对方家庭的成员，据此可将户籍迁入对方所在村庄，参与村庄集体利益分配，如享有宅基地分配权，参与集体土地承包经营分配，享有家庭联产承包土地经营权等农村集体利益分配的资格。

《民法典》第1050条表面上赋予相关当事人约定家庭成员身份的权利，实质上却是相关主体约定共同居住生活权，其仅具有"家庭成员"之名，而无家庭成员之实；它不改变亲属身份，没有配置家庭成员应有的权利与义务。这是我国婚姻家庭法特有的现象。农村集体经济组织利益分配通常是以农户为单位，然后才考虑该农户内的家庭成员人数。立法将该约定定义为"成为对方家庭的成员"，既考虑了婚嫁风俗习惯，顾及相关当事人共同生活安排，又使当事人满足取得农村集体经济组织成员资格之条件，保障其参与农村集体利益分配。

四 约定家庭成员权与涉及家庭成员身份的相关立法之间的冲突

2001年《婚姻法》第9条和《民法典》第1050条赋予了婚姻当事人双方约定成为对方家庭成员的权利，与这两个法案中的其他相关条款以及其他民事法律有关规定内容的立法本意和精神并不一致，其中，与《中华人民共和国村民委员会组织法》（以下简称《村委会组织法》）赋予村庄自治权之间的冲突最为突出。《妇女权益保障法》第 32 条规定："妇女在农村土地承包经营、集体经济组织收益分配、土地征收或者征用补偿费使用以及宅基地使用等方面，享有与男子平等的权利。"第 33 条进一步规定："任何组织和个人不得以妇女未婚、结婚、离婚、丧偶等为由，侵害妇女在农村集体经济组织中的各项权益。因结婚男方到女方住所落户的，男方和子女享有与所在地农村集体经济组织成员平等的权益。"然而，自然人迁移户籍和落户，不是仅凭当事人双方达成协议就可以办到的。《民法总则》第 25 条规定："自然人以户籍登记或者其他有效身份登记记载的居所为住所；经常居所与住所不一致的，经常居所视为住所。"《户口登记条例》第 10 条规定，公民由农村迁往城市，须持有城市准予迁入等相关证明，才能申请办理迁出手续。公民迁往边防地区，须经相关公安机关批准。该条例第 19 条规定："公民因结婚、离婚、收养、认领、分户、并户、失踪、寻回或者其他事由引起户口变动的时候，由户主或者本人向户口登记机关申报变更登记。"在农村，人口落户将增加集体经济组织成员人数及可参与集体土地等财产利益分配，当事人双方关于一方成为对方家庭成员的约定直接涉及第三人重大利益，现有调整不同主体利益关系的法律之间出现了显而易见的冲突。《村委会组织法》赋予农村集体经济组织很大的自治权。根据该法第 24 条的规定，村民会议讨论决定下列事项：（1）本村享受误工补贴的人员及补贴标准；（2）从村集体经济所得收益的使用；（3）本村公益事业的兴办和筹资筹劳方案及建设承包方案；（4）土地承包经营方案；（5）村集体经济项目的立项、承包方案；（6）宅基地的使用方案；（7）征地补偿费的使用、分配方案；（8）以借贷、租赁或者其他方式处分村集体财产；（9）村民会议认为应当由村民会议讨论决定的涉及村民利益的其他事项。村民会议可以授权村民代表会议讨论决定前款规定的事项。仅凭婚姻当事人双方约定一方成为对方家庭成员，并不当然取得户籍迁移许可、农村集体经济组织成员资格以及参与集体财产利益分配权，因为村委会或村民会议有权决定集体经济组织的重要事务。

（一）《民法典》第1050条与《民法典》婚姻家庭编及其他相关法律规定不一致

在2001年《婚姻法》或《民法典》中，媳妇、女婿、公婆、岳父母相互之间没有法定权利和义务，更不属于家庭成员。根据《民法典》第1045条明确规定的近亲属范围、家庭成员范围，这四类亲属均未被列入近亲属。所以，媳妇、女婿没有出现在《民法典》和《继承法》关于法定继承人范围、继承顺序的常规制度安排中。《民法典》第1129条和《继承法》第12条关于特定情形下的儿媳、女婿享有继承权的规定，勉强可以解释为在一定程度上回应了夫妻约定家庭成员权。然而，须注意，赋予这两种姻亲的继承权不以婚姻当事人双方约定成为对方家庭的成员为条件；依法享有第一顺序继承人资格并行使继承权的媳妇或女婿，不以该人与其已故配偶生前约定成为已故配偶生前所在家庭的成员为前提，立法赋予其继承权是基于该人"尽了主要赡养义务"的事实。

结合《民法通则》《民法总则》相关规定的精神，夫妻双方自愿约定就可以成为对方家庭的成员，但在涉及家庭成员的相关条款中均找不到任何相对应的制度安排。从监护制度看，媳妇、女婿没有出现在列名的适格监护人名单中，尽管他们可以被包含在《民法通则》第17条第4项"其他亲属"或者第5项的"关系密切的其他亲属、朋友"中。媳妇或女婿也没有出现在《民法总则》第28条明文指定的监护人名单中，也不可能被包括在同条第3项规定的"其他近亲属"中，因为在《民法典》颁布之前，通过《民事诉讼法》《刑事诉讼法》可以确定近亲属包括哪些人，其中不包括媳妇、女婿，不论他们与配偶之间是否签订成为对方家庭的成员之协议。当然，媳妇、女婿可以被包括在《民法总则》第28条第4项的"其他愿意担任监护人的个人或者组织"中。

（二）《民法典》第1050条与村委会依法享有的自治权之间不协调

村民应当遵守村民会议或者村民委员会所做决定吗？《婚姻法》《妇女权益保障法》等法律均赋予夫妻约定家庭成员权，如果是农业户籍夫妻一方迁居到另一方所在村庄，依法有权参加生产，共同生活，要求分得承包地、山林，参与村集体其他利益分配或享有村民同等待遇。然而，参与农村集体经济组织利益分配须具有该集体经济组织成员资格。农村集体组织成员资格，通常是以户籍为主要依据，并根据农民生产、生活的实际情况而确定。天津市高级人民法院认为："农村集体经济组织成员一般是指依法取得本集体经济组织所在地常住农业户口，在本集体经济组织内生产、生活的人。不符合或不完全符合上述条件，但确以本集体经济组织的土地为基本生活保障的人，也应认定具有本集体经济组织成员资格。"① 重庆市高级人民法院也持相同观点。② 一方或者双方是农业户籍的夫妻约定成为对方家庭成员，但是，集体经济组织也可能依据《村委会组织法》赋予村庄的自治权而决定不同意相关当事人享受平等村民待遇。《村委会组织法》第22条规定："召开村民会议，应当有本村十八周岁以上村民的过半数，或者本村三分之二以上的户的代表参加，村民会议所作决定应当经到会人员的过半数通过。"夫妻双方商定一方迁居另　方所在村庄，并与另一方及其父母等家人共同生活时，必将受到村庄自治权约束。乡村社会仍受传统习惯影响，村民法律意识较弱，村民代表大会依法行使村自治权作决定时，只允许外嫁女或上门女婿享受减半待遇等不平等情况时有发生。因村委会决定而遭遇不平等待遇的，主要是下列三类人员：一是与城镇户籍男性结婚的农业户籍女性，婚后户籍保留在村庄的，有部分人还实际生活在村庄中，俗称她们为"外嫁女"；二是迁居妻子所在村庄并与妻子及岳父母共同生活的男性，即"上门女婿"；三是前述两类人员所生的子女。村庄的土地山林资源有限，加之受男女不平等传统思想意识影响，有些村庄为了使既有村民利益最大化，对外嫁女和上门女婿享受的集体财产利益或物质补助进行限制、排斥甚至剥夺。有些村庄的村民代表大会作出决定，上门女婿只能享有半个村民待遇或者仅享有村民"三分之一待遇"甚至不能享有村民待遇。

相关当事人寻求救济时，也不一定能成功。由于《村委会组织法》赋

① 参见津高法民一字〔2007〕3号《天津市高级人民法院关于农村集体经济组织成员资格确认问题的意见》第1条。
② 参见渝高法〔2009〕160号《重庆市高级人民法院印发〈关于农村集体经济组织成员资格认定问题的会议纪要〉的通知》。

予村民代表大会决定村庄集体经济利益分配等诸多重大事务的权利，受到不公平对待的当事人几乎没有可能通过寻求村主任或村委调解解决。而且外嫁女或上门女婿向人民法院起诉，要求判令村庄撤销、变更相关决定及承认其享有平等村民待遇，也未必会获得法院支持。部分法院以村民代表大会有决定权且所作决定未违反民主程序为由，不支持原告的这类请求。① 也有法院不支持长期共同生活的上门女婿及其所生子女续包岳父母生前承包土地，因为他们不具有该集体经济组织成员资格。② 遗憾的是，判决村集体经济组织决定涉嫌损害上门女婿平等权和财产权的案件时，相关人民法院仅引用《村委会组织法》，却没有援引《妇女权益保障法》第33条等相关规定。

五　家庭成员身份立法和法律适用中的不足及完善建议

《民法典》第1045条和第1050条关于家庭成员资格的法定和约定之规定，各自都存在局限性或明显不足。该类资格的法定效力与约定效力也存在显著差异。有必要进一步完善家庭成员身份的立法。在当代，基于民主、平等、以义务为中心的身份权呈现复兴之势；重视家庭身份权，合理维护亲属身份的利益，具有正当性。这两条规定施行过程中，涉及家庭成员身份及其效力发生的争议，应当坚持性别平等的原则妥善处理，公平保护各方当事人权益。

（一）　关于《民法典》第1045条规定的不足与完善建议

第一，应将形成抚养关系的继父母与继子女列入家庭成员范围。无论

---

① 参见廉大邦等与奉节县长安土家族乡五坝村1社等侵害集体经济组织成员权益纠纷再审案，重庆市高级人民法院民事判决书，（2018）渝民再286号，中国裁判文书网，https://wenshu. court. gov. cn/website/wenshu/181107ANFZ0BXSK4/index. html? docId = a748d3c75f64419fb4ecaa91010ce4b2，最后访问日期：2019年10月2日。
② 参见聂咏芳、聂东新财产损害赔偿纠纷再审案，广东省高级人民法院民事裁定书，（2016）粤民申7900号，中国裁判文书网，https://wenshu. court. gov. cn/website/wenshu/181107ANFZ0BXSK4/index. html? docId = e3dc259f15ce447eaa14a82b00f771dc，最后访问日期：2018年2月10日。

从新中国婚姻家庭立法长期传统来看，还是从我国部分家庭生活实际来看，特别是以儿童利益最大化原则衡量，形成抚养关系的继父母与继子女未列入法定家庭成员范围，是《民法典》第1045条的欠缺。未来立法或司法解释确有必要将这类继父母子女补入"家庭成员名录"。

第二，应将半血缘的兄弟姐妹和形成扶养关系的继兄姐妹列为家庭成员。我国再婚人数庞大，离婚当事人年轻化，尤其是实施"全面二孩""全面三孩"政策以后，有子女的当事人可以在后婚中再生育子女，同母异父或者同父异母的兄弟姐妹关系比较常见。从血缘等级看，半血缘兄弟姐妹是最近的旁系血亲；而且实际生活中，他们中许多人具有共同生活基础。把半血缘的兄弟姐妹列入家庭成员，应是民众可接受的。将成年的继兄姐与需要扶养照顾的继弟妹归入家庭成员，也有必要。小部分夫妻因双方年龄差异大，一方前婚姻所生子女已成年，而另一方前婚所生子女尚年幼需要抚养，由于多种原因，未成年继弟妹由已成年继兄姐扶养成年的事例在生活中并不罕见。为鼓励家庭和睦团结，肯定继兄姐的付出，使之年老时能够获得受其扶养长大的继弟妹照顾，承认他们互为家庭成员，具有正当性。

克服《民法典》第1045条之不足，可通过颁布立法解释，说明其中各类亲属称谓的含意。如规定"本编所称子女，包括婚生子女、非婚生子女、养子女和形成扶养关系的继子女；本编所称父母，包括生父母、养父母和有扶养关系的继父母；本编所称兄弟姐妹，包括同父母的兄弟姐妹、同父异母或同母异父的兄弟姐妹、养兄弟姐妹、有扶养关系的继兄弟姐妹"。未来修订《民法典》时，在第1045条增列数款予以说明，也可以通过司法解释暂时予以弥补。

第三，《民法典》第1045条第3款规定没有为第1050条规定的家庭成员身份约定权预留空间，导致法定家庭成员身份与约定家庭成员身份之间在法律规定层面产生了显而易见的不协调甚至冲突。这使得家庭成员制度在法律逻辑上不自洽，而且此种无缝衔接可能导致家庭成员身份争议的裁判中，出现同案不同判结果。解决此问题的办法，是第1045条能够增设一个"但书"，规定"本编另有规定的，从其规定"，法定家庭成员范围能包容约定，使法定与约定相统一。

（二） 关于约定家庭成员身份立法的不足与完善建议

《民法典》第 1050 条规定存在四个立法漏洞。其一，约定主体不全。该条赋予准配偶和夫妻双方约定一方成为对方家庭的成员之权利，约定内容却是配偶一方与另一方的父母互为家庭成员，这不仅是当事人双方身份关系约定的效力及于第三人，更是直接为第三人（父亲、母亲）订立了家庭成员身份约定。如此，它不仅出现了法律逻辑混乱，而且不符合民事主体意思自治原则，影响该约定行为的法律效力。其实，该约定应该是三方当事人之间的约定。其二，允许当事人自由约定成为对方家庭成员身份，却没有规定约定的效力、约定的后果、约定效力的终止等事项和内容，未能形成规范的制度；发生相关争议时，无明确法律条文作为处理依据。其三，未明确约定成为对方家庭成员的效力范围。准配偶或夫妻约定一方成为另一方原家庭成员的，是仅限于其本人与另一方的父母互为家庭成员，还是其与另一方配偶的全部家庭成员形成家庭成员关系？如前所述，农业户籍夫妻双方订立的此类约定，不仅涉及家庭内部关系，而且涉及家庭以外的社会关系，超出了婚姻家庭法调整范围。为了防范当事人利用该身份约定权不当地谋取利益，也为防范农村集体经济组织行使自治权而不尊重当事人平等权及应有的平等待遇，立法确有必要就该类约定的效力、约定的终止等事项予以明确规定。其四，该约定是否产生双边效力不确定。准配偶或夫妻一方依约定成为另一方家庭的成员的，该配偶本人的家庭成员与另一方家庭的成员是否产生亲属身份或地位变更？从亲属法原理和社会效果看，这类约定的效力应是单向的而不应该是双向的。只是立法未明确，难免令人困惑。

《民法典》第 1050 条置于"家庭关系"一节更妥当，而不是置于"夫妻关系"一节中。该条规定赋予约定成为对方家庭的成员的权利，不仅调整夫妻双方婚姻住所权，而且通常涉及女方的父母，因为夫妻是法定互为家庭成员，无须约定；准备结婚的当事人或者婚姻当事人双方约定成为双方家庭成员的，是家庭关系约定。妻迁居夫家，是人们普遍接受的传统婚嫁方式。一般情况下，妻到夫家落户不受阻挠，已婚妇女与公婆也不构成家庭成员关系。鉴于女娶男嫁情形下，夫随妻居的已婚男性的平等权益容易受到不当干扰，立法可以单独设一款予以规定。例如，规定"双方约定丈夫随妻居住生活的，享有平等家庭地位，任何人、单位或组织不得歧视"。

（三）家庭成员身份约定可能存在的问题与争议处理

法律赋予当事人约定选择权，无论妻到夫家落户还是夫到妻家落户，相关法律应当给予支持、协助，不得妨碍、阻挠当事人依约定行事，不得限制、排斥或否定当事人依法享有的平等权。准配偶和婚姻当事人约定一方成为对方家庭的成员的，若落户在对方所在的农村集体经济组织内，就应当享有该集体成员资格，享有平等的村民待遇；不得因其是上门女婿或外来媳妇而不公平地限制、排斥或否定他们应享有的平等的村民权利和待遇。同时，如果有充分证据证明当事人滥用约定家庭成员权的，可要求当事人返还不当获得的利益；协商不成时，可以寻求司法救济。

首先，男女双方约定成为对方家庭的成员，应基于自愿，不得强迫。男女双方婚前或者婚后就此平等协商，共同决定，达成一致意见；任何一方不得强迫对方迁居到自己所在地居住或共同生活，其他个人、单位、组织不得干涉。其次，夫妻一方成为另一方家庭的成员之后，其户籍变动应遵从户籍管理的相关行政法律法规。农村地区相互迁移户籍，通常无限制。村庄或村民不应以种种借口阻挠女到男家落户或者男到女家落户。农村户籍迁入城市落户，受限制多。近几年，国家实行中小城市户籍管理制度改革，鼓励人们到中小城镇落户。再次，无论妻到夫家居住或夫到妻家居住，即使上门女婿与岳父母约定"做儿子"，均不导致双方亲属身份变更。夫妻一方与另一方的父母等家人共同生活，会形成相互照顾扶助的事实，但是，共居事实不产生新的权利与义务，不终止当事人依法已形成的权利和义务关系。无论夫妻双方商定采用哪一种居住方式，他们各自承担的夫妻扶养义务不变，赡养各自父母和扶养其他法定义务人的责任不变；他们各自依据《民法典》享有的继承人资格不变，但是，当事人约定家庭成员协议中包括财产条款或者符合法律规定情形的除外。最后，反对一切形式的性别歧视。男女平等是法律原则，无论妻随夫居或者夫随妻居，双方人身关系和财产关系平等。任何人、单位或组织都不得歧视该对夫妻及其所生子女或当事人任何一方。夫到妻家落户的安排或决定及该对夫妻所生育的子女应当依法享受同等村民待遇。如果发生利益争议，协商无果的，相关当事人有权向人民法院起诉，请求司法干预。

（四）《民法典》婚姻家庭编应当增设婚姻住所商定权

婚姻住所是指夫妻共同居住和生活的主要处所地，十分重要，立法有必要予以调整。婚姻关系成立后，男女双方开始以夫妻身份共同生活，这是婚姻的效力。夫妻生活需要一个具有较强隐秘性的稳定场所，使婚姻共同体获得一定独立性，并与其他社会成员之间保持适当的距离与间隔，以实现婚姻特定功能。婚姻住所是夫妻行使权利和履行义务的场所，是维持婚姻关系的基本条件。夫妻在何处履行法定义务，理当受到立法干预。婚姻住所是婚生子女特别是未成年子女的基本生活环境，规定婚姻住所商定权也是保证未成年子女利益的需要。

立法未来应尽快确立婚姻住所商定权。居住权关系到基本人权。为此，《民法典》第 366 条至第 372 条确立了居住权制度，以满足生活居住需要。然而，该居住权是"按照合同约定，对他人的住宅享有占有、使用的用益物权"，不同于因婚姻关系而占有、使用配偶对方所有的房屋的权利。婚姻住所商定权是指夫妻在平等协商基础上共同选择、决定婚后共同生活住所的权利。夫妻双方在哪儿安家，是准备结婚的当事人双方和已婚夫妻应当平等协商决定的问题。工商业发展使得人口流动频繁，挑战婚姻稳定性；城市高房价增大了婚姻住所商定之必要。少子化提高了准配偶或已婚男女对婚姻住所安排的敏感度，增大了潜在争议可能性。《民法典》婚姻家庭编没有出现"婚姻住所"或者"婚姻住所商定权"是个遗憾。在坚持男女平等原则下，立法应明文赋权当事人协商确定婚姻住所。住所问题，既关乎平等，又受制于当事人的财务能力、风俗习惯等因素，夫妻任何一方不得强迫另一方进行选择，第三人不得干涉。针对当事人双方可能协商不成的情形，立法有必要赋予当事人寻求司法救济的权利。2001 年《婚姻法》和《民法典》婚姻家庭编均未明文赋予当事人就协商住所不成时请求法院干预的权利，考虑不够周全。决定婚姻住所时，男尊女卑不对，女尊男卑是错。唯夫妻平等协商确定双方共同愿意居住之所，始能为婚姻长久和睦提供基本稳定环境。

总之,《民法典》以亲属关系类型为原则确立家庭成员身份,又适应国情允许约定家庭成员资格,但其未定义"家庭",未规定该约定的效力,约定取得家庭成员身份者的家庭地位、权利和义务均模糊不清。随着个人生活多元化发展,我们将继续面临应该以共同居住和生活事实为基本标准来认识和界定家庭还是以亲属类型为原则而不强调是否共同居住或共同生活之争议。① 成年子女独立生活之后,尤其是单独居住自立门户的已婚子女,事实上与父母分属于两个家庭,但是涉及抚养、赡养义务时,两者又被视为一个家庭;成年兄弟姐妹各自结婚成家或者自立门户后,他们仍互为家庭成员,也有某种程度的不合理。形成扶养关系的继父母子女等关系的分离与终止、新建与复建比较复杂。《民法典》施行以后,第 1045 条和第1050 条在适用中可能遇到的问题,有必要通过立法解释、司法解释乃至于修订相关立法条款来解决,以消除不同门类法律调整相同问题时出现的立场、规则不统一现象,公平保护相关主体利益。

参考文献

曾培芳、王冀:《议"家庭"概念的重构——兼论家庭法学体系的完善》,《南京社会科学》2008 年第 11 期。

向勇:《中国农村集体成员主体资格新论》,《河北法学》2016 年第 6 期。

杨立新、韩煦:《近亲属优先购买权及适用》,《法律适用》2013 年第 10 期。

---

① 例如,李洪祥:《"家庭暴力"之法律概念解析》,《吉林大学社会科学学报》2007 年第 4 期;沈崇麟、杨善华主编《当代中国城市家庭研究》,中国社会科学出版社,1995,第 4 页;宋健:《"四二一"结构:形成及其发展趋势》,《中国人口科学》2000 年第 2 期;李景汉:《定县社会概况调查》,上海人民出版社,2005,第 153 页;费孝通:《江村农民生活及其变迁》,敦煌文艺出版社,1997,第 29 页。

父母以外的第三人享有探望未成年人权利之形塑

——以《民法典》1086条为基准*

吕春娟**

【内容摘要】父母基于人伦天性，对于未成年子女之照顾，在法律上应推定为最符合未成年人之最佳利益，其亲权不容任意干涉，但如果父母或监护人拒绝或干涉对未成年人具有特殊感情之父母以外的第三人，即司法实践中常见的未成年人之（外）祖父母、兄弟姐妹等探望未成年人，导致未成年人与自幼建立感情深厚之人不当隔离，对其身心的负面影响不言而喻，因此需要结合我国判例与域外立法例，从解释论与立法论层面，剖析父母以外第三人享有探望未成年人权利之正当性与儿童利益最大化原则在我国的立法与司法表征，进而确保父母对未成年人的亲权或者监护人的监护权免受不当干涉，同时保障父母以外第三人与未成年人探望交流需求之各法益之间，谋求一妥适之平衡点，争取实现未成年人利益最大化。

【关 键 词】探望权　亲权　监护权　未成年人之最佳利益

* 本文系国家社科基金项目"'全面两孩'视域下分担未成年人养育成本的制度设计"（17XFX019）研究成果。
** 吕春娟，女，法学博士，兰州财经大学法学院教授、硕士生导师。

2020 年 5 月 28 日我国颁布的《中华人民共和国民法典》（以下简称《民法典》）第 26 条、第 1058 条规定了婚姻存续期间父母双方共同行使亲权。父母离婚后，根据《民法典》第 1084 条之规定，亲权则由单方行使。此外，根据《民法典》第 27 条规定，在特殊情形下，除亲权人外，祖父母、外祖父母或者兄、姐以及相关组织可被指定为未成年人的监护人。此时监护人的监护权一般与亲权内容并无二致。为了保障离婚后未成年人的身心健康，《民法典》第 1086 条规定"离婚后，不直接抚养子女的父或者母，有探望①子女的权利"，并规定只要父母行使该权利时不损害未成年人的福祉，该权利就不应被限制或被剥夺。伴随计划生育政策的实施，核心家庭基本成为我国家庭的样态，年轻父母因为工作压力无暇照料未成年子女，此时，大多未成年人的（外）祖父母积极踊跃参与到照料年幼的（外）孙子女的"事业"中，无论是一孩家庭抑或二孩、三孩家庭，（外）祖父母在未成年（外）孙子女成长过程中，倾注了大量的感情心力，祖孙之间建立了深厚的心理与感情联系。与此同时，在我国经济与社会的发展变迁背景下，离婚率逐年攀升，未成年人父母离婚不免会打破未成年人与（外）祖父母业已形成的亲密生活样态，继而（外）祖父母思念（外）孙子女，探望（外）孙子女遭到与未成年人直接生活的父或者母拒绝，为此闹至法院，法院较多的支持（外）祖父母的探望权。《民法典》草案中也曾规定了祖孙之间的隔代探望权。《民法典》颁行后在司法实践中不免会再现此类案件，尤其三孩政策下父母离婚还会导致兄弟姐妹之间的探望交流需求。因此，有必要尝试基于立法论与解释论，并参照外国立法例，再结合我国国情与司法判例，以此形塑父母以外的第三人与未成年人之间探望交流的权利。

一　父母以外的第三人享有探望未成年人权利之正当性

一直以来，在司法实践中，当父母双方因为离婚都想成为亲权人而引

---

① 探望权，学界也称探视权、会面交往权。参见马俊驹、余延满《民法原论》，法律出版社，2010，第 849 页。本文出于行文需要，探望权与会面交往权根据具体上下文替换使用。

发纷争时，法官一般多采用分离亲权和监护权的方式，指定与未成年人同居父母一方为亲权人，非同居父母一方为监护权人。与此同时，父母双方有轮流抚养，也即共同抚养子女的意愿时，法官也会采用通过分离亲权和监护权的方式以达到共同亲权的目的。如上所述，核心家庭中（外）祖父母承担了养育（外）孙子女的重任，一旦未成年人的父母离婚，之后该未成年人随其父母任何一方生活时，其与（外）祖父母的亲密生活状态则被破坏。所以，学理上，我国学者提出应该在符合未成年人利益的原则上赋予（外）祖父母探望（外）孙子女的权利。[1] 立法上，2018年9月公布的《民法典婚姻家庭编（草案）》中，赋予（外）祖父母探望（外）孙子女的权利，恰是基于伦理亲情、尊重客观事实而对民众需求的回应，立法机关在2020年5月28日《民法典》正式颁布时将这一规定取消，其中缘由，笔者揣测是交由法官自由裁量纷繁复杂之个案。父母与未成年子女之关系既是因血缘产生的自然法上之权利义务关系，也是我国《宪法》、《民法典》以及《未成年人保护法》等相关基本法律规定的权利义务关系。随着整个社会对未成年人权益的关注度提升，父母离婚后一系列与未成年人利益相关的问题随之显现，诸如（外）祖父母对他们悉心照顾、疼爱有加的（外）孙子女因为其父母离婚使得祖孙之间的探望交流被阻隔，未成年人的兄弟姐妹因为父母离婚被迫分开，日常的亲情互动也被打破。[2]《民法典》之所以规定父母离婚后不与子女生活的一方享有探望权，主旨则是以此维系与未成年子女的亲情，避免未成年子女心灵受创，保障其身心健康成长，与未成年子女最佳利益之原则吻合。但是，未成年人之亲情联系，并不止于父母，（外）祖父母或兄弟姐妹也有与未成年人亲情互动的需求。

笔者在中国裁判文书网以"隔代探望"为关键词搜索（外）祖父母探望（外）孙子女的纠纷，主要收集了2015～2019年之间极具代表性的9起隔代探望权纠纷判例，法院无一例外全部支持了（外）祖父母探望（外）

---

[1] 梁慧星：《中国民法典草案建议稿附理由：亲属编》，法律出版社，2013，第200页。
[2] 我国司法实践中一般的做法是将未成年人分别判由父母抚养。

孙子女的诉讼请求。① 足见法官并没有拘泥于法律规定，而是本着同理心正视案件事实，基于未成年人利益最大化的原则作出判决。早在我国最高院的司法解释《关于人民法院审理离婚案件处理子女抚养问题的若干具体意见》（法发〔1993〕30 号）第 5 条中就包含了父母离婚让 10 周岁以上的未成年人参与表达对自己以后生活安排的权利，此规定充分保障了未成年人的参与权，该权利在后文中提及的我国签署的国际公约与《未成年保护法》中都有具体的体现。如果未成年人能表达其意思，亦会向法官表示自己不愿与父母以外的第三人，即（外）祖父母或者兄弟姐妹分离，然而如果父母行使亲权没有任何不当，仍应由其行使亲权。一旦父母离婚，一方单独行使亲权，未必愿意对方的父母来探望未成年子女，与此同时，单独行使亲权之一方，因离婚或对方去世等因素，一般也会让未成年子女与对方亲属断绝往来，此处亲属大多是未成年人的（外）祖父母，与笔者检索到的判例完全一致。典型如在丁某、王某与白某探望权纠纷案中，未成年人丁某出生至其前往德国居住之前，一直随祖父母共同生活居住且由二原告抚养长达 9 年多，祖孙之间建立了深厚的情感。未成年人丁某 2 离开二原告前往德国后，也时常通过微信向祖父母表达回国探亲的希望。再如，在杨某某、胡某某与宋某某探望权纠纷案中，未成年人宋某父母离婚后由其母亲行使亲权，后来母亲去世，亲权改由父亲宋某某行使，父亲阻止宋某的外祖父母行使探望权，对宋某而言，失去母爱的关切已经令其备受打击，对其外祖父母而言，成为失独老人后又不能顺利探望挚亲挚爱的外孙宋某，更是雪上加霜。上述两案法官确认了（外）祖父母与（外）孙子女的深厚感情事实，既是对未成年人之最佳利益原则的司法践行，又充分考量了（外）祖父母感情之需求，从而支持了（外）祖父母请求探望（外）孙子

---

① 徐某、李某与倪某探望权纠纷案，（2015）锡民终字第 01904 号；胡某某与王某某探望权纠纷案，（2015）克民初字第 5135 号；冯志男、陈天安等与应甜甜探望权纠纷案，（2019）赣 0103 民初 1692 号；杨某某、胡某某与宋某某探望权纠纷案，（2017）沪 02 民终 1696 号；孙某甲、黄某某与孙某乙、马某某探望权纠纷案，（2015）甘民初字第 7348 号；丁某、王某与白某探望权纠纷案，（2016）渝 0112 民初 5648 号；董某某、张某某与谭某乙探望权纠纷案，（2018）渝 0103 民初 11722 号；王某、罗某等与李某探望权纠纷案，（2018）川 0182 民初 2780 号。

女的权利。由此可知，单独行使亲权一方的行为未必就是最符合未成年人利益的，甚至可能还会伤害未成年人的身心健康，有滥用亲权之虞。法官在处理因父母离婚导致的亲权归属问题时，一般不会预料到直接行使亲权一方会拒绝他方父母与未成年人探望交流之情形，从而导致很多（外）祖父母与（外）孙子女无法会面，伤害到彼此的感情，尤其对未成年人的身心健康造成了不可逆的负面后果。

二　父母以外第三人探望未成年人权利之法理简析

亲子关系立法理念经历了一个利益转变的过程，现代以来，亲子关系立法的理念从家族利益优先的"家本位亲子法"，到父母利益优先的"亲本位亲子法"，再发展至子女利益优先的"子本位亲子法"，① 从国际公约之规定到国内基本法的规定凸显出未成年人利益最大化逐渐成为各国亲子关系立法的核心。《儿童权利公约》（以下简称《公约》）第 9 条第 1 款规定："缔约国应确保不违背儿童父母的意愿使儿童与父母分离，除非主管当局按照适用的法律和程序，经法院审查，判定这样的分离符合儿童的最大利益而确有必要……"；第 9 条第 3 款规定："缔约国应尊重与父母一方或双方分离的儿童同父母经常保持个人关系及直接联系的权利，但违反儿童最大利益者除外。"这是《公约》关于父母离异时对未成年人的利益安排，除了父母之外，其他与未成年人密切相关之人对未成年人的责任之规定体现在《公约》第 5 条："缔约国应尊重父母或于适用时尊重当地习俗认定的大家庭或社会成员、法定监护人或其他对儿童负有法律责任的人以下的责任、权利和义务：以符合儿童不同阶段接受能力的方式适当指导和指引儿童行使本公约所确认的权利。"

若未成年人生活在父母婚姻存续的家庭，其与第三人之探望交流实属容易之事，但父母离婚，则必然导致与父母一方生活的未成年人与第三人（尤其是对方父母）探望交流的困难，因此不免会涉及法官裁判时必须衡量

---

① 陈明侠：《完善父母子女关系法律制度（纲要）》，《法商研究》1999 年第 4 期，第 24 页。

的一个原则——儿童①最大利益原则，该原则也是现代各国家事司法的基本原则。该原则来源于《公约》第18条第1款："……父母、或视具体情况而定的法定监护人对儿童的养育和发展负首要责任。儿童的最大利益将是他们主要关心的事。"儿童最大利益原则的雏形通常认为源自英国普通法，美国继受并进一步发展，《公约》最后将其定性为现今的国际性指导原则，现在很多国家将其作为法院处理父母离婚后对未成年子女行使亲权案件的最高准则。基于该原则，法院处理未成年人亲权问题时，应摒弃父母权利本位思想，将"子女最佳利益"置于"父母权利"之上，使得对子女的亲权焦点问题从"谁有权行使亲权"转变成"由谁行使亲权对子女最为有利"，从而使儿童利益最大化原则内化到婚姻家庭法律制度之中，以此确保儿童利益。② 我国政府于1990年8月签署了该公约，并将儿童生存、保护、发展与参与的主要目标纳入经济社会发展总体规划。2011年国务院颁发的《中国儿童发展纲要（2011 - 2020年）》明确了儿童优先原则和儿童最大利益原则，且在目标的制定上明确保障儿童利益最大化；2014年最高人民法院、最高人民检察院、公安部、民政部联合颁发的《关于依法处理监护人侵害未成年人权益行为若干问题的意见》第2条规定，"处理监护侵害行为，应当遵循未成年人最大利益原则，充分考虑未成年人身心特点和人格尊严，给予未成年人特殊、优先保护"；2020年10月17日通过的《未成年人保护法》修订案第4条规定的"保护未成年人，应当坚持最有利于未成年人的原则"，也是我国践行《公约》之规定的中国式表达。

对于未成年人最大利益的内涵揭示，有学者根据德国立法的规定，将其界定为"儿童的自我发展和独立人格之培养"③。"子女的自我意愿和观念是其迈向完全独立之发展过程中的重要因素。所以，理性的教育不宜压制子女的自我主张，而应当对父母的权威加以一定的限制，令父母权威的实

---

① 由《公约》第1条的规定"儿童系指18岁以下的任何人"、我国《未成年人保护法》第2条"本法所称未成年人是指未满十八周岁的公民"、《民法典》第17条"十八周岁以上的自然人为成年人。不满十八周岁的自然人为未成年人"可知，儿童与未成年人含义等同。

② 雷文玫：《以"子女最佳利益"之名：离婚后父母对未成年子女权利义务行使与负担之研究》，《台大法学论丛》1999年第3期，第33页。

③ 王葆莳：《"儿童最大利益原则"在德国家庭法中的实现》，《德国研究》2013年第4期，第36页。

施方式和程度符合子女的年龄和发展状况，并且和争议涉及的问题相适应。随着年轻人日益成长，他们可以逐步承担完全责任，父母的引导作用就会相应缩减。"①

未成年人最大利益原则不仅是其立法的基本理念，而且是其制度设计的核心，（外）祖父母与（外）孙子女是除父母子女关系之外最亲的直系血亲，《民法典》第 27 条规定了（外）祖父母对（外）孙子女在特定情形下的监护权，第 1074 条也规定（外）祖父母在特定情下抚养（外）孙子女之义务，《民法典》第 1128 条也有（外）孙子女代位继承（外）祖父母财产的规定，这些权利义务的基础均在于（外）祖父母与（外）孙子女之间的法定血亲关系，依据此血亲关系，（外）祖父母对（外）孙子女在特定条件下负有抚养教育未成年（外）孙子女之义务，相应（外）祖父母也应享有探望未成年（外）孙子女之权利，此权利源于《民法典》规定的亲属身份权。

三　父母以外第三人探望未成年人权利的域外立法经验

域外立法例上，两大法系主要国家在法律上赋予父母以外的第三人享有探望未成年人的权利。《德国民法典》第 1685 条第 1 款与第 2 款规定，除了父母之外，未成年人的祖父母与兄弟姐妹以及与未成年人密切相关的，并对未成年人承担了或承担过"事实上责任"的人均享有与未成年人会面交往的权利。② 这里承担"事实上责任"的人主要是指长期和未成年人在共同家庭中生活，从而形成事实上责任关系（社会家庭关系）的人。根据 2004 年之前的德国法相关规定，只有配偶和与子女在家庭中长期共同生活过的前配偶或生活伴侣、养父母才享有对未成年人的探望交往权。德国联邦宪法法院认为，该规定违反了《基本法》第 6 条第 1 款，因为其意味着，若未成年人的亲生父亲没有被确认为法律上的父亲，即使其和子女建立了事实上的联系，也不享有探望交往权，这显然不合理。法院认为在此情况

---

① 〔德〕迪特尔·施瓦布：《德国家庭法》，王葆莳译，法律出版社，2010，第 336～337 页。
② 〔德〕迪特尔·施瓦布：《德国家庭法》，王葆莳译，法律出版社，2010，第 391 页。

下，应当用"社会家庭关系"这一概念来表示那些事实上已经为未成年人承担责任的人。因此，在2004年的改革法案中，立法者在上述判例的基础上进一步认为：无论出于何种原因和情形，任何人只要通过长期的共同家庭生活和未成年人建立了"社会家庭关系"，即享有探望交往权。但在《德国民法典》第1685条中，未成年人自身没有独立的交往权。父母有权决定其子女和其他人的交往是否符合儿童最大利益，但父母的决定权受《德国民法典》第1626条"维持子女与之有联系的其他人的交往有益于子女发展的，该交往即属于子女的最大利益"限制，继而第1685条第3款规定了倘若和其他人的交往符合儿童最大利益，但父母却阻止该交往，法院可以对父母采取干预措施。① 显然，德国立法凸显"未成年人最大利益"之规范与追求。相较而言，瑞士法与法国法在立法规范上，没有使用"儿童最大利益"之表达，《瑞士民法典》第274条第1款规定："在特殊情况下，因子女的利益可限制其他人，特别是子女的血亲的个人来往的权利。"② 此条使用的是"因子女的利益"，且所列血亲没有列举明确，但应该包括未成年人的（外）祖父母以及兄弟姐妹。《法国民法典》第371条第4款规定：除有重大理由之外，父母不得妨碍子女与其祖父母外祖父母的关系。当事人协商不成的，由家事法官裁定之（第1款）。家事法官于特殊情形之考量，得同意其他人的通信权或探视权，无论该人是否是亲属。③ 由此可见，法国法上即无"有利于未成年人利益"之规范，除了赋权（外）祖父母，第三人范围更是突破了亲属的限制，只追求符合未成年人利益之原则。在英美法上，美国法院对于父母离婚后未成年人亲权人的判决曾经有三种符合子女最佳利益推定的原则："共同监护"（joint custody）、"心理上的父母"（psychological parent）、"主要照顾者"（primary caretaker）。④ 三种原则在司法实践中经过锤炼检验，"主要照顾者"作为最适合的原则被法官采用，其理由：一是主要照顾者比较了解未成年人的需求；二是主要照顾者照顾未成

---

① 王葆莳：《"儿童最大利益原则"在德国家庭法中的实现》，《政治与法律》2013年第4期，第48~49页。

② 殷生根、王燕译：《瑞士民法典》，中国政法大学出版社，1999，第71页。

③ 罗结珍译：《法国民法典》，北京大学出版社，2010，第384页。

④ 参见 Cheryl Buehler and Jean M. Gerard，"Divorce Law in the United States：A Focus on Child Custody，" *Family Relations*，Vol. 44，No. 4。

年人，也证明其尽力保护照顾未成年人的心意；三是主要照顾者通过长期照顾未成年人，与其建立起来的联系，对于未成年人的成长非常重要。[①] 我们根据主要照顾者与未成年人之间的生活现状与心理感情联系，可以推知曾经与未成年人感情联系紧密的（外）祖父母与未成年人在其父母离婚后保持会面交往，可以充分保证未成年人的心理健康。

四 父母以外第三人探望未成年人所涉之法益冲突与调和

通过上述域外立法以及判例原则可知，父母以外第三人享有探望未成年人之权利符合未成年人利益最大化原则，我国的司法实践亦充分体现出祖孙对此的强烈需求。但第三人的探望不免与亲权人行使亲权以及宪法所保护的家庭完整性形成冲突。

（一）未成年人需求与亲权人或监护权人监护权之冲突调和

未成年人与父母以外第三人会面交往权与亲权或监护权为主要冲突法益。假如会面交往漫无限制，可能会使（外）祖父母频繁探望，干扰未成年人与其亲权人的生活安宁，而且（外）祖父母过度介入亲权或者监护权之行使，亦会使得父母或监护人对未成年人管教困难，以及未成年人面临多元管教而无所适从或从中钻空子，反而不利于教养未成年人。因此，对未成年人负担权利义务的父母一方或双方，或未成年人的监护人，其对未成年人享有的监护权均应得到尊重，否则对于未成年人之照管，出现多方干涉，反而不利于未成年人的利益。在此涉及一个家庭有追求不受不当外力干涉家庭完整的权利。关于此权利，《公约》第8条第1款有明确规定，即"缔约国承担尊重儿童维护其身份包括法律所承认的国籍、姓名及家庭关系而不受非法干扰的权利"。

（二）亲权人或监护权人之权利与宪法保障的家庭完整性之冲突调和

未成年人与父母以外第三人探望交流中主要冲突法益即亲权人或监护

---

① 参见 Cheryl Buehler and Jean M. Gerard，"Divorce Law in the United States: A Focus on Child Custody," *Family Relations*, Vol. 44, No. 4。

权人之权利与宪法保障的家庭完整性。在 20 世纪，美国很多非核心家庭（单亲家庭）中非核心家庭成员帮父母一方照顾未成年人占不小的比例。因此，允许第三人与未成年人探望交流实属美国家庭变迁过程中的普遍性存在。① 但（外）祖父母的介入不免会使亲权人与监护权人在行使权利时受到不适当的干涉，所以前述判例中都强调家庭的完整性受宪法保障，父母行使亲权或监护权人行使监护权有其正当性。

美国加州 1994 年《家庭法》规定，如果父母不同意，即推定祖父母之探望不符合孙子女之最佳利益；明尼苏达州法律规定，只有在不影响父母亲权或亲子关系的情况下，才允许祖父母探望孙子女；内布拉斯加州法律规定，法院必须确认第三人探望不干涉亲子关系，法院才允许祖父母探望孙子女；犹他州 1998 年的法律亦是如此规定。② 综合上述法律之规定，凸显美国《宪法》第 14 条正当法律程序在于保障父母决定如何照顾、具体行使亲权的方式。在我国，父母对其未成年人的亲权行使受《宪法》保障，监护人对未成年人的监护权受《民法典》第 34 条与《未成年人保护法》第 7 条之保障。

综上，笔者认为，就具体个案而言，"未成年人之需求""亲权人或监护权人之权利和家庭完整性"二法益之强度，可能差异很大，彼此间可能形成冲突状态，因此，个案操作上尚须谨慎小心，尤其父母基于人伦天性，其所作所为应符合子女之最佳利益，倘若允许父母以外的第三人享有探望未成年人之权利，不免会影响父母行使亲权。

关于未成年人的需求，个案差异也很大。例如，在前述杨某某、胡某某与宋某某探望权纠纷案中，宋某随母生活，后来母亲去世，父亲行使亲权将其接回，致使与外祖父母隔离，但该未成年人宋某与父亲隔阂很大，不愿意与其共同生活，且思念外祖父母强烈，自然应该尊重其外祖父母的探望交流权；又如，有一未成年人出生后由其亲姑姑照顾一年，后来被父母接回，但姑姑思念侄子心切，前来探望侄子，该未成年人却对姑姑毫无

① 郭钦铭：《父母以外的第三人与未成年人的会面交往》，《现代身份法之基础理论——戴东雄教授七秩华诞祝寿论文集》，台北：元照出版有限公司，2007，第 249 页。
② 郭钦铭：《父母以外的第三人与未成年人的会面交往》，《现代身份法之基础理论——戴东雄教授七秩华诞祝寿论文集》，台北：元照出版有限公司，2007，第 251 页。

印象，并没有探望交流的需求。

就亲权或监护权人的监护权和家庭完整性而言，具体个案也不相同，有些家庭功能健全，不适宜外人打扰。相反，有些家庭功能不健全，甚至有疏于保护照顾未成年子女之情况，此时，允许未成年人与第三人探望交流，不仅是对未成年人身心需求的满足，更是对未成年人的亲权人或监护人的监督，以此更好地维护未成年人的合法权益。因此，如果法律允许父母以外的第三人享有探望未成年人之权利，对于主体、要件不宜僵化规定，应交由法官行使自由裁量权，以便维护未成年人之利益、亲权或监护权和家庭之完整性，由此，《民法典》正式颁布时去掉（外）祖父母探望权之缘由便显现出来。

五　父母以外第三人探望未成年人的主体范围与条件

如前文所述，未成年人之最佳利益在《公约》中予以明确，我国《民法典》与《未成年人保护法》也有中国式的意蕴表述，父母以外的第三人与未成年人探望交流，需要明确其主体范围与探望条件。

（一）　父母以外第三人探望未成年人权利之主体范围

关于探望交流主体，《德国民法典》第 1685 条第 1 款例示规定为未成年人之兄弟姐妹、祖父母；第 2 款规定为曾与未成年人长期共同生活者，以及其他曾长期照顾未成年人之第三人（与未成年人有紧密关系的人）。《瑞士民法典》第 274 条第 1 款概括规定为父母以外第三人，《法国民法典》371 条第 4 款例示规定（外）祖父母，后概括规定"父母以外第三人"之通信或探视权，均没有采取列举的方式（未经列举者则予以排除），生怕挂一漏万，皆因未成年人成长过程与精神需求因个案不同差异很大，交法官适度裁量最为妥适。比如保姆、寄养家庭的阿姨、未成年人的小玩伴等都是非亲属，但其与未成年人感情深厚，假如不准许其探望交流，则会伤害到未成年人的感情。具体在我国的立法建构上，我们可以借鉴《瑞士民法典》之规定，概括为"父母以外的第三人"，简单明了，具体个案让法官适度裁量，不失为一种妥当的选择。

（二） 父母以外第三人探望未成年人的条件

首先，在何种条件下法院才允许父母以外的第三人探望未成年人？是否以亲权人或监护权人有不适格的情形（例如疏于照顾保护未成年人或者对未成年人有家暴行为）为必要？笔者认为，即使在功能健全的家庭，未成年人也有与第三人会面交往的需求可能性，为未成年人利益着想，不应以亲权人或监护权人有不当行为为必要，但假如亲权人或监护权人有不当行为，法院在允许第三人享有探望权之时，应注意不能不当干涉亲权或监护权之行使，应降低探望交流的频率。法律条文则最好为法院"酌定"之表述。

其次，法院允许第三人享有探望未成年人权利是否需要符合"未成年人最佳利益"，还是仅需"有利"即可？前述《德国民法典》第 1685 条规定要求符合"最大利益"，《瑞士民法典》规定则是"有利"即可。《法国民法典》第 371 条第 4 款甚至没有"有利"之规定，完全交由法官个案裁量。

以"最大利益"之文义解释而言，实际上很难判断何为"最大利益"，再者，"最大利益"与"次大利益"之间仅有些微差异，这种差异不应该成为未成年人与第三人探望交流愿望之障碍。因此，笔者认为，不应以"最大利益"为条件，以对未成年人"有利"即可。法院准许第三人享有探望未成年人之权时，一般是因对该未成年人有利，且重点在于对该未成年人有利时，如何避免过于干涉亲权或监护权，亦即重点在于法益冲突之调和，而不在于是否需要明文规定"有利于未成年人"为要件。

具体则如：在功能和家庭结构都完整的家庭中，为避免对未成年人身心健康造成伤害，应该承认未成年人与父母以外的第三人交流的必要。常见如未成年人父母工作忙碌，家有保姆照顾未成年人或者父母将其寄养，未成年人与保姆或寄养家庭的阿姨产生深厚的感情，后来因各种原因保姆辞去工作或父母将未成年人从寄养家庭接回，此时该未成年人家庭环境虽然健全，但他思念保姆或者寄养家庭的阿姨，如果不让其探望交流，可能会影响其正当之精神需求，进而影响其健康成长。在功能有瑕疵的家庭，第三人则扮演监督者的角色，允许其探望交流还可以保障未成年人的权益。

例如杨某某、胡某某与宋某某探望权纠纷案中，未成年人宋某母亲病故，其与父亲一起生活，假如父亲酒后常会对宋某实施家庭暴力，而宋某与外祖父母感情深厚，法官允许他们之间探望交流，则可以阻止该父对宋某的家庭暴力行为。杨某某与胡某某还可以依据《民法典》第 36 条①与《未成年人保护法》第 17 条②之规定向法院申请剥夺宋某某之父的亲权，由杨某某与胡某某担任宋某某的监护权人。至于第三人与未成年人探望交流之方式与期间，应该准用《民法典》第 1086 条规定的父母与未成年人探望交流的方式与期间，以方便法院适用于多样个案。

六 结语

针对父母以外的第三人享有探望未成年人的权利之形塑，基于个案差异的缘由，法院可以依请求或者依职权，于有利于未成年人时，酌定与该未成年人有特殊情感关系之父母以外的第三人与未成年人探望交流的期间和方式，但当其探望交流不利于未成年子女时，法院应依职权或者依请求予以变更。假如未成年人父母没有婚姻关系，或者未成年人由父母以外第三人监护，也可以参照父母之间缔结合法婚姻关系的状况来确定父母以外第三人探望未成年人的权利。

---

① 《民法典》第 36 条："监护人有下列情形之一的，人民法院根据有关个人或者组织的申请，撤销其监护人资格，安排必要的临时监护措施，并按照最有利于被监护人的原则依法指定监护人：（一）实施严重损害被监护人身心健康的行为……"
② 《未成年人保护法》第 17 条："未成年人的父母或者其他监护人不得实施下列行为：（一）虐待、遗弃、非法送养未成年人或者对未成年人实施家庭暴力……"

2021年卷 总第17卷

家事法研究

RESEARCHES ON FAMILY LAW

继承编专题

中国《民法典》继承编之遗产清单制度系统化构建研究[*]

陈　苇　刘宇娇^{**}

【内容摘要】我国《继承法》实行无条件的限定责任继承，没有把依法制作遗产清单作为实行限定责任继承的首要前提条件，这有可能侵害遗产债权人的利益，也有可能损害其他继承人的利益。本文通过考察遗产清单制度的起源与功能，分析我国立法的现状与不足，在比较评析国外遗产清单制度立法内容的基础上，结合我国实际，借鉴域外立法经验和汲取我国学者的有益观点，提出我国《民法典》继承编之遗产清单制度的立法构想。

【关 键 词】继承编　　遗产清单　　制度构建

　　遗产清单是记载被继承人遗留的个人财产方面的权利义务的清册，其中包括被继承人遗留的积极财产和遗产债务。在域外立法中，制作遗产清单是实行有限责任继承（即限定继承）的首要前提条件，以保证遗产清单

　　*　本文已发表在《现代法学》2019 年第 5 期，是 2016 年度司法部国家法治与理论研究课题"我国遗产处理制度系统化构建研究"（项目编号 16SFB2036）基金项目阶段性成果之一。
　**　陈苇，女，西南政法大学民商法学院教授、博士生导师；刘宇娇，女，西南政法大学民商法学院博士研究生。

记载的财产优先清偿遗产债务，平等保护继承人和遗产债权人的利益。2019年7月公布的《民法典继承编（草案二次审议稿）》（以下简称《民法典继承编（草案）二审稿》）中已经规定制作遗产清单是遗产管理人的职责之一，但未规定制作遗产清单是实行限定责任继承的首要前提条件。目前，我国学者出于不同的视角、不同的追求而设计的"民法典继承编"先后问世。① 这些学者建议稿②均主张以制作遗产清单作为实行限定继承的首要前提条件，以平等保护继承人和遗产债权人的利益。

当前，关于遗产清单制度内容的构成要件，我国学者的观点存在较大分歧，主要观点可以概括为"三要件说"、"四要件说"以及"五要件说"三种。"三要件说"认为该制度的内容包括制作遗产清单的期间、内容与形式。③ "四要件说"根据该制度的内容构成又分为两种观点：其一，认为其包括制作主体与要求、制作时间、遗产清单制作对继承人的效力以及故意制作不实的法律后果。④ 其二，认为其包括制作主体与要求、遗产清单的补正、管辖法院以及法院的审理程序。⑤ "五要件说"认为该制度的内容包括

---

① 陈苇、王歌雅：《改革开放三十年中国继承法制建设之回顾与展望》，载陈苇主编《改革开放三十年（1978~2008）中国婚姻家庭继承法研究之回顾与展望》，中国政法大学出版社，2010，第362页。

② 目前我国公开发表的六份继承法学者建议稿如下：（1）"梁慧星等学者建议稿"，参见梁慧星主编《中国民法典草案建议稿》，法律出版社，2003；梁慧星主编《中国民法典草案建议稿附理由：继承编》，法律出版社，2013，本文以其2013版为研究对象，以下简称"梁稿"；（2）"徐国栋等学者建议稿"，参见徐国栋主编《绿色民法典草案》，社会科学文献出版社，2004，以下简称"徐稿"；（3）"王利明等学者建议稿"，参见王利明主编《中国民法典学者建议稿及立法理由·人格权编、婚姻家庭编、继承编》，法律出版社，2005，以下简称"王稿"；（4）"张玉敏等学者建议稿"，参见张玉敏主编《中国继承法立法建议稿及立法理由》，人民出版社，2006，以下简称"张稿"；（5）"陈苇等学者建议稿"，参见陈苇《〈中华人民共和国继承法〉修正案（学者建议稿）》，载陈苇主编《中国继承法修改热点难点问题研究》，群众出版社，2013，第547~578页。本建议稿全文摘自陈苇主编《外国继承法比较与中国民法典继承编制定研究》，北京大学出版社，2011，以下简称"陈稿"；（6）"杨立新等学者建议稿"，参见杨立新、杨震等《〈中华人民共和国继承法〉修正草案建议稿》，《河南财经政法大学学报》2012年第5期，第14~26页，以下简称"杨稿"。

③ 参见黎乃忠《限定继承制度研究》，法律出版社，2017，第61~64页。

④ 参见王丽萍《债权人与继承人利益的协调与平衡》，《法学家》2008年第6期，第122页；参见吴国平《遗产继承中债权人利益保护问题探究》，《政法论丛》2013年第2期，第64页。

⑤ 参见傅强《限定继承制度研究》，法律出版社，2017，第99~103页。

制作主体与要求、制作时间、提交对象及查阅对象，遗产清单制作对继承人的效力以及故意制作不实的后果。① 同时，在目前我国先后发表的六份继承法学者建议稿中，除"梁稿"主张"四要件说"② 外，其他五份学者建议稿都主张"五要件说"③。其中争议的焦点问题主要有：一是遗产清单的制作主体与要求，遗产清单是由继承人或遗嘱执行人还是公证人等第三方机构制作，以及是否应当要求在制作遗产清单时，有见证人在场见证且在程序上和内容上规定一定的限制；二是遗产清单的制作时间，包括遗产清单应从何时开始制作、制作期限如何以及是否可以延长、延长期间的长短如何确定等；三是遗产清单的提交对象及查阅对象，遗产清单是否需要提交，应当向谁提交，以及查阅对象是谁，是否应赋予查阅人异议权；四是遗产清单制作的效力，主要包括对继承人的效力与对遗产债权人的效力；五是遗产清单制作不实的效力，包括非故意制作不实遗产清单的后果是否需要补正与故意制作不实遗产清单的法律后果应如何规定。如何规定我国遗产清单制度内容的构成要件，是我国编纂《民法典》继承编需要解决的重要问题之一。我们认为，遗产清单制度是遗产管理制度的重要组成部分，它是一个系统的制度，只有构建一个较为全面系统的遗产清单制度，才能引导遗产管理人依法履行制作职责，实现其平等保护继承人利益与遗产债权人利益的功能。④ 本文拟在考察遗产清单制度的起源与功能的基础上，分析我国相关立法的现状与不足，剖析我国无条件限定责任继承制度的弊端，研究国外部分具有代表性国家遗产清单制度的立法现状，结合我国现实国情基础和学者建议稿进行评析，最后从我国实际出发，提出我国《民法典》继承编之遗产清单制度构建的设想，以供立法机关参考。

---

① 参见付翠英《遗产管理制度的设立基础和体系架构》，《法学》2012 年第 8 期，第 35 页。
② "四要件说"包括：遗产清单的制作主体与要求、遗产清单的制作时间、遗产清单的提交对象及可查阅对象、遗产清单制作的效力。
③ "五要件说"包括：遗产清单的制作主体与要求、遗产清单的制作时间、遗产清单的提交对象及可查阅对象、遗产清单制作的效力、遗产清单制作不实的法律后果。
④ 参见陈苇、石婷《我国设立遗产管理制度的社会基础及其制度构建》，载陈苇主编《中国继承法修改热点难点问题研究》，群众出版社，2013，第 465～466 页。

一 遗产清单制度的起源与功能考察

(一) 遗产清单制度的起源

遗产清单,"谓记载被继承人非专属于其本身之一切权利义务之簿册,即不独积极财产,消极财产亦应记载,盖现代继承之目的,原系现代以因继承所得之资产偿还被继承人之债务也"[1]。遗产清单,又称遗产清册、财产目录。

在古罗马法时代,最初实行的是身份继承制,继承人主要继承被继承人的人格,其被当作被继承人人格的延续。继承人在身份继承的同时,对被继承人的财产进行概括继承,即使负债超过资产。后来,为了保护继承人的利益,大法官在审判实践中,通过赋予继承人放弃继承的权利和授予其享有财产分离利益,在事实上确立了限定责任继承制度。公元531年,优帝一世规定继承人有权在其继承的遗产范围内偿还遗产债务,但是应依法对被继承人的财产制作遗产清单,此被称为"财产清册利益"。[2] 在当时,遗产清单制度包括制作主体与制作要求、制作时间、制作效力、制作不实的后果。[3] 至此,限定继承制度被正式确立,制作遗产清单成为承担限定继承责任的首要前提条件。

至近现代社会,大陆法系不少国家的继承制度继受了古罗马的遗产清单制度,并在此基础上进行改进。现代遗产清单制度的主要内容包括遗产清单的制作主体与要求、制作时间、提交对象及查阅对象、制作效力以及制作不实的法律后果等。即遗产清单制度的内容是由一系列系统、完整的具体制度构成的,欠缺任何一项内容,都难以有效地发挥其整体功能。

(二) 遗产清单制度的功能

从前述遗产清单制度的主要内容可见,其具有以下两个方面的功能。

---

[1] 参见史尚宽《继承法论》,中国政法大学出版社,2000,第274页。

[2] 参见周枏《罗马法原论》(下册),商务印书馆,2014,第488~490页。

[3] 〔意〕彼德罗·彭梵得:《罗马法教科书》,黄风译,中国政法大学出版社,2005,第337~338页。

1. 限制清偿遗产债务责任财产的范围，保护继承人和继承人的债权人之利益

基于现代民法的"自己责任原则"，被继承人应对自己的遗产债务承担清偿之责，故接受继承的继承人只需在遗产范围内偿还被继承人的债务。所以，为保证以被继承人的遗产能够清偿其债务，依法制作遗产清单是继承人选择实行限定责任继承的首要前提条件。继承人通过清点遗产，依法定的程序和内容要求及时间制作忠实的遗产清单，可以使自己固有的财产与被继承人的遗产分离，根据遗产清单的记载，以遗产的实际价值为限，承担对遗产债务的有限清偿责任。此即限制继承人清偿遗产债务责任的范围，其不必以自己之固有财产清偿被继承人之债务，可以避免其家庭成员无法得到供养，从而保护继承人的家庭利益。

2. 根据遗产清单依顺序和比例清偿遗产债务，保护遗产债权人的利益

根据民事主体地位平等原则，继承制度应当平等地保护继承人和遗产债权人的利益。虽然私法自治是民法的基本原则，但其受到越来越多的限制，而在这些限制中，维护交易安全，促进市场经济的健康发展以实现社会正义是其主要目的。目前，保护遗产债权人利益已经成为许多国家继承法的基本原则之一，这也体现了民法中的诚实信用原则。[1] 保护遗产债权人利益的原则应贯穿继承法的始终，遗产清单制度则是体现此原则的制度之一。继承人制作遗产清单后，遗产利害关系人有权进行查阅，并针对遗产清单提出异议，可以使与遗产有关的利害关系人如被继承人的债权人、受遗赠人、酌分遗产请求权人等各种遗产债权人知晓被继承人遗产的情况，有效防止侵害遗产行为的发生。如果继承人制作不实的遗产清单，就要依法对遗产债务承担强制的无限清偿责任，这有利于保障遗产清单的真实性、准确性，以防止继承人侵吞、隐匿财产。另外，各种遗产债权人申报债权后，继承人根据遗产清单依顺序和比例清偿遗产债务，有利于保障遗产债权人的合法权益及相关第三人的利益，维护社会的交易安全。

综上，遗产清单制度具有以下两个方面的功能：一是平等保护继承人、

---

① 参见陈苇主编《外国继承法比较与中国民法典继承编制定研究》，北京大学出版社，2011，第65页。

继承人的债权人及继承人的家庭成员的利益；二是保护遗产债权人的利益和维护市场交易安全。因此，遗产清单既是继承人行使继承权的基础，也是遗产债权人的债权得以保障的凭证。[①]

二　我国限定责任继承制度的立法现状与不足

限定责任继承，可分为无条件的限定责任继承和有条件的限定责任继承。前者是指继承人在遗产的价值范围内清偿被继承人债务而接受继承的单方法律行为，[②] 但继承人无须制作遗产清单和做出实行限定继承的声明，且即使有转移、隐藏财产的行为，也不丧失限定继承利益，不被依法强制实行无限责任继承。此即为无条件的限定责任继承。如我国立法例。[③] 后者是指继承人须依法做出限定继承的声明，并且在一定的期限内根据法律规定的方式制作遗产清单，在制作忠实、准确的遗产清单后，继承人按照遗产清单的记载清偿遗产债务，承担限定清偿责任，此即有条件的限定责任继承。如法国、日本、意大利、俄罗斯等国立法例。[④] 限定责任继承，又被称为享有遗产清单利益的方式接受继承、限定接受继承、限定继承。在国外，继承人须依法制作遗产清单，这是实行限定继承的首要前提条件。

---

① 王歌雅：《〈民法典·继承编〉的编纂理念与制度构想》，《求是学刊》2018 年第 6 期，第 99 页。

② 张玉敏：《继承法律制度研究》（第二版），华中科技大学出版社，2016，第 79 页。

③ 我国《继承法》第 33 条规定："继承遗产应当清偿被继承人依法应当缴纳的税款和债务，缴纳税款和清偿债务以他的遗产实际价值为限。超过遗产实际价值部分，继承人自愿偿还的不在此限。继承人放弃继承的，对被继承人依法应当缴纳的税款和债务可以不负偿还责任。"

④ 《法国民法典》第 787～791 条，《法国民法典》，罗结珍译，北京大学出版社，2010，以下引用《法国民法典》的条文均出自此书；《德国民法典》第 1993～2013 条，《德国民法典》（第 4 版），陈卫佐译，法律出版社，2015，以下引用《德国民法典》的条文均出自此书；《日本民法典》第 924、927 条，《日本民法典》，刘士国、牟宪魁、杨瑞贺译，中国法制出版社，2018，以下引用《日本民法典》的条文均出自此书；《意大利民法典》第 484、490 条，《意大利民法典》，费安玲、丁玫、张宓译，中国政法大学出版社，2004，以下引用《意大利民法典》的条文均出自此书；《俄罗斯联邦民法典》第 1172、1175 条，《俄罗斯联邦民法典》，黄道秀译，北京大学出版社，2007，以下引用《俄罗斯联邦民法典》的条文均出自此书。此外，需要说明的是，德国制作遗产清单并不意味着继承人承担限定责任，继承人要对遗产债务承担限定责任，需要进行遗产管理或者开启遗产破产程序。

（一） 我国限定责任继承制度的立法现状及我国《民法典继承编（草案）二审稿》的规定

1. 我国《继承法》有关限定责任继承的规定

根据我国《继承法》第 33 条的规定，除放弃继承者无须承担遗产债务清偿责任外，我国有两种继承的类型，一是无条件的限定继承，即继承人无条件地在遗产实际价值范围内承担清偿遗产债务的责任；二是自愿的无限责任继承，即继承人自愿以其个人财产承担超过遗产实际价值的遗产债务之清偿责任。也就是说，古罗马确定的"遗产清单利益"，在我国享受此利益是无须做出限定继承的声明、无须制作遗产清单的，即我国实行的是无条件的限定继承。但是，从限定继承的起源看，其以依法制作忠实的遗产清单为首要前提条件。而我国在设立限定继承制度时，却没有同时设立遗产清单制度，这导致立法过度保护部分继承人的利益，有可能损害遗产债权人的利益，与现代继承法平等保护继承人和遗产债权人利益的原则相悖。

2. 我国《民法典继承编（草案）二审稿》有关限定责任继承的规定

针对我国 1985 年《继承法》欠缺遗产清单制度的缺陷，2019 年 7 月，全国人大法工委公布的《民法典继承编（草案）二审稿》第 926 条规定："遗产管理人应当履行下列职责：（一）清理遗产并制作遗产清单；（二）向继承人报告遗产情况；（三）采取必要措施防止遗产毁损；（四）处理被继承人的债权债务；（五）按照遗嘱或者依照法律规定分割遗产；（六）实施与管理遗产有关的其他必要行为。"可见，该草案已规定将制作遗产清单作为遗产管理人的职责之一，但却未将制作遗产清单规定为实行限定继承的首要前提条件。不仅如此，对于继承人是否应当制作遗产清单，其应当如何制作遗产清单，如其不制作遗产清单及制作不实的遗产清单会承担何种后果等，该草案均无规定。换言之，该草案仍然沿用我国《继承法》的规定，继续实行无条件的限定责任继承制度。

（二） 我国无条件限定责任继承制度的弊端

如前文所述，限定责任继承制度的功能，就是要实现对继承人的利益与遗产债权人的利益之平等保护。我国无条件限定继承制度虽然体现了民事责任自负、民事主体人格独立的精神,① 但是却偏重于保护部分继承人的利益。因为在无条件限定继承的情况下,实际掌握遗产的继承人最为了解遗产的状况,遗产债权人可能对遗产的状况不了解或根本不知情,其是否能够就遗产实际价值公平受偿完全依赖于继承人的良心。如果继承人有转移、隐藏侵害遗产的行为,就会损害遗产债权人的利益。

目前,我国法学界有不少学者对我国现行无条件限定继承制度提出批评。例如,有些学者指出,这一制度可能严重损害债权人的利益,因为无论继承人是否做出接受继承的意思表示,其都没有义务编制遗产清单。甚至是继承人已经处分、消费遗产或者隐匿遗产,继承人所享有的限定继承利益都不会丧失。② 这样的规定漠视了遗产债权人的利益,与民法中的公平、正义之理念相违背。③ 有的学者分析,虽然我国无条件限定继承制度不会增加继承人的负担,可以防止"父债子还"的现象发生,但是这忽视了对债权人利益的保护。④ 有些学者认为,我国《继承法》第 33 条在引入限定继承制度时,只是片段化地确认了限定继承的效力,省略了编制遗产清册这一限定继承的必要条件,导致了限定继承制度在我国徒有其表。⑤ 总之,我国对限定责任继承没有将以依法制作遗产清单作为其首要前提条件,这不仅可能损害遗产债权人的利益,也可能导致在共同继承时有部分共同继承人的利益受到侵害。从我国司法实践中看,欠缺遗产清单制度已产生了以下弊端。

1. 欠缺遗产清单制度可能会损害遗产债权人的利益

一般情况下,继承人对被继承人的遗产最为清楚,并且其很可能在第一时间知晓被继承人死亡的事实,不论继承人是否隐匿遗产其承担的都是

---

① 参见陈苇主编《外国继承法比较与中国民法典继承编制定研究》,北京大学出版社,2011,第 79 页。

② 参见张玉敏《论限定继承制度》,《中外法学》1993 年第 2 期,第 34 页。

③ 参见王丽萍《债权人与继承人利益的协调与平衡》,《法学家》2008 年第 6 期,第 118 ~ 119 页。

④ 参见孙毅《继承法修正中的理论变革与制度创新——对〈《继承法》修正草案建议稿〉的展开》,《北方法学》2012 年第 5 期,第 61 页;参见冯乐坤《限定继承的悖理与我国〈继承法〉的修正》,《政法论丛》2014 年第 5 期,第 113 页。

⑤ 陈汉:《限定继承刍议》,《苏州大学学报》(法学版)2014 年第 4 期,第 15 页。

有限清偿责任，这就会导致有部分继承人在被继承人去世之后故意隐匿遗产，使得遗产债务无法得到清偿。① 从现实生活中看，我国限定责任继承制度的此弊端从司法实践的某些案例中也有反映。例如，在"王某诉赵某某、徐某等被继承人债务清偿纠纷案"② 中，经过法院查明，被继承人徐某除已经查明的房产外，还有其他房产、车辆等遗产。但是，继承人赵某某、徐某却未在遗产的价值范围内承担债务清偿责任。在原告王某起诉后，法院依法判决继承人赵某某等在前述法院审理查明的遗产的实际价值范围内偿还债务，以保护遗产债权人原告王某的利益。由此案可见，由于我国未设立遗产清单制度，若原告没有起诉至法院，则其很难查明被继承人其他的遗产，导致其遗产债权无法以遗产进行清偿而损害其利益。相反，如果设立遗产清单制度，则遗产债权人通过查阅遗产清单便可以清楚被继承人的遗产状况，进而可以就遗产的实际价值求偿。

2. 欠缺遗产清单制度可能会导致侵害部分共同继承人的利益

在司法实践中，我们通过在"无讼网"上搜索关于继承人隐匿遗产的案件，发现对于此类案件，法院都是根据 1985 年《最高人民法院关于贯彻执行〈中华人民共和国继承法〉若干问题的意见》第 59 条③的规定进行判决的，如果继承人有隐匿遗产的行为，只是判决该隐匿遗产的继承人少分遗产。例如，在"王某1、李某1继承纠纷案"④ 中，继承人将被继承人的住房公积金和部分存款擅自转入自己的账户，对于此种行为，审理该案的法官认为其构成隐匿财产的行为，最后判决"因其客观上确实存在故意隐匿、侵吞遗产的行为，侵害了其他共同继承人的合法权益，一审在综合考虑本案实际情况的基础上，减少上诉人分得上述两项遗产的比例，判决其分得相应遗产的40%"。可见，根据我国司法解释对于继承人隐匿财产者应

---

① 参见黎乃忠《限定继承制度研究》，群众出版社，2017，第161~162页。

② 参见王某与赵某某、徐某等被继承人债务清偿纠纷一审民事判决书，北京市丰台区人民法院（2018）京0106民初12079号民事判决书，https://www.itslaw.com/detail? judgementId = 3903d601 - 814a - 44ff - b9c8 - 1d9f59aab8e7&area = 0&index = 30&sortType = 1&count = 12518& conditions = reason%2B1959%2B1%2B 被继承人债务清偿纠纷。

③ 《最高人民法院关于贯彻执行〈中华人民共和国继承法〉若干问题的意见》第59条规定："人民法院对故意隐匿、侵吞或争抢遗产的继承人，可以酌情减少其应继承的遗产。"

④ 参见山东省日照市中级人民法院（2017）鲁11民终626号民事判决书。

当少分遗产的规定，人民法院判决该继承人少分遗产，但其并不承担无限清偿被继承人债务的强制无限责任继承的后果。我们认为其违法成本比较低，这不利于预防部分掌握遗产的继承人实施侵害其他共同继承人利益的行为。如果我国设立遗产清单制度，继承人在制作遗产清单时隐匿财产的，法律就强制其对遗产债务承担无限清偿责任，将有利于预防此种行为。

三　遗产清单制度之国外立法现状的考察与评析

"他山之石，可以攻玉。"以下，我们拟对国外大陆法系部分具有代表性的国家遗产清单制度的基本内容，包括遗产清单的制作主体与要求、遗产清单的制作时间、遗产清单的提交对象及查阅对象、遗产清单制作的效力以及遗产清单制作不实的法律后果等①进行考察，并结合我国现实国情基础和参考我国学者公开发表的继承法学者建议稿及部分学者论文中有关遗产清单制度的观点进行评析。

（一）　国外遗产清单的制作主体与要求之考察与评析

1. 国外遗产清单的制作主体与要求之考察

（1）遗产清单的制作主体

关于制作遗产清单的主体，国外立法主要分为三种。一是继承人是制作的唯一主体，如意大利。② 二是继承人、遗嘱执行人或公证人均为制作主体，如日本规定，继承人欲做出限定承认，需要制作遗产清单。另外，遗嘱执行人在继承人提出请求时，须在其见证下制作财产目录，或者由公证员制作。德国则规定，继承人可以编制遗产清单，但继承人必须向有管辖权的机关或主管公务员或公证人请教。③ 另外，继承人可以申请法院编制遗产清单，法院委托公证人为之。④ 三是只有继承人以外的机构人员才能为制

---

① 参见陈苇主编《中国遗产处理制度系统化构建研究》，中国人民公安大学出版社，2019，第 347～348 页。
② 参见《意大利民法典》第 485 条。
③ 参见《德国民法典》第 2002 条。
④ 参见《德国民法典》第 2003 条。

作主体。如法国为司法拍卖评估人、执达员或公证员；瑞士为主管机关，但须由继承人向主管机关以书面或口头的方式提出申请；俄罗斯为公证员进行编制，同时要有两名见证人在场等。①

（2）遗产清单的制作要求

关于遗产清单的制作要求，从国外立法看，主要分为程序上的要求和内容上的要求。程序上的要求如下。

一是须做出限定继承的声明。法国、日本规定，继承人实行限定继承，应当向法院做出限定继承的声明。② 意大利规定，选择承担限定继承责任的继承人，应当向公证员或者向法院做出限定继承的声明，并且将此声明放入由该初审法院保管的继承登记册中，由初审法院的书记员负责将该声明进行登记。③ 瑞士规定，继承人应当做出按公示财产目录接受继承的声明。④

二是三种遗产清单的制作方式。其一，制作遗产清单需要由继承人做出代替宣誓的保证。如德国规定，继承人在编制遗产清单后，根据遗产债权人的请求，应当对遗产清单的完整性做出代替宣誓的保证：本继承人已根据自己所知，竭尽所能地就遗产标的做完备的说明。⑤ 其二，须有公证员或者见证人在场。如德国法规定继承人在制作遗产清单时，必须要有有管辖权的机关或主管公务员或公证员协助；日本的遗嘱执行人应在继承人的见证下制作继承财产目录，并交付继承人，或者是由公证员完成；俄罗斯须由两名见证人在场。⑥ 其三，继承人的答询或报告义务。德国规定，在官方编制遗产清单时，继承人有义务答复对于编制遗产清单为必要的询问。⑦ 瑞士规定，主管机关编制遗产清单时，被继承人财产状况的知情人有依主管机关的要求报告其所知情事项的义务，并对报告内容负责。特别是继承

---

① 参见《法国民法典》第 789 条第 2 款；参见《瑞士民法典》第 570、580 条，《瑞士民法典》，戴永盛译，中国政法大学出版社，2016，以下引用该法的条文均出自此书；参见《俄罗斯联邦民法典》第 1172 条第 2 款。

② 参见《法国民法典》第 787、788 条，《日本民法典》第 924 条。

③ 参见《意大利民法典》第 484 条、第 485 条。

④ 参见《瑞士民法典》第 580 条。

⑤ 参见《德国民法典》第 2006 条。

⑥ 参见《德国民法典》第 2002 条、《日本民法典》第 1011 条、《俄罗斯联邦民法典》第 1172 条第 1 款。

⑦ 参见《德国民法典》第 2003 条。

人应将其知悉的被继承人的债务报告主管机关。①

三是发出通知和公告催告遗产利害关系人申报对遗产的权利。法国、德国、瑞士、日本、意大利都规定，在制作遗产清单时需要进行通知和公告，使未知的遗产债权人或者受遗赠人申报对遗产的权利。如法国规定，继承人在做出限定继承的声明并在国内进行公示后，遗产债权人要从公示之日起 15 个月内报明债权。② 德国规定，继承人可以以公示催告的方式催告遗产债权人申报债权。③ 日本则规定，限定继承人须在做出限定承认后 5 日内，对所有遗产债权人及受遗赠人做出以遗产权利人应于一定期间内申报其权利为意旨的公告。在此情形下，期间不能少于 2 个月。并且，其做出的公告应刊登在官方报刊上。在公告中须附记以继承债权人及受遗赠人未于其期间内申报时应从清偿中被排除为意旨的内容。但是，限定继承人须对其知道的遗产债权人及受遗赠人分别进行其陈述的报告。④ 瑞士规定，主管机关在编制遗产清单时，应同时发布公告，催告债权人、债务人申报债权和债务。在公告中应特别提请债权人注意未申报债权的后果。⑤ 意大利规定，继承人应当在 1 个月内通知已知的债权人申报债权，并且应将申报债权的通知刊登在省级法律公报上。⑥

四是将遗产清单进行公示。如法国规定，继承人存交遗产清单，应当在国内进行公示，具体方式可以经电子途径公示。⑦

内容上的要求如下。法国规定，清单应对资产与负债的每一项构成内容与数额作出估计。⑧ 德国规定，遗产清单应完整地说明在继承开始时所存在的遗产标的和遗产债务，并且应包含对遗产标的的详细情况的记载，但以标的为确定价额且有必要这样做为限，同时包含对价额的说明。⑨ 瑞士规

---

① 参见《瑞士民法典》第 581 条。
② 参见《法国民法典》第 788、792 条。
③ 参见《德国民法典》第 1970 条；参见〔德〕雷纳·弗兰克、托比亚斯·海尔姆斯《德国继承法》（第六版），王葆莳、林佳业译，中国政法大学出版社，2015，第 178 页。
④ 参见《日本民法典》第 927 条。
⑤ 参见《瑞士民法典》第 581、582 条。
⑥ 参见《意大利民法典》第 498 条。
⑦ 参见《法国民法典》第 788 条第 2 款、第 790 条第 2 款。
⑧ 参见《法国民法典》第 789 条。
⑨ 参见《德国民法典》第 2001 条。

定，主管机关在编制遗产清单时，应将遗产或遗产债务分项列记，并逐项标明其估价。①

2. 国外遗产清单的制作主体与要求之评析

前述国家遗产清单的制作主体可分为两类，一类主要以继承人、遗嘱执行人等自然人为主，如德国、日本、意大利；另一类以公证机构人员或法院等国家公权力机关为主，如法国、瑞士、俄罗斯。此外，德国规定继承人也可以请求法院进行官方编制。

前述国家遗产清单制作要求的相同点为：一是都规定在制作遗产清单前做出限定继承的声明，如法国、瑞士、日本、意大利；二是关于制作方式，由继承人、遗嘱执行人和公证人制作的遗产清单须有人在场见证，如日本、俄罗斯；三是法国、德国、瑞士、日本、意大利都规定，在制作遗产清单时需要进行通知和公告，使未知的遗产债权人或者受遗赠人申报对遗产的权利。

前述国家遗产清单制作要求的不同点有以下两点。第一，程序上的要求不同。首先是关于做出限定继承的声明，前述六国除俄罗斯、德国未规定外，瑞士规定应做出以公示财产目录接受继承的声明，其余三国规定且规定的做出限定继承声明的时间不同。法国、日本规定须在制作遗产清单前做出；意大利则可在遗产清单制作前，或最迟在遗产清单完成之日起40日内做出声明。其次是关于遗产清单的制作方式，德国要求继承人必须进行宣誓的保证，日本规定遗嘱执行人在制作遗产清单时必须有继承人在场见证，俄罗斯规定必须有见证人在场。在官方编制时，德国、瑞士要求继承人负有答询或报告遗产情况的义务。再次是关于发出通知和公告催告遗产利害关系人申报对遗产的权利，前述六国中，只有日本、意大利对继承人发布通知和公告的时间进行了限制，日本规定为5日，意大利为1个月内，并且必须将该通知刊登在一定级别的官报上。此外，日本、瑞士规定，继承人在发布通知和公告催告债权时，应注意提醒遗产债权人未申报债权的后果。只有法国规定必须将遗产清单在国内进行公示。第二，内容上的要求不同。关于内容的要求，只有法国、德国、瑞士作出了规定，并且三

---

① 参见《瑞士民法典》第581条第1款。

国均规定遗产清单应当说明遗产和债务的数量、种类、价值等内容。

我们认为，日本的遗产清单制作主体以继承人、遗嘱执行人为主，辅以公证人，即继承人、遗嘱执行人、公证员为制作主体，值得我国借鉴。从我国继承法的诸学者建议稿看，"梁稿""王稿""杨稿"均规定制作主体为遗产管理人（包括继承人和遗嘱执行人）。① 根据我国《民法典继承编（草案）二审稿》之规定，制作遗产清单是遗产管理人的职责。继承开始后，遗产管理人由遗嘱执行人或继承人或由继承人共同担任遗产管理人；没有继承人或者继承人均放弃继承的，由被继承人生前住所地的民政部门或者村委会担任。② 因为继承人和遗嘱执行人更清楚被继承人的遗产情况，这样有利于及时地制作遗产清单，尽早确定遗产标的的范围，保护继承人与遗产债权人的利益。而前述法、瑞、俄等国的制作主体以公证机构的公证员或法院、主管机关等国家机关为主，虽有利于保证制作忠实准确的遗产清单，但机构作为制作主体的成本较高，不适合人口众多的我国。故从我国实际出发，遗产清单的制作主体主要应当包括继承人、遗嘱执行人等遗产管理人，也可聘请公证人员制作。

首先，从程序上看，关于遗产清单的制作要求，我们认为前述法国、日本、意大利的规定值得借鉴。因为一项意思表示只有通过外部行为表示出来（即公示），才具备了社会的属性，获得社会的承认，即法律只保护表示于外部的意思。③ 一是关于做出限定继承声明的时间，前述法国、日本规定须在制作遗产清单前做出声明，这值得我国借鉴。因为继承人在制作遗产清单前做出限定继承声明，有利于限制其遗产债务清偿责任的范围。二是要求继承人在一定期限内将限定继承的声明通知和公告遗产债权人，有利于遗产债权人及时申报债权，如法国、德国、瑞士、日本、意大利。其中，日本在继承人做出限定继承声明后 5 日内须发出通知和公告催促遗产债

---

① 参见"梁稿"第 2002、2005 条，"王稿"第 551 条，"杨稿"第 78 条。
② 《民法典继承编（草案）二审稿》第 924 条规定："继承开始后，遗嘱执行人为遗产管理人；没有遗嘱执行人的，继承人应当及时推选遗产管理人；继承人未推选的，由继承人共同担任遗产管理人；没有继承人或者继承人均放弃继承的，由被继承人生前住所地的民政部门或者村民委员会担任遗产管理人。"
③ 〔法〕莱昂·狄骥：《〈拿破仑法典〉以来私法的普通变迁》，徐砥平译，中国政法大学出版社，2003，第 83 页。

权人在指定期限内申报遗产债权，并在通知和公告中特别说明未按时申报债权的后果，这有利于保护遗产债权人的利益，故日本立法的可操作性强，值得我国借鉴。法国规定将遗产清单进行公示，我们认为我国可以通过设立遗产债权人对遗产清单的查阅权来实现其知情权，而不需要在全国公示。因为，将遗产清单在全国公示，不符合中国民众"财不露白"之保护财产隐私的习惯，且其经济成本较高不适合中国国情。三是对于遗产清单制作的监督方式，德国由继承人进行的代替宣誓的保证有可能并不能保障遗产清单的真实性、准确性；而日本、俄罗斯由公证员或者见证人在场见证则能够起到监督作用，有利于保障遗产清单制作的真实性、准确性，值得我国借鉴。从我国继承法诸学者建议稿看，"张稿""陈稿"均规定制作遗产清单应该有公证员或者见证人在场。①

其次，关于遗产清单的内容要求，德国、瑞士规定，遗产清单的内容应当具体说明被继承人的遗产标的的数量、价值和遗产债务，这同样值得我国借鉴。它有利于明确被继承人遗留的遗产和遗产债务的种类、数量和价值，确保遗产债权人和受遗赠人清晰了解遗产的真实状况，也便于其对限定承认的继承人的行为进行监督，② 有利于平等保护继承人的利益与遗产债权人的利益。

（二） 国外遗产清单的制作时间之考察与评析

1. 国外遗产清单的制作时间之考察

（1） 遗产清单制作期间的起算点

关于遗产清单制作期间的起算点，法国规定，遗产清单自继承人提出以净资产的方式接受继承的声明之日起算。③ 德国规定，根据遗产清单制作期间的指定时间不同，其期间的起算点也不同。一般情况下，遗产清单的制作期间自指定期间的裁定被送达时起算。该期间在接受遗产之前被指定的，自接受遗产时起才起算。④ 瑞士规定，继承人应当在知悉被继承人死亡

---

① 参见"张稿"第 16 条，"陈稿"第 70 条。
② 参见傅强《限定继承制度研究》，法律出版社，2017，第 99 页。
③ 参见《法国民法典》第 790 条。
④ 参见《德国民法典》第 1994 ~ 1995 条。

时起 1 个月内以与拒绝继承相同的方式，即以书面或者口头的方式，向主管机关提出制作遗产清单的申请。① 日本规定，继承人须在其知道继承开始之时请求法院制作遗产清单。② 意大利规定，制作遗产清单期间的起算点因继承人是否占有遗产而不同，占有遗产的人，应当自继承开始之日或者自知悉遗产分配之日起编制遗产清单；未占有遗产的人，自做出限定继承的声明之日起编制遗产清单。③

（2）遗产清单制作期间的确定方式

关于制作遗产清单的确定方式分为两种：其一，制作遗产清单的时间由法律直接规定，如法国、瑞士、意大利和日本；④ 其二，制作遗产清单的时间由法院进行指定，如德国。⑤

（3）制作遗产清单的期限长短

遗产清单的制作时间，可以根据适用于一般情况或特殊情况，分为一般期间与特殊期间。对于一般期间，法国为 2 个月，德国规定编制遗产清单的最短期间为 1~3 个月，瑞士、意大利、日本均为 3 个月，俄罗斯为 6~9 个月。⑥ 对于特殊期间，瑞士、俄罗斯未规定。法国规定，继承人如能证明其有正当原因推迟存交遗产清单，得向法官申请延长期限，在此情况下，自提出延长期限的申请开始，一般期间中止。⑦ 德国规定，根据继承人的申请，遗产法院可以依其裁量延长时间。⑧ 日本规定，家庭法院可以根据利害关系人或者检察官的请求延长时间。⑨ 意大利规定，继承人未能在法定期限内完成遗产清单编制的，可以向法院申请延期。一般情况下，延期不得超

---

① 参见《瑞士民法典》第 580 条。
② 参见《日本民法典》第 915、924 条。
③ 参见《意大利民法典》第 485 条。
④ 参见《法国民法典》第 790 条，《瑞士民法典》第 580 条，《日本民法典》第 915、924 条，《意大利民法典》第 485 条。
⑤ 参见《德国民法典》第 1994~1995 条。
⑥ 参见《法国民法典》第 790 条，《德国民法典》第 1995 条，《瑞士民法典》第 580 条，《意大利民法典》第 485 条，《日本民法典》第 915、924 条，《俄罗斯联邦民法典》第 1171 条第 4 款。
⑦ 参见《法国民法典》第 790 条。
⑧ 参见《德国民法典》第 1995 条。
⑨ 参见《日本民法典》第 915 条。

过 3 个月，但有特殊情况的除外。①

2. 国外遗产清单的制作时间之评析

前述国家遗产清单制作时间的相同点为：一是除瑞士、俄罗斯没有规定特殊期间外，法国、德国、日本、意大利都将制作遗产清单的期间分为一般期间与特殊期间；二是关于制作期间的确定方式，除德国由法院指定外，其余五国都由法律直接规定。前述遗产清单制作时间的不同点有以下三点。一是遗产清单制作时间的起算点不同。关于起算点，除俄罗斯没有规定外，法国为继承人提出限定继承的声明之日，日本、瑞士为被继承人死亡之时，即继承开始之日。德国该起算点根据法院指定期间的不同而不同，一般情况下为自指定期间的裁定被送达时。意大利根据继承人是否占有遗产不同，其起算点也有所区别。二是制作遗产清单期间的长短不同。对于一般期间，德国为 1～3 个月，法国为 2 个月，瑞士、意大利、日本四国均为 3 个月，俄罗斯为 6～9 个月。对于特殊期限，法国规定可以延长，但没有明确规定延长的时间，德国、日本由法院自由裁量，意大利一般情况下为最长 3 个月，瑞士、俄罗斯无规定。三是延长期间的请求权主体不同。其中，德国、意大利都由继承人申请延长制作遗产清单的期限，而日本则规定利害关系人、检察官均可以请求家庭法院予以延长，其请求权主体的范围更宽泛。

综上，关于遗产清单制作时间的起算点，我们认为，日本、瑞士自继承人知道继承开始时开始计算的规定值得我国借鉴。从我国继承法诸学者建议稿看，"梁稿""王稿""陈稿"均规定为继承人知道继承开始后计算。② 因为，继承人自知道继承开始之时制作遗产清单，可以马上了解遗产和债务的实际状况，以便及时做出接受继承或者放弃继承的决定，既有利于保护继承人的利益，也可以保障遗产债权人的债权及时得到清偿，保护遗产债权人的利益。

关于制作遗产清单期间的确定方式，我们认为，前述法、瑞、意、日、俄规定由法律直接规定的方式值得我国借鉴。从我国继承法诸学者建议

---

① 参见《意大利民法典》第 495 条。

② 参见"梁稿"第 2017 条，"王稿"第 652 条第 1 款，"陈稿"第 70 条。

稿看，前述六份学者建议稿对于遗产清单的期间都主张由法律直接作出规定。① 而德国规定将此交由法院自由裁量，并不适合我国国情。因为法律直接规定制作遗产清单的时间，可以使继承人在法定期限内及时编制遗产清单。且我国是一个人口大国，如果由法院根据个案一一指定制作遗产清单的时间，不仅会增加当事人的讼累，还会使法院不堪重负。

关于遗产清单制作的期限，我们认为，对于一般期间，前述德国、瑞士、意大利、日本等国规定的 3 个月期间值得我国借鉴。从我国继承法诸学者建议稿看，"梁稿""王稿"都规定遗产清单的制作期限为 3 个月。② 对于特殊期间，如果遗产分散在各地，要在 3 个月内调查清楚且在遗产清单中逐项列明，并非易事，所以应当允许在特殊情况下延长这一期间。一是对于延长期间的长短，意大利的规定较为合理，值得我国借鉴。从我国继承法诸学者建议稿看，"陈稿"规定遗产清单的延长期间不得超过 3 个月。③ 因为遗产清单之功能是为平等保护继承人与遗产债权人双方的利益，如果不对延长期间进行法定限制，将其交给法院自由裁量，有可能会导致制作遗产清单的时间过长。而随着时间的流逝，有的遗产已经被转移，甚至灭失，不利于保护遗产债权人的利益和维护交易安全。二是对于延长期间的申请主体，应将延长期限的请求权赋予有权制作遗产清单的主体，而不宜将此权利赋予此类主体之外的人，日本的此类申请主体的范围较为宽泛，很可能会导致权利的滥用，使继承人不能按时完成遗产清单的制作。

（三） 国外遗产清单的提交及查阅对象之考察与评析

1. 国外遗产清单的提交及查阅对象之考察

关于遗产清单的提交对象，法国、德国、日本、意大利均规定，遗产清单制作后应当被提交给法院。④ 俄罗斯则由公证员收集遗产信息和资料后

---

① 参见"梁稿"第 2017 条，"徐稿"第一分编第 88 条、第四分编继承法第 323 条第 1 款，"王稿"第 652 条第 1 款，"张稿"第 16 条，"陈稿"第 70 条，"杨稿"第 78 条。

② 参见"梁稿"第 2017 条，"王稿"第 652 条第 1 款。

③ 参见"陈稿"第 70 条。

④ 参见《法国民法典》第 790 条第 1 款，《德国民法典》第 1993、2003 条，《日本民法典》第 924 条，《意大利民法典》第 484 条。

通知遗嘱执行人和继承人。①

关于遗产清单的查阅对象，法国、德国、瑞士、意大利四个国家作出了规定，其中法国规定，遗产的债权人与受遗赠人，经提出文书作为证明，可以查阅遗产清单并取得复印件。② 而德国、瑞士、意大利都规定遗产的利害关系人有权查阅遗产清单。③ 并且，意大利还规定，利害关系人在查阅遗产清单后可以提出异议。在遗产债权人或受遗赠人提出异议时，继承人不能对遗产债务进行单独清偿，而应当为全体遗产债权人和受遗赠人的利益进行清算。如果债权人或受遗赠人提出异议，继承人没有在法律规定的期限内完成清算或者编制清偿顺序表，则丧失遗产清单利益。④

2. 国外遗产清单的提交及查阅对象之评析

前述国家遗产清单的提交及查阅对象的相同点为：关于提交对象，除瑞士无规定外，俄罗斯规定须提交给继承人和遗嘱执行人，法国、德国、日本、意大利四国都规定提交给法院。关于查阅对象，除日本、俄罗斯没有规定外，其余四国都作了规定。前述国家遗产清单的提交及查阅对象的不同点主要体现为遗产清单的具体查阅对象不同，法国为遗产债权人与受遗赠人，德国、瑞士、意大利为利害关系人。同时，法国要求必须出示对遗产相关权利的证明，意大利则进一步规定在查阅之后可以提出异议权。

综上，关于遗产清单的提交对象，我们认为，前述法、德、日、意的提交对象为法院，这不适合我国国情。因为我国是一个人口大国，如果继承人将遗产清单都提交到法院，则无疑会增加法院的办案压力；而俄罗斯由公证员制作遗产清单提交给继承人和遗嘱执行人具有合理性，这便于他们根据清单清偿遗产债务。但一律由公证员来制作遗产清单，会增加民众负担，并不可取。因此，遗产清单应是由继承人、遗嘱执行人等遗产管理人制作的，遗产管理人可以向其他继承人提交副本，以便让其知道被继承人遗留的债权债务及其他财产情况，由继承人自愿选择是否接受继承或接受何种类型（有限与无限）责任的继承。

---

① 参见《俄罗斯联邦民法典》第 1171 条。
② 参见《法国民法典》第 790 条第 4 款。
③ 参见《德国民法典》第 2010 条，《瑞士民法典》第 584 条，《意大利民法典》第 495 条。
④ 参见《意大利民法典》第 498、505 条。

关于遗产清单的查阅对象，我们认为，前述法国规定凡遗产的利害关系人（遗产的债权人与受遗赠人）经出示对遗产权利的证明如欠条等，均有权查阅遗产清单的立法值得我国借鉴。它有利于保证遗产利害关系人行使异议权，进而保障遗产清单的真实性、准确性。从我国继承法诸学者建议稿看，"徐稿""张稿""杨稿"均规定，利害关系人可以对遗产清单提出异议，并且"张稿"明确规定了利害关系人的范围。① 此外，关于遗产清单查阅人提出异议后的救济方式，德国规定遗产清单制作人非故意制作不实遗产清单的，应予补正，② 值得我国借鉴。因为如果只是赋予利害关系人提出异议的权利，但是此权利没有相应的补正救济措施进行保障，该异议权则形同虚设，仍然无法起到保障遗产清单准确性的作用。

（四） 国外遗产清单制作的效力之考察与评析

1. 国外遗产清单制作的效力之考察

关于制作遗产清单的效力，③ 分为对继承人的效力和对遗产债权人的效力。法国、德国、日本、意大利、瑞士、俄罗斯的相关规定如下。

（1） 遗产清单制作对继承人的效力

关于制作遗产清单对继承人的效力，主要有以下四个方面的内容。

第一，对遗产债务承担有限清偿责任。法国、日本、意大利、俄罗斯都规定依法制作遗产清单并声明有限继承的，继承人按照遗产清单的记载对遗产债务承担有限清偿责任。④ 但是，德国、瑞士则不同。如德国规定，遗产清单已经被及时编制完成的，在继承人与债权人之间的关系上，推定除遗产清单记载的遗产标的物之外，在继承开始时已经不存在有其他的遗产标的物。必须已申请遗产管理命令或已开始遗产支付不能程序的，继承人对遗产债务的清偿责任才能限于遗产。即仅有遗产清单的制作并不产生

---

① 参见"徐稿"第四分编继承法第 323 条第 3 款、第 350～351 条，"张稿"第 22 条，"杨稿"第 79 条。

② 参见《德国民法典》第 2005 条。

③ 在此部分主要是指制作忠实、准确的遗产清单的效力。

④ 参见《法国民法典》第 791 条，《德国民法典》第 2009 条，《日本民法典》第 929 条，《意大利民法典》第 490 条第 2 款，《俄罗斯联邦民法典》第 1175 条。

限定继承责任的效力。① 瑞士规定，凡依法制作遗产清单后，无论继承人是否声明按财产目录接受继承，继承人对记载于财产目录的债务均要以遗产和继承人的固有财产承担无限清偿责任。但继承人也可以请求实行官方清算，从而对被继承人的遗产债务承担有限清偿责任。②

第二，制作遗产清单期间，停止处理债权债务。法国、德国、瑞士、日本、意大利五国都规定在制作遗产清单期间，继承人有权拒绝清偿遗产的债务。③

第三，未按照规定制作遗产清单的效力。法国、德国、日本、意大利四国都规定，不制作或未在法定期限内制作遗产清单的，则应当对遗产债务承担无限清偿责任。④

第四，共同继承的效力。德国规定，共同继承人之一制作的遗产清单，也对其余的继承人有效，但以他们对遗产债务的责任不是无限责任为限。⑤ 意大利规定，即使遗产清单是由另一个有权取得遗产的人编制的，但是任何按遗产清单的方式接受继承的声明均对全体有权取得遗产的人有效。⑥

（2）遗产清单制作对遗产债权人的效力

关于遗产清单制作对遗产债权人的效力，主要有以下两个方面的内容。

第一，法定期限内申报债权的效力。法国、日本、意大利、俄罗斯四国都规定，遗产债权人在通知和公告期内申报债权的，应当在遗产实际价值范围内受偿，但有担保的遗产债务不受是否在法定期限内申报债权的影响。⑦ 德国规定，遗产债权人在法定期限内申报债权的，可能就遗产实际价值受偿，也可能就遗产及继承人的固有财产受偿。⑧ 瑞士规定，遗产债权人

---

① 参见《德国民法典》第 2009 条；参见〔德〕雷纳·弗兰克、托比亚斯·海尔姆斯《德国继承法》（第六版），王葆莳、林佳业译，中国政法大学出版社，2015，第 183 页。

② 参见《瑞士民法典》第 589 条。

③ 参见《法国民法典》第 792 - 1 条第 1 款，《德国民法典》第 2014～2015 条，《瑞士民法典》第 586 条，《日本民法典》第 928 条，《意大利民法典》第 498 条。

④ 参见《法国民法典》第 790 条第 3 款，《德国民法典》第 1994 条，《日本民法典》第 921 条，《意大利民法典》第 485 条。

⑤ 参见《德国民法典》第 2063 条。

⑥ 参见《意大利民法典》第 510 条。

⑦ 参见《法国民法典》第 796 条，《日本民法典》第 929 条，《意大利民法典》第 490 条第 3 款，《俄罗斯联邦民法典》第 1175 条。

⑧ 参见《德国民法典》第 1975、2000、2009 条。

在法定期限内申报债权的，可以就遗产及继承人的固有财产受偿。①

第二，未在通知和公告期内申报债权的效力。法国、瑞士规定，未在法定期限内申报的遗产债权视为消灭，此债务不予受偿。② 而德国、日本则规定，未在法定期限内申报的债权，可就清偿完所有遗产债务后的剩余财产受偿。③

2. 国外遗产清单制作的效力之评析

前述国家遗产清单制作效力的相同点有以下几个方面。第一，在对继承人的效力方面。一是除瑞士、德国外，其余四国都规定制作忠实的遗产清单，继承人以清单记载的财产为限对遗产债务承担有限清偿责任。二是除俄罗斯未规定外，其余五国都规定在遗产清单制作期间，停止处理与遗产有关的债权债务。三是前述法国、德国、日本、意大利四国均规定继承人未依法制作遗产清单的，视为继承人自愿对遗产债务承担无限清偿责任。第二，在对遗产债权人的效力方面。除德国、瑞士外，其余四国都规定在法定期限内申报的债权，在遗产清单记载的遗产范围内受偿。

前述国家遗产清单制作效力的不同点有以下几个方面。第一，在对继承人的效力方面。一是遗产清单的制作效力不同。德国规定，继承人仅仅制作遗产清单并不产生限定继承人责任的效力。瑞士规定，将遗产清单作为清偿遗产债务的根据，对于未记载于清单的债务不予清偿，但已记载在清单的遗产债务，由继承人承担无限清偿责任。但德国如申请遗产管理或遗产支付不能程序的，则继承人仅以遗产为限承担清偿责任；瑞士如申请官方清算的，则由主管机关以遗产为限清偿被继承人的债务。而其他四个国家都规定，继承人制作遗产清单后，根据遗产清单的记载，对遗产债务承担有限清偿责任。二是是否规定一个人制作遗产清单对其他人产生效力。德国、意大利规定，继承人之一制作遗产清单，对其他继承人也产生效力，其余四国未规定。第二，在对遗产债权人的效力方面。一是德国、瑞士规

① 参见《瑞士民法典》第 589 条。
② 参见《法国民法典》第 792 条，《瑞士民法典》第 590 条第 1、2 款。
③ 《德国家事事件暨非诉事件程序法》第 458 条第 1 款，参见〔德〕雷纳·弗兰克、托比亚斯·海尔姆斯《德国继承法》（第六版），王葆莳、林佳业译，中国政法大学出版社，2015，第 178 页；参见《日本民法典》第 935 条。

定遗产债权人申报债权的，不仅可以在遗产价值范围内受偿，还可以就继承人的固有财产受偿。但德国已申请遗产管理或遗产支付不能程序的、瑞士已申请官方清算的除外（即此时对遗产债务只承担有限清偿责任）。二是未在通知和公告期内申报债权的，债务视为消灭，如法国、瑞士之规定，而德国、日本规定为只能就剩余财产受偿。

综上，关于制作遗产清单对继承人的效力，我们认为，首先，除德国、瑞士外，前述四国以依法制作遗产清单为首要前提条件，继承人对遗产债务以遗产清单记载的遗产为限承担有限清偿责任的立法规定，既能保护继承人的利益，也能保护遗产债权人的利益，体现了现代民法之平等保护的立法价值取向。从我国继承法诸学者建议稿看，"梁稿""徐稿""王稿""张稿""陈稿""杨稿"均规定，继承人在依法制作忠实、准确的遗产清单后，对遗产债务承担有限清偿责任。① 其次，除俄罗斯没有规定外，前述五国均规定在制作遗产清单期间，应停止清偿遗产债务，这有利于保护所有债权人的利益。再次，德国、意大利规定，一个继承人提交遗产清单，对全体共同继承人发生效力。对此，"张稿""陈稿"亦有规定。这既可以节约制作遗产清单的人力，也有利于保护全体共同继承人的利益。以上三方面的国外立法经验均值得我国借鉴。

关于遗产清单制作对遗产债权人的效力，我们认为，首先，对于已申报的债权之效力，前述法国、德国、日本、意大利、俄罗斯均规定，以遗产清单记载的遗产为限清偿遗产债务，此规定值得我国借鉴。其次，对于未在法定期限内申报的债权的效力，德国、日本规定仅就清偿已申报债权后剩余的遗产受偿，此规定较为合理，值得我国借鉴。因为即便遗产债权人未在法定期限内申报债权，如果法律规定其债权视为不存在，则对于遗产债权人而言后果过于严重。对此，"梁稿""王稿""张稿""杨稿"及其他学者均建议，除对遗产享有担保物权的债权人外，未在法定期限内申报债权的权利人，仅能就清偿后的剩余遗产受偿。② 这样既可使未申报的债权

---

① 参见"梁稿"第 2017 条，"徐稿"第四分编第 331、342 条，"王稿"第 652 条，"张稿"第 17 条第 2 款，"陈稿"第 70 条，"杨稿"第 77 条。

② 参见"梁稿"第 2020 条，"王稿"第 653、655 条，"张稿"第 19 条，"杨稿"第 80 条；参见吴国平《遗产继承中债权人利益保护问题探究》，《政法论丛》2013 年第 2 期，第 64 页。

人为自己的懈怠行为付出代价，督促其及时行使权利，也在一定程度上保护了债权人的求偿权。

（五） 国外遗产清单制作不实的法律后果之考察与评析

1. 国外遗产清单制作不实的法律后果之考察

关于遗产清单制作不实的行为，其主要分为两种情况，一种是非故意的，即因继承人对被继承人的遗产状况不了解所导致；另一种则是继承人为逃避债务而故意制作虚假的遗产清单，在遗产清单上隐匿遗产、虚构债务。

（1） 非故意制作不实遗产清单的法律后果

关于非故意制作不实遗产清单的，可以要求继承人进行补正。如德国规定，在遗产标的的说明不完备而没有故意的情况下，可以为补充而向继承人指定新的制作遗产清单的期间。[①]

（2） 故意制作不实遗产清单的法律后果

关于制作不实遗产清单的法律后果，法国、德国、日本、意大利四国都规定，继承人故意隐匿遗产、虚构债务，制作不实的遗产清单，丧失遗产清单利益，对遗产债务承担强制的无限清偿责任，但日本还规定继承人也可以放弃继承。[②]

2. 国外遗产清单制作不实的法律后果之评析

前述国家遗产清单制作不实的法律后果之相同点为：除俄罗斯无规定外，前述国家都规定，故意制作遗产清单不实的，继承人对遗产债务承担强制无限清偿责任。前述国家遗产清单制作不实的法律后果之不同点为：只有德国规定，继承人非故意制作遗产清单不实的，可以进行补正。

综上，关于非故意制作不实遗产清单的法律后果，我们认为，德国立法值得我国借鉴，在继承人因对遗产不清楚而漏记的情况下，可以允许其进行补正。对此，史尚宽先生也认为，在法定期间（包括延展期间）未经过以前，只要非恶意漏载或虚伪记载，就应允许补足，遗产清单的正确，

---

① 参见《德国民法典》第 2005 条第 2 款。

② 参见《法国民法典》第 800 条第 4 款，《德国民法典》第 2005 条，《日本民法典》第 921 条第 3 项，《意大利民法典》第 490 条第 3 款、第 505 条第 4 款。

不应限于开具之时。① 因为在继承开始后，由于被继承人生前的习惯、被继承人与继承人的交往了解程度、继承人长期身处异地等多种因素的影响，继承人可能对遗产及债务的情况不够了解。所以，继承人在制作遗产清单时，有不全面或者不准确的地方也是在所难免的，此时如果继承人已经尽了忠实和勤勉义务，就不应对其过于苛责。② 但是，如果继承人存在重大过失而漏记重要遗产的，如果造成遗产本身或遗产债权人利益损失的，就应当承担赔偿责任。因为如果法律不对重大过失行为予以相应处罚，那么可能会导致继承人不履行自己应尽的注意义务，在制作遗产清单时经常出现漏记遗产的现象。

关于故意制作不实遗产清单的法律后果，我们认为基于自愿继承原则，对于遗产清单，继承人既可以自愿选择不予制作或者未在法定期限内制作而承担无限清偿责任，也可以选择放弃继承。然而，继承人如故意制作不实遗产清单导致承担无限清偿责任的，则不能允许其放弃继承。因为，前者是一种自愿选择的无限清偿责任，继承人可以自由选择，而后者是一种强制的无限清偿责任，实际上是对继承人制作不实遗产清单之违法行为的一种惩罚，故继承人对于此种无限清偿责任是不能放弃的，否则，就与继承人可以放弃法律制裁无异了，进而会导致形成鼓励继承人实施违法行为的一种错误价值导向，不利于维护公平正义的社会秩序。所以，日本允许有此行为的继承人放弃继承的立法不宜借鉴。从我国继承法诸学者建议稿看，"徐稿""王稿""张稿""陈稿""杨稿"都规定，制作不实遗产清单者应承担强制无限清偿责任。③ 其中，"王稿"规定，遗产债权人因遗产管理人制作不实遗产清单而受到损害的，其可以要求遗产管理人承担民事责任。遗产管理人是继承人的，故意制作不实的遗产清单，继承人须对遗产债务承担无限责任。因为继承人的恶意记载或者虚构债务的行为有悖于民法的诚实信用原则，不能为法律所宽恕。我们认为，此规定可供我国参考。

---

① 参见史尚宽《继承法论》，中国政法大学出版社，2000，第275页。
② 参见傅强《限定继承制度研究》，法律出版社，2017，第101~102页。
③ 参见"徐稿"第四分编继承法第351条，"王稿"第551条第3款，"张稿"第23条，"陈稿"第70条，"杨稿"第80条。

四 我国遗产清单制度的构建设想

以下，我们在前面对遗产清单制度考察起源和功能，研究国外立法现状，并结合我国国情，分析我国继承法学者建议稿相关观点的基础上，针对我国无条件的限定继承制度之不足，提出我国遗产清单制度的立法构想，以期为我国《民法典》继承编之遗产清单制度的构建提供参考。

关于我国遗产清单制度内容的具体立法构建，我们有如下几点建议。

（一） 遗产清单的制作主体与制作要求

遗产清单的制作主体，包括继承人、遗嘱执行人、遗产管理人和公证员。继承开始后，遗嘱执行人为遗产管理人；没有遗嘱执行人的，继承人应当及时推选遗产管理人；继承人未推选的，由数名继承人共同担任遗产管理人。继承人均放弃继承的，或没有继承人的，由被继承人生前住所地的民政部门或村民委员会担任遗产管理人。继承人选择限定继承责任的，应当在继承开始后做出限定继承的声明，并将该声明在 5 日内通知或公告被继承人的债权人、受遗赠人等遗产权利人，催告遗产权利人在法定期限内申报债权。

在制作遗产清单时，应该有两名无利害关系的见证人或公证员在场见证。遗产清单的内容应当逐一登记写明被继承人的遗产和债务的种类、数量和价值。

（二） 遗产清单的制作时间

遗产清单，应当自被继承人死亡之日起的 3 个月内被制作完成。在特殊情况下遗产清单的制作人可以向人民法院申请延长该制作期限，但延长的期限不得超过 3 个月。

（三） 遗产清单的提交对象及查阅对象

遗产清单被制作完成后，制作人应当将其副本交给继承人，以便继承人了解遗产的情况。遗产利害关系人可以凭证明遗产权利的文件查阅遗产清单。

遗产利害关系人在查阅遗产清单后，可以提出异议。如制作人对该异议进行核实后查明确实制作有误的，应当在 1 个月内对遗产清单有误的内容进行修正，并给予答复；如制作人没有在法定期限内做出答复的，异议人可以向人民法院提起诉讼。

（四） 遗产清单制作的效力

依法制作遗产清单后，继承人在遗产清单记载的遗产实际价值范围内对遗产债务承担有限清偿责任。在共同继承中，一个继承人依法制作遗产清单后，对其他共同继承人产生效力。

如继承人不制作或未在法定期限内制作遗产清单的，视为无条件接受继承，对于被继承人的债务之遗产实际价值不足清偿部分，应当以自己的个人财产承担无限清偿责任。

在制作遗产清单和申报债权期间，停止对一切遗产债务的清偿。

遗产债权人等利害关系人，在通知和公告期内已申报的遗产权利，应当就遗产清单登记的遗产受偿。未在法定期限内申报的不附担保的债权，可以就清偿遗产债务后剩余的遗产受偿。但有担保的债权不受是否申报的影响，就该担保财产受偿。

（五） 遗产清单制作不实的法律后果

继承人故意制作不实遗产清单的，应当对被继承人的债务承担无限清偿责任，并且此种责任不得被放弃。

如果继承人以外的人制作不实遗产清单，对继承人或遗产债权人造成损害的，应当承担损害赔偿责任。

对于非故意漏记重要遗产的，遗产清单制作人应当对遗产清单进行修正，如果对遗产或遗产债权人已经造成损害的，应当承担赔偿责任。

后位继承制度的立法立场比较与立法价值探析

吴国平[*]

【内容摘要】 后位继承制度源于罗马法中的遗产信托制度,并逐渐成为现代社会的后位继承制度。各国对此的立法态度各不相同,差异甚大。我国《民法典》中目前没有规定后位继承制度,而我国司法实践中已出现不少涉及后位继承问题的案件。从满足人们对个人财产传承途径与方式多元化的需求和不断完善我国继承法律制度的角度来看,承认与引进后位继承制度是非常必要的。这既是保障遗嘱人遗嘱自由,维护遗产继承关系当事人权益,预防权利冲突与继承纠纷的需要,更是实现《民法典》物权编和继承编的立法宗旨,与《民法典》相关制度配套适用和进一步完善我国《民法典》内容的需要。

【关 键 词】 《民法典》 后位继承 立法比较 立法价值

近几年,涉及后位继承(Nacherschaft)的继承案件不断出现。在我国《民法典》编纂过程中,对于后位继承(包括后位遗赠,下同)制度是否应当纳入《民法典》中,学者们进行了一些探讨。在人大代表中,也有一些

---

* 吴国平,福建江夏学院教授,国际教育学院院长,中国法学会婚姻法学研究会常务理事。

代表主张我国《民法典》应当确认后位继承制度，而我国立法机关最终并未采纳赞成者的意见，但这并不意味着问题已经解决、学术研究可以画上句号。2020 年 6 月 16 日出版的第 12 期《求是》杂志发表的习近平总书记的重要文章《充分认识颁布实施民法典重大意义，依法更好保障人民合法权益》中指出：要加强民事立法相关工作。民法典颁布实施，并不意味着一劳永逸解决了民事法治建设的所有问题，仍然有许多问题需要在实践中检验、探索，还需要不断配套、补充、细化。要坚持问题导向，在新的实践基础上推动民法典不断完善和发展。① 因此，在《民法典》颁布并实施的大背景下，仍然有许多问题值得深入研究与探讨。本文在此拟就各国对后位继承制度的立法态度以及后位继承制度的立法价值做初步的探讨，以期能够抛砖引玉，并为我国《民法典》实施之后的立法完善或者司法解释的制定提供参考。

一 后位继承制度的起源与功能

所谓后位继承，又称为次位继承、替代继承，它是指遗嘱人在遗嘱中对遗产继承设定了某种条件或者期限，并于继承开始后、遗嘱所指定的某种条件成就或者期限到来时，前一位继承人所继承的财产又移转给后一位继承人承受的一种特殊继承制度。在后位继承法律关系中，依照遗嘱指定而直接继承遗嘱人遗产并负有向后一位继承人移转遗产义务的继承人称为前位继承人，也称为先位继承人；在条件成就或期限到来时，依遗嘱的指定而从前位继承人手里取得遗嘱指定遗产的继承人称为后位继承人，或者次位继承人。

后位继承是国外继承法上的一个概念。它起源于罗马法中的遗产信托制度。遗产信托是指遗嘱人在遗嘱中明确表示将自己的遗产的一部分或者全部委托给作为继承人或者受遗赠人的受托人，由受托人根据遗嘱人的意愿，在某种条件成就或者某个期限到来时，将遗产转交给各受益人的制度。

---

① 参见新华社《〈求是〉杂志发表习近平总书记重要文章〈充分认识颁布实施民法典重大意义，依法更好保障人民合法权益〉》，《人民法院报》2020 年 6 月 16 日，第 1 版。

依据遗嘱而占有遗产并负有交付义务的继承人，实际上是遗产的受托转交人，并不是现代法律意义上的继承人。依传统的罗马法理论，遗嘱最核心的内容是继承人的指定。但因当时其市民法对遗嘱继承和遗赠规定了比较严格的条件，对遗嘱继承人和受遗赠人的指定有诸多限制，且继承人的范围比较窄。这体现在以下几方面。首先，不能指定给不具有继承能力的人。例如：妇女、异邦人、尤尼亚拉丁人、"不确定的人"（例如在立遗嘱时尚未出生的人）、不满 30 周岁的奴隶等。其次，遗嘱人可以在遗嘱中为继承人的设立附加生效条件。例如要求被指定的继承人必须履行一定（指定）的义务，但是又不允许附加解除条件。遗嘱人不能规定某人在其一生中或者某一时间是自己遗产的继承人，且在该继承人死亡时，由其他人接替其成为继承人；继承人不能向其他人转让因继承所得的遗产。① 再次，遗嘱不能为继承人的设立（指定）附加期限。优士丁尼的《法学阶梯》中指出："不能自某时起或自某时止地指定继承人，例如，'于吾死后 5 年'；或'从某日起'或'到某日止'成为继承人。"② 同时，在奥古斯都到君士坦丁一世的相当长的时间内，未婚和已婚但无子女者接受遗产能力都被加以种种限制。③ 遗嘱人欲通过遗嘱来实现遗产的直接传承比较困难。为了规避法律限制，以顺利完成遗产的转移，在民间就产生了遗产信托行为，意在通过受托人的诚信来实现遗嘱人传承遗产的意愿。④ 在操作上，遗嘱人便将某一市民通过遗嘱立为继承人（受托人），委托其在自己死亡时将该遗产转交给遗嘱指定的受益人。遗嘱信托制度也就在罗马法中应运而生了。当时的遗嘱信托的重要意义在于实现遗产继承或者说实现遗产的转移。但由于当时的遗产信托不是依据法律，而是以遗嘱方式规避法律的禁令，并通过受托人将遗产转移给不具有继承能力的人。可见，当时的遗产信托所依据的是受托人的诚信（良心），经过发展后才逐渐被认可并被赋予了法律的强制力。到了优士丁尼时期，遗产信托制度被并入遗赠制度中，并为后世的后

---

① 参见〔英〕巴里·尼古拉斯《罗马法概论》，黄风译，法律出版社，2012，第 225 页。
② 参见徐国栋《优士丁尼〈法学阶梯〉评注》，北京大学出版社，2010，第 581 页。
③ 周枏：《罗马法原论》（下册），商务印书馆，1994，第 618 页。
④ 参见刘耀东、尹伟民《后位继承法律制度研究——兼与补充继承比较》，《吉林公安高等专科学校学报》2008 年第 5 期，第 87 页。

位继承制度奠定了基础。在现代社会，为了充分尊重遗嘱人的意愿，使其可以根据其遗产状况和死后可能出现的情况，并按照自己的意愿来确定继承人的顺序和继承份额，确保遗产得以传承，一些国家通过立法设立了后位继承制度。

二　各国对后位继承制度的立法态度考察

由于国情与法律传统等方面的差异，目前，对于是否承认后位继承制度，各国的立法态度存在差异，具体可分为承认、反对、折中和未置可否四种立法例。

第一，承认后位继承。持肯定态度的国家，均在立法上明文规定了后位继承制度。其典型代表是德国、瑞士、希腊、瑞典、奥地利、埃塞俄比亚、意大利等国家。其中，以《德国民法典》的规定最为详尽。《德国民法典》第 2100 ~ 2146 条规定了后位继承的内容，明确了后位继承人的范围、后位继承顺序的设置、前位继承人与后位继承人各自的权利义务、前位继承人的处分权、前位继承人对后位继承人应当承担的责任、后位继承人的请求答复询问权、后位继承的开始及其效果等内容。[①] 《德国民法典》第 2101 条还规定，发生继承时尚未被孕育成胎儿的人也可作为后位继承人。此外，《德国民法典》第 2096 ~ 2099 条还规定了替补继承。遗嘱人可以在遗嘱中，就前位继承人的位置在继承开始前或者开始后出现空缺时的替补继承的人选进行事先指定。该法典第 2190 条和第 2191 条还就补充遗赠和后位遗赠问题作出了规定。德国通说认为后位继承人的地位属于期待权且不可剥夺，但此项权利可以继承或者转让。《瑞士民法典》首先在第 473 条规定了物权可以进行分割，即遗嘱人可以在遗嘱中将其全部遗产的用益权以遗嘱形式全部分给其生存配偶。《瑞士民法典》第三编 "继承法" 第 14 章 "遗产处分" 中规定了后位继承指定。该法典第 488 ~ 492 条规定了后位继承的主要内容，包括先位继承人的担保方法、后位继承人的指定、前位继

---

① 参见《德国民法典》（第 3 版），陈卫佐译注，法律出版社，2010，第 585 ~ 593 页。

承人与后位继承人的权利地位、遗产交付时间等内容。①《瑞士民法典》第488 条规定指出，处分遗产时，被继承人可将把继承遗产交由后位继承人这一项义务附加给指定继承人，但是对于后位继承人不能再次附加上述义务。奥地利是世界上第一个把前位继承人与后位继承人之间的法律关系同时写进民法典的国家。《奥地利民法典》第604 条规定了后位继承制度，其内容与德国、瑞士民法典基本相同，但在该制度的名称表述上，《奥地利普通民法典》第608 条将该制度称为"用益取代"②或"世袭的替补继承"，可见，《奥地利普通民法典》把后位继承制度理解成现代意义上的补充继承制度。③《意大利民法典》第692 条规定则在较严格意义上允许遗嘱人在遗嘱中设立后位继承。④

第二，禁止后位继承。持否定态度的国家在立法上明文禁止设立后位继承。其典型代表是匈牙利、法国等国家。《匈牙利民法典》第645 条对后位继承作出禁止性规定，即如果遗嘱人在遗嘱中指明继承全部或部分遗产的继承人，应于某种条件成就或者期限到来时，将遗产所有权转移给另一人的处分行为自始无效。⑤受法国大革命的影响，中世纪时的《法国民法典》曾明文规定禁止后位继承，后为了制止某些遗嘱人生前挥霍钱财而损害子女的利益，于 2006 年通过修改条文内容来维护家族财产的传承与安全，但要求按继承顺序来继承。《法国民法典》第896 条规定"禁止替代"，内容就包括对于指定继承人或者受遗赠人对其继承（受赠）得来的财产进行保管并向特定第三人进行移交的行为为无效行为。⑥英国法中也没有后位继承制度的规定，英国通过信托的途径来解决遗嘱执行与遗产管理的问题。⑦即先指定一人管理信托财产，其后再指定另一人管理，时间上如同大陆法

① 参见《瑞士民法典》，殷生根、王燕译，中国政法大学出版社，1999，第 134~135 页。
② 参见《奥地利普通民法典》，周友军、杨垠红译，清华大学出版社，2013，第 100 页。
③ 参见刘文编著《继承法比较研究》，中国人民公安大学出版社，2004，第 244 页。
④ 参见刘耀东、尹伟民《后位继承法律制度研究——兼与补充继承比较》，《吉林公安高等专科学校学报》2008 年第 5 期，第 87 页。
⑤ 参见金辉、李玉强《后位继承制度：确立与融合》，《改革与开放》2011 年第 5 期，第 27~28 页。
⑥ 参见《法国民法典》，罗结珍译，北京大学出版社，1999，第 242 页。
⑦ 参见刘文编著《继承法比较研究》，中国人民公安大学出版社，2004，第 243 页。

系国家一样设有一定的限制，适用"永久权利禁止原则"。而对于不动产之处分，从继承开始时以生存之人在其死亡后不超过 21 年为限。

上述国家之所以禁止后位继承，主要是基于以下两点考虑：第一，后位继承的设立使遗嘱人的遗嘱自由得到了最大程度的尊重，但它同时影响和妨碍了前位继承人对该遗产的财产所有权的行使，违背民法的公平原则；第二，后位继承的设立造成前位继承人所继承的遗产长期处于静止状态，这不仅不利于财富的流转，还会阻碍社会经济的发展。①

第三，折中主义态度。持折中主义立法态度的国家，在其民法典中既没有明文规定后位继承制度，也没有明确禁止后位继承制度，而是实行类似于后位继承的其他制度来解决现实生活中的问题。日本和西班牙是折中主义立法例的典型代表。例如《日本民法典》第 985 条、第 994 条和第 995 条②规定了被日本学界称为"后继遗赠"的附停止条件和附期限遗赠制度，③ 在实际运行中，受遗赠人在一定程度上也是以前位遗赠人的角色出现的，但附停止条件或附期限的遗赠制度并不能完全代替后位继承制度的功能。《西班牙民法典》的情况也与之类似，该法典第 790~805 条规定了附条件和附期限的继承与遗赠制度。④《马耳他民法典》第 759 条规定遗嘱中"某物的用益权被留给一人，而该物的所有权被留给另一人"。⑤ 该条规定虽然没有明确规定后位继承制度，但其将用益权和所有权分离，并分别给予不同人的行为模式也类似于后位继承制度。

第四，未置可否。持这种立法态度的国家对后位继承制度既不表示赞成，也不表示反对。例如中国、韩国、朝鲜、越南民法典以及泰王国民商法典。我国 1985 年 10 月 1 日起施行的《继承法》中没有规定后位继承制度。虽然在司法实践中出现过不少后位继承方面的案件，但最高人民法院的司法解释对此也没有作出任何规定。

---

① 参见刘文编著《继承法比较研究》，中国人民公安大学出版社，2004，第 243 页。
② 参见《日本民法典》，王书江译，中国法制出版社，2000，第 180~181 页。
③ 参见远藤浩《民法（9）相续》，有斐阁，1996，第 212~213 页。
④ 参见《西班牙民法典》，潘灯、马琴译，中国政法大学出版社，2013，第 217 页。
⑤ 参见《马耳他民法典》，李飞译，厦门大学出版社，2012，第 189 页。

三　我国对后位继承制度的实践探索、理论分歧与立法现状

（一）司法实践的积极探索

本文先从一则遗嘱继承案例说起。张甲与曾某系夫妻关系，2006 年 4 月某日，张甲请人代书立下一份遗嘱，主要内容有：（1）张甲去世后，若曾某未改嫁，则曾某由其子张乙负责赡养，位于龙山镇和铁运巷的私房可以供曾某居住；（2）铁运巷私房的所有权归张乙拥有；（3）若曾某改嫁他人，则其不能在铁运巷的私房内居住，需经张乙同意后方可改在龙山镇的私房里居住。立遗嘱若干年后，张甲去世，曾某向人民法院起诉，请求人民法院认定张甲生前所立遗嘱无效。一审法院审理认为：遗嘱人张甲在其所立遗嘱中，以曾某是否改嫁他人作为居住铁运巷和龙山镇私房前提条件的内容因违反法律规定应认定为无效，遗嘱的其他内容具有法律效力，因此，认定由其子张乙继承遗嘱人张甲的遗产，享有全部讼争屋的所有权；现被告张乙拒绝提供该讼争屋给原告曾某居住，曾某无权居住。对曾某的诉讼请求，法院不予支持。①

本案中的受案法院并没有对遗嘱人遗嘱中所涉及的后位继承的相关内容进行具体分析，而是直接认定遗嘱中该部分无效。我们从法理上分析，就不难看出本案中遗嘱人所立的遗嘱是典型的含有后位继承内容的遗嘱。曾某为前位继承人，张乙为后位继承人。当遗嘱人张甲去世时，其妻子曾某依据张甲所立遗嘱的内容而成为前位继承人，对遗嘱所指定的房屋享有居住权（包括居住和使用的权利），但无处分权。此时张乙还不能继承遗产。只有当曾某改嫁或者死亡时，才发生后位继承，而此时曾某则丧失房屋居住权并应将该房屋转移给张乙。当张乙拒绝曾某居住于讼争屋时，曾某无权以享有居住权为由进行抗辩。遗憾的是，该案一审法院直接认定该部分后位继承遗嘱无效，这直接导致遗嘱人的遗嘱自由无法实现，还造成曾某丧失了居住权。而事实上，遗嘱人张甲是希望其妻子曾某在自己去世之后，能继续居住在讼争屋里，同时，也希望遗产最终由儿子张乙全部继

---

① 参见贵州省贵阳市中级人民法院（2014）筑民一终字第 1356 号民事判决书。

承，以确保自己的财产能够向下自然传承。而二审法院虽然认为一审判决有误，并作出了撤销判决，但二审法院判决的法律依据是我国《继承法》第 21 条附义务遗嘱的相关规定，并直接认定张甲的遗嘱为附义务遗嘱，据此认为只有张乙履行了遗嘱人生前所设定的义务，才能继承遗产。张乙应当确保曾某的居住权。

综上，本案中受案法院没有对遗嘱中涉及后位继承的内容进行具体的分析，直接认定遗嘱中该部分无效。这既与目前我国法律上未明确规定后位继承制度有关，也与主审法官对案件所涉民事法律关系的认定不够全面准确有一定关系。

此外，我们从《2019 年中华遗嘱库白皮书》中可以了解到，后位继承这种继承模式的运用近年来呈现不断上升的趋势。此类遗嘱占所有遗嘱的比例，由 2013 年的 23.12% 上升至 2018 年的 30.56%，[①] 且还会不断上升。可以预见，后位继承模式在我国民间已经得到比较广泛的运用。因为它在保障当事人权益、实现自然人的遗嘱自由方面有着不可忽视的重要作用。事实上，过去自然人之间发生的遗产纠纷并没有我们想象的那么多，与遗嘱制度能够有效发挥作用有很大的关系。

（二）学界关于后位继承制度的探讨

在《民法典》编纂过程中，后位继承制度是否应当"入典"是一个具有争议的问题。主要有"否定说"与"肯定说"两种不同的观点。否定说多以后位继承难以确定遗产所有权的最终归属为由，认为该制度使遗产的最终归属处于不确定的状态，违背了财产所有权理论。李双元、温世扬教授在其主编的《比较民法学》一书中提出：遗嘱继承制度的主要作用在于能够确定遗产所有权的最终归属。而后位继承与此恰恰不相符合。因为前位继承人依据遗嘱所取得的财产权利只是遗产的保管权，而不是财产所有权。当遗嘱中规定的特定条件发生或者期限到来时，前位继承人应将该遗产转交给后位继承人。当条件不成就时，则前位继承人又变成了遗产的所

---

① 参见赵瑜《中华遗嘱库白皮书：99.92% 老年人选择"防儿媳女婿条款"》，"中国经济网"百家号，2019 年 3 月 22 日，https://baijiahao.baidu.com/s? id = 16286841 49431321924&wfr = spider&for = pc。

有权人。如此，就会导致遗产的所有权处于一种不稳定不确定的状态。① 刘定华、屈茂辉、郭明瑞、房绍坤等学者也持相同观点。② 郭明瑞、房绍坤教授甚至还认为：遗嘱继承人继承了遗产后，该遗产的所有权就已经转移给遗嘱继承人；遗嘱人在遗嘱中如果又同时指定了后位继承人，就侵犯了该遗嘱继承人已经取得的所有权（含财产的处分权）。因此，他们认为不应当承认后位继承和后位遗赠。如果需要给予"后位继承人"或者"后位受遗赠人"相关的利益，则可通过对遗嘱继承人或者受遗赠人附加义务解决，没有必要再指定后位继承人。③

近年来越来越多的学者赞成我国引入后位继承制度。特别是在启动《民法典》编纂工作的背景下，许多学者从民法体系化的立法构建的角度，对后位继承制度设立的必要性、法理依据、实践需求、制度架构和内容设计等多方面提出了许多有益的见解。早在 1990 年，刘春茂教授在其主编的《中国民法学·财产继承》一书中提出"我国继承法应当承认后位继承"④。1998 年，张玉敏教授在其主编的《继承法教程》中就曾经简要介绍了古罗马法和德国、瑞士、奥地利等国家对此的立法态度，并认为后位继承本身具有一定的积极作用，主张立法上应对后位继承给予肯定。⑤ 中国人民公安大学的刘文教授也提出过同样的主张。⑥ 但此前的学者们大多只是对后位继承制度的确认提出了初步建议，对其理论与立法问题并没有进行系统深入的探讨与梳理。2002 年，黑龙江大学杨震、孙毅教授在其发表的《论后位继承制度的立法选择及法的构成》一文中，从后位继承的概念、后位继承与遗嘱自由、后位继承法律关系的构成等三个维度对后位继承问题进行了较为系统深入的研究，论证了确认后位继承制度的必要性，明确提出我国继承立法应承认后位继承的效力，引发了学界的关注与探讨。他们认为，

---

① 参见李双元、温世扬主编《比较民法学》，武汉大学出版社，1998，第 1108 页。
② 参见刘定华、屈茂辉主编《民法学》，湖南人民出版社，2001，第 682 页；参见郭明瑞、房绍坤著《继承法》，法律出版社，1996，第 157 页；参见徐沅钤《论后位继承制度的引入》，硕士学位论文，华东政法大学，2018，第 2 页。
③ 参见郭明瑞、房绍坤编著《继承法》，法律出版社，1996，第 157 页。
④ 参见刘春茂主编《中国民法学·财产继承》，中国人民公安大学出版社，1990，第 395 页。
⑤ 参见张玉敏主编《继承法教程》，中国政法大学出版社，1998，第 269～270 页。
⑥ 参见刘文编著《继承法比较研究》，中国人民公安大学出版社，2004，第 244 页。

在我国继承法理论和司法实务上，是明确承认附条件遗嘱和附期限遗嘱的效力的。而对于后位继承，则完全可将其看作一种具有关联性的附条件遗嘱继承或者附期限的遗嘱继承。具体而言，对前位继承人来说，后位继承是一个附解除条件或附终期的遗嘱继承，而对后位继承人而言，后位继承就是一个附延缓条件或附始期的遗嘱继承。后位继承制度的功能已经覆盖了附条件和附期限继承制度的功能。为处理后位继承中的复杂情况，立法应当大量采用推定的方式来弥补遗嘱人意思表示的不足。[①] 中国人民大学法学院杨立新教授在其专著《家事法》一书中指出：目前在我国社会中，后位继承是存在的，只是因为法律对此没有明文规定，所以数量不是特别大。杨立新教授对后位继承立法是持肯定态度的。他强调：后位继承人实质上是遗嘱人对指定继承人的继承人的指定，是遗嘱人的真实意思表示，我们没有理由不予尊重。[②] 黑龙江大学法学院王歌雅教授也撰文主张在进行遗嘱体系设计时，应注意拓展遗嘱继承的渠道，在立法时增设后位继承制度，明确后位继承人的选择、前位继承人与后位继承人的推定、前位继承人的权利和义务、后位继承人的遗产取得以及后位继承的消灭等内容。[③] 以杨立新、杨震教授为牵头人的《中华人民共和国继承法》修正案建议稿课题组起草的《〈中华人民共和国继承法〉修正草案建议稿》中也明确规定了后位继承制度的内容（第 39～43 条）。

（三） 我国《民法典》的立法现状

在我国《民法典》编纂过程中，后位继承制度也引起人大代表的关注。十三届全国人大常委会第十一次会议对《民法典继承编（草案）二审稿》进行分组审议时，刘修文委员建议设立后位继承（遗赠）规则。他具体解释说，后位继承，指可以将遗产继承给尚未出生的人，给予遗嘱人更多选择，将遗产留在家族内部。此前，在 2015 年 11 月 27 日《全国人民代表大

---

① 参见杨震、孙毅《论后位继承制度的立法选择及法的构成》，《求是学刊》2002 年第 5 期，第 75～79 页。
② 参见杨立新《家事法》，法律出版社，2013，第 448 页。
③ 参见王歌雅《〈继承法〉修正：体系建构与制度选择》，《求是学刊》2013 年第 2 期，第 81 页。

会法律委员会关于第十二届全国人民代表大会第三次会议主席团交付审议的代表提出的议案的审议意见》中，高广生等代表提出议案，建议修改继承法，建立后位继承等制度。①

目前，我国《民法典》中虽然规定了遗嘱继承和遗赠制度，但就法律条文的文字内容来看，并没有后位继承制度的规定，只是在"继承编"第1152条规定："继承开始后，继承人于遗产分割前死亡，并没有放弃继承的，该继承人应当继承的遗产转给其继承人，但是遗嘱另有安排的除外。"这里的"但书规定"是否包括"遗嘱规定了后位继承的除外"还不得而知。目前出版的有关《民法典》"继承编"的权威释义书籍中也未提及，这一现状留给人们无限遐想的空间。

四　在我国立法上确立后位继承制度的重要立法价值

笔者主张在我国立法上应当承认与引进后位继承制度。我们现在要做的事情就是在《民法典》实施过程中针对具体问题，不断探索并总结经验，进行系统化的梳理与研究，并提出具体的立法思路与建议。对于后位继承制度的立法构建问题，为节省篇幅，笔者已另文探讨，在此不展开阐述。而对于我国立法上为什么要承认与引进后位继承制度，笔者认为，其必要性或者立法价值是非常明显的，体现在以下方面。

一是有利于切实保障遗嘱人的遗嘱自由。我国《民法典》第113条规定："民事主体的财产权利受法律平等保护。"第124条规定："自然人依法享有继承权。自然人合法的私有财产，可以依法继承。"第1133条第1款、第2款规定："自然人可以依照本法规定立遗嘱处分个人财产，并可以指定遗嘱执行人。自然人可以立遗嘱将个人财产指定由法定继承人中的一人或者数人继承。"遗产继承关乎老百姓的切身利益与法治需求。我国宪法和法

---

① 参见叶海涛《千呼万唤未出来：试探民法典草案暂未纳入的"后位继承"制度 | 审判研究》，"审判研究"微信公众号，2020 年 3 月 5 日，https：//mp. weixin. qq. com/s？_ biz = MzA4MjIzOTIzMg = = &mid = 2649971364&idx = 1&sn = 181194651b663212fc5b4eede9041 be6&chksm = 878f30cbb0f8b9dd968b8ce25b6f70639cad855faa41a06eb843939714b85678fc1baea 20985&mpshare = 1&scene = 23&srcid = &sharer_ sharetime = 1583460243490&sharer_ shareid = 82faafeb0cf0f9 5132232e13fdbe96d0#rd。

律保护自然人的财产权和遗嘱自由权，目的就是为了保护自然人财产流转的安全性、稳定性,① 继承法律制度所要解决的核心问题就是财产所有权人死亡后其私人财产如何移转与传承的问题。② 在继承领域，当事人的遗嘱自由是我国《民法典》第 5 条规定的自愿原则（即意思自治原则）的具体体现。法官、律师等专业人士在办理遗嘱继承类案件时，会在当事人的遗嘱中看到如下表述，如"在我过世后××号房屋归我妻子所有，妻子过世后××号房屋归我的子女所有"，或"我去世后×××号房屋先归妹妹所有，希望我的孩子年满十八周岁以后，妹妹将×××号房屋交还我的孩子"。含有此种表述方式的遗嘱就属于"后位遗嘱"。遗嘱人通过设立遗嘱来规定居住权和遗产传承问题，是其一项重要的财产权利。确认后位继承制度，就能够确保遗嘱人按照自己的意志在法定范围内自由处分自己的合法财产，确保自己的财产在设定居住权之后还能够向自己的继承人自然传递。

二是有利于切实维护财产继承关系当事人（特别是继承人）的合法权益。我国《民法典》"物权编"第十四章专章规定了居住权制度（第 366 ~ 371 条）。《民法典》第 371 条规定："以遗嘱方式设立居住权的，参照适用本章的有关规定。"《民法典》第 1152 条规定："继承开始后，继承人于遗产分割前死亡，并没有放弃继承的，该继承人应当继承的遗产转给其继承人，但是遗嘱另有安排的除外。"为什么在设立居住权后还要设立配套的后位继承制度？当我们综合《民法典》的这些规定并把它们作为一个整体来理解和把握时，我们就可以看出，第一，我国《民法典》设立居住权的方式有多种。除了通过遗嘱设立以外，还可以通过签订合同方式设立（《民法典》第 366 条），甚至可以通过人民法院的判决来设立（《民法典》第 229 条）。第二，遗嘱人可以通过遗嘱方式设立居住权。即遗嘱人可以通过遗嘱方式为配偶、对自己尽过较多扶助义务的人（例如保姆、邻居等）和特定的继承人（例如被继承人有多个子女，但其中一个子女因为身体疾病、生活困难无处居住等原因与遗嘱人共同居住，而遗嘱人通过遗嘱设立居住权来保障该需要帮扶的子女）设定居住权。第三，目前《民法典》仅仅规定

---

① 参见最高人民法院民法典贯彻实施工作领导小组主编《中华人民共和国民法典婚姻家庭编继承编理解与适用》，人民法院出版社，2020，第 481 页。

② 参见黄薇主编《中华人民共和国民法典继承编解读》，中国法制出版社，2020，第 3 页。

居住权制度并不能解决遗产的自然传递问题。换言之,居住权制度只是解决了遗嘱人死亡后,特定的居住权人的居住问题,没有解决当居住权人死亡或者居住权消灭的具体事由(例如居住权期限届满)出现时该房屋如何继承的问题,并有可能使该遗产的继承问题复杂化。无论从理论上还是实践上看,居住权制度代替或者涵盖不了后位继承制度。如果没有后位继承制度相配套衔接,居住权制度本身并不能解决或者平衡居住权人和继承人之间的利益分配问题。第四,我国《民法典》没有排斥后位继承。结合《民法典》第 371 条和第 1152 条规定的精神来看,笔者认为,《民法典》本身并没有排斥后位继承,而恰恰相反,我国《民法典》中允许遗嘱设立居住权的规定更类似于折中主义,即《民法典》的现有规定给后续立法和司法解释留下了比较大的空间,也给当事人在遗嘱中通过设立居住权和指定遗产继承人,以平衡配偶等特定主体的居住利益和继承人的继承利益提供了法律指引。第五,当事人的遗嘱往往以遗产传承为主体内容。在实践中,从当事人所立遗嘱的内容来看,一般情况下会涉及遗嘱人死亡后有关事项的安排与嘱托,但其主体内容一般都涉及遗产继承问题,包括继承人的指定和继承份额(数量)以及特定事项的安排,同时,考虑实际需要,为避免日后产生矛盾与纠纷,有的遗嘱人也会在遗嘱中规定特定主体的居住权。但反过来说,只规定居住权内容而不涉及遗产分配的遗嘱非常罕见。因此,在实践中,居住权的设立往往是与后续的遗产继承问题一同体现在遗嘱中的。设立居住权的遗嘱从性质上说也是附义务的遗嘱,[1] 完全符合我国《民法典》第 1144 条关于附义务遗嘱的规定。因此,遗嘱人如果在遗嘱中为生存配偶设立了居住权,则继承人的继承权就是一种附义务的继承权。即继承人必须在居住权人死亡或者其他遗嘱指定事由发生时,即居住权消灭的法定事由出现时,他才能实际继承遗产。因此,后位继承是遗嘱继承的延续,遗嘱人所希望的遗产的最终受益人就是后位继承人。[2] 如果只设立居住权而没有规定与之相连的后位继承制度,则继承人的继承权能否得到实现与保障,就是一个未知数。这对于继承人权益的保障不利,也不利于维护

---

① 参见房绍坤《论民法典中的居住权》,《现代法学》2020 年第 4 期,第 85 页。
② 参见王艳慧《继承法上配偶法定居住权与后位继承》,《黑龙江社会科学》2015 年第 2 期,第 120 页。

家庭关系的和谐。

三是有利于预防权利冲突与继承纠纷。如前所述，如果只有居住权制度，没有后位继承制度，则容易产生居住权人与继承人之间以及相互有继承关系的继承人之间的矛盾和冲突，也不利于居住权和遗嘱人生前意愿的实现。在生活中，特别是对于再婚家庭而言，再婚老人立后位继承之遗嘱的目的，大多是出于保障其生存配偶的"居住权"与保护子孙继承利益的考量。一方面，使生存配偶之合法利益能够得到有效保障，避免在其死后其配偶因对方子女为难而陷入生活困境；另一方面，遗产最终可以归于自己的直系晚辈血亲，而非落入姻亲后代或旁系血亲后代甚至无亲缘关系的人手中。后位继承恰恰能够满足现代社会人们对遗嘱内容和财富利用与传承的这种多元化要求的需要。如果只保护居住权而没有后位继承制度相配套衔接，有可能造成遗嘱人的继承人与居住权人之间的利益冲突与矛盾，反而不利于遗嘱的执行与遗嘱人意愿的落实，也不利于居住权人和继承人的权益保障。

四是有利于实现《民法典》"物权编"和"继承编"的立法宗旨。我国《民法典》"物权编"规定居住权制度和"继承编"规定遗嘱继承制度的立法目的，都是为了确保自然人的财产及其财产权利能够得到国家法律的承认与保护，确保家庭和睦，促进安居乐业，满足人民群众对处理遗产和财富传承的现实需求。既然我国《民法典》第1133条规定自然人可以通过遗嘱方式将自己的个人财产遗赠给法定继承人以外的自然人等主体，为什么就不能通过遗嘱方式将自己的财产分配给自己的孙子女、外孙子女呢？这显然是说不通的。规定后位继承制度能够起到衔接继承法律规范、协调与补充继承法律关系，甚至弥补物权领域之不足的功效。

五是有利于与《民法典》相关制度相配套适用。目前，我国《民法典》条文中并没有规定后位继承制度。但《民法典》第371条规定："以遗嘱方式设立居住权的，参照适用本章的有关规定。"从该规定可以看出，我国法律允许遗嘱人在遗嘱中设立居住权。遗嘱人设立居住权的意图是为了保障配偶等特定主体在遗嘱人死亡后能够继续在指定的房屋中居住，且在配偶等特定的主体去世后，将该房屋归遗嘱人指定的继承人继承。因此，居住权问题与后位继承问题是紧密相连的。如果遗嘱人在遗嘱中设立了居住权条款，则往往都会同时设置后位继承条款，目的就在于使遗嘱人的财产能够传承下去。因此，设立后位继承制度就能够与《民法典》中的居住权制度相配套，更好地发挥法律保障自然人财产权益的综合作用，也有利于物权与继承法律制度的进一步完善。

综上所述，笔者认为，后位继承制度是继承法上不可或缺的重要制度，应在我国民法上占有一席之地。在我国已进入《民法典》时代的大背景下，我们应当对后位继承制度加强研究，结合司法实践，积极探析其立法内容以及其与其他继承制度的内在关联性，为《民法典》的后续立法或者司法解释提供理论支持。

遗产管理人选任制度的构建

——借鉴破产管理人制度可行性探讨

谭　芳　桂芳芳*

【内容摘要】《民法典》继承编新增加了遗产管理人制度，在第 1145～1149 条详细规定了遗产管理人的选任、指定、职责、责任、报酬等内容。遗产管理人制度的确立，有利于遗产的保存和继承，有助于化解继承人之间的纷争，促进家庭和睦，确保遗产分配的公平公正，平等保护继承关系中遗产权利人的利益。因此，如何构建一个合理的、具有实操性的遗产管理人制度，是实务中亟待解决的问题。本文从全国首例个人破产与遗产管理相结合的案例入手，从程序的启动、遗产管理人的选任、遗产管理人的职责、遗产管理人的报酬及遗产管理人的监督几个角度探讨了遗产管理人借鉴破产管理人制度的可能性，以供实务参考。

【关 键 词】遗产管理人　破产管理人　选任制度

遗产管理人制度是《民法典》继承编（以下称"继承编"）新增的最受关注的内容之一。从《民法典》第 1145 条到第 1149 条，继承编用了 5 条法律规定明确遗产管理人制度，对于只有 45 个条文的继承编来说，遗产管

---

* 谭芳，上海家与家律师事务所主任；桂芳芳，上海家与家律师事务所高级合伙人。

理人制度可谓是十分重要。但值得注意的是，虽然继承编明确规定了遗产管理人的产生方式、遗产管理人的职责及怠于履行职责的法定责任、遗产管理人的报酬请求权等内容，但由于近年来我国经济高速发展，继承涉及的财产种类、继承人数都相当纷繁复杂，实务中遗产管理人的制度究竟要如何构建，继承编并未给出更多的答案。具体到《民法典》第 1146 条，以遗产管理人资格的争议为例，该条规定在产生相关争议时，利害关系人有权向法院申请指定遗产管理人，而对于法院指定遗产管理人，目前各国立法上存在"依申请"和"依职权"两种指定模式。本条虽然明确规定了"依利害关系人申请"的法院指定模式，但对于法院是否有权根据案件实际需要，主动要求指定遗产管理人，则没有明确的规定。并且，该条对于法院指定担任遗产管理人的对象也并未有明确的描述。

遗产管理制度的设定目的之一就是遗产管理人通过对遗产债权进行追偿，使得被继承人的生前债权得以实现，从而保障被继承人和遗产债务人间的交易安全，同时也为继承人和其他遗产权利人利益的实现打下现实基础。[①] 对于一些亟待清偿遗产债务的继承案件来说，遗产管理人的确立程序如果没有可操作性的规范，在实践当中会造成一定的困难。

2019 年年底，有法院在探索"个人破产"制度的过程中，将企业破产管理人制度类比引入遗产管理当中，通过引导当事人"立转破"的方式，直接指定遗产管理人，对遗产进行盘点和清查，以维护遗产债权人的利益。由此展开，本篇论文试图探讨将相对成熟的破产管理人制度引入遗产管理人制度当中，在涉及遗产债务清偿等情境下，作为解决遗产管理人制度实务困境的一种方法。

一　案例引入

【李某遗产管理人破产民事裁定（2019）浙 1023 破 22 号之二】

本案中，债权人陆某借给朋友李某 2.8 万元。李某去世后，陆某将李某的继承人诉至浙江省天台县人民法院。经法院释明，陆某以"立转破"方

---

① 陈苇主编《中华人民共和国继承法评注：遗产的处理》，厦门大学出版社，2019，第 54 页。

式于 2019 年 9 月 24 日申请对已死亡的李某的遗产进行个人债务清理。法院于 2019 年 10 月 11 日指定某律师事务所担任债务人李某的遗产管理人。2019 年 12 月 12 日，李某遗产管理人向法院提交终结债务清理程序的报告。报告显示，管理人已对李某的遗产进行了全面清查，仅有 927.91 元银行存款及两处农村集体土地使用权房屋（已倒塌一处部分倒塌的房屋）。因农村集体土地使用权流转受限，处置难度大，管理人组织债权人陆某和李某的法定继承人进行调解，已自愿达成协议，由李某的法定继承人在签订协议之日一次性支付人民币 15000 元，余欠款项债权人放弃追偿权利。

法院认为，法院受理李某的债务清理申请后，依法指定管理人对李某的遗产状况进行了全面调查，根据管理人查明的情况，李某的遗产不足以清偿全部债务，且法定继承人与债权人已自愿达成协议并履行完毕，法院可终结债务清理程序。综上所述，参照《企业破产法》第 120 条之规定，裁定终结李某的个人遗产债务清理程序。

本案是法院在以个人破产制度为基础的个人债务清理机制探索上与遗产管理人制度相结合的结果，在全国尚属首例。[①] 本案涉及遗产继承，并且是遗产不足以清偿债务的情形，类推适用了《企业破产法》中破产管理人程序。此案从适用破产管理人程序的继承案件类型、法院指定遗产管理人、遗产管理人的职责以及由遗产管理人主导的债务清偿程序等方面都给出了详细的范例，对于将破产管理人制度引入遗产管理人制度作出了良好的示范。

二 破产管理人制度的体系架构

在讨论破产管理人制度如何引入遗产管理人制度之前，我们需要先将破产管理人制度的体系架构厘清，充分了解破产管理人制度的运行机制，详细拆分破产管理人制度的程序与步骤，如此才能对其进行借鉴。

我国于 2007 年正式实施的《企业破产法》，首次将现代破产法上普遍

[①] 余建华、胡芦丹、王先富：《台州 个人破产"破冰"的起手式》，《人民法院报》2020 年 1 月 21 日，第 6 版。

采用的破产管理人制度纳入破产法体系。该法的施行标志着我国破产管理人制度正式形成，但是仅有《企业破产法》的规定，该制度依然存在法律规定不够详细具体，不符合实践要求等问题。因此，最高人民法院于2007年又先后出台了《最高人民法院关于审理企业破产案件指定管理人的规定》（以下简称《指定管理人的规定》）及《最高人民法院关于审理企业破产案件确定管理人报酬的规定》（以下简称《确定报酬的规定》），将破产管理人的指定程序和破产管理人报酬的问题加以解决。至此，我国破产管理人制度就形成了包含选任制度、职责制度、报酬制度、监督制度等四方面内容的体系。

（一）选任制度

与现在遗产管理人的情况类似，在《企业破产法》制定之初，对于破产管理人究竟如何选任，存在许多观点的争议。多数观点认为，破产管理人应该由法院指定；另有部分观点认为，破产管理人应优先由债权人会议选任。[①] 类似观点的冲突也体现在立法过程中。在最初提交全国人大常委会审议的《企业破产法（草案）》一审稿中，对破产管理人产生的规定是，法院在受理破产案件后，先行指定破产管理人，但在随后召开债权人会议时，应该由债权人会议进行确认，并且债权人会议也有权另行选任破产管理人。然而二审稿删除了债权人会议选任的内容，直接规定由法院指定破产管理人。[②]

现行的破产管理人的选任制度在《企业破产法》和《指定管理人的规定》中规定的较为详细。《企业破产法》将破产管理人选任的决定权授予法院，而赋予债权人会议一定程度的异议权，规定由人民法院指定破产管理人，但若破产管理人不能依法履职、公正履职，或者有其他情形不能胜任职务时，债权人会议可以申请人民法院更换破产管理人。这种以法院为主导的模式在一定程度上保障了破产程序的顺利进行，提高了破产程序的效率，更有利于维护债权人的利益。同时债权人会议也因为具有更换请求权

---

① 汤维建：《破产程序与破产立法研究》，人民法院出版社，2001，第73~74页。
② 种林：《破产管理人选任制度：中欧比较研究》，《政法论丛》2015年第4期，第38~45页。

而可以更好地监督破产管理人履行职责，以保障破产工作的顺利进行。

依照目前我国国情来看，现行的破产管理人的选任制度也非常适合遗产管理人，当法院依申请进入指定遗产管理人的程序时，由法院决定并给予遗产利害关系人异议权的选任模式同时兼顾了遗产管理的效率与遗产利害关系人的权利。具体的借鉴模式将在下文详细阐述。

还有一点值得注意的就是破产管理人的任职资格。《企业破产法》对破产管理人的积极任职资格作了具体的规定。该规定不仅对以往的清算组模式进行了法律上的衔接，更加符合实践要求，也对现代破产法体系中的专业机构进行了规定，使破产管理人的选任机制更加符合我国破产司法实践的要求。① 不仅规定积极资格，《企业破产法》也对破产管理人的消极任职资格进行了明确规定，该法第 24 条明确列举了不得担任破产管理人的几种情形，将因为故意犯罪受过刑事处罚、被吊销过相关的专业执业证书、案件的利害关系人和由法院判断不宜担任破产管理人的其他情形排除在担任破产管理人的资格之外，避免可能会对破产管理造成不良后果的管理人进入选任的名单之中。在《企业破产法》的基础之上，《指定管理人的规定》对任职资格进行了更加严格的限制，使破产管理人的任职资格审查更加符合实践要求。管理人任职的积极资格与消极资格共同从形式上保证了破产程序的公平公正。这种做法也值得遗产管理人制度参考。

在规定了积极与消极的任职资格之后，《指定管理人的规定》引入了管理人名册的概念。即将每个地区符合破产管理人任职资格的管理人都纳入管理人名册之中，再由法院使用轮候、抽签、摇号等随机方式公开指定管理人，特殊案件还可采用竞争以及推荐的方式指定管理人，最大限度地保证了选任破产管理人程序的公平、公正。

当然，实践当中有不少学者认为现行的破产管理人选任制度赋予了法院过多的权力，可能会造成诸如债权人难以进行监督、法院职权过大等问题。② 这一点也是遗产管理人制度在借鉴时需要特别注意的。不过，遗产管

① 王伟东：《论我国破产管理人制度的法律完善》，硕士学位论文，河北经贸大学，2020，第 17 页。
② 李棽：《新破产法中破产管理人制度的缺陷与完善》，《求索》2008 年第 5 期，第 143 ~ 145 页。

理人的产生并不是当然进入法院指定的程序，还需要依利害关系人的申请，所以对于法院选任管理人的程序，遗产管理人与破产管理人的启动方式有很大的不同，这一点将在下文进行阐述。

（二） 职责制度

《企业破产法》第 25 条明确列举了破产管理人的职责，包括对债务人的财产和资料——包括账簿、印章、文书等进行接管的职责，对债务人的财产状况进行调查并制作财产状况报告的职责，对债务人内部管理事务进行决定的职责，对债务人的日常开支、必要开支进行决定的职责，对债务人在第一次债权人会议召开前决定是否继续营业的职责，对债务人财产进行管理和处分的职责，代表债务人参加法律程序——包括诉讼、仲裁及其他程序的职责，对债务人会议的召开进行提议的职责，以及人民法院认为破产管理人应当履行的其他职责。这些规定进一步明确了破产管理人的职责，将破产管理人应履行的九种职责列举出来，保障了破产管理人能够正当处理破产工作。《民法典》第 1147 条也规定了遗产管理人应当履行的职责，但与破产管理人的职责相比还不够详细，这一点也是因为两者的程序不尽相同，可以在之后进行完善。

（三） 报酬制度

《确定报酬的规定》中明确规定了管理人的报酬由法院确定，但债权人会议有权向法院提出对于法院确定的管理人报酬的异议。这种规定符合破产工作的实际情况。在破产程序中，破产管理人开始工作前就需要确定其报酬数额，但是在此时，第一次债权人会议还并未召开，所以在这时就必须让人民法院来决定破产管理人的报酬，以使破产管理人在破产程序前期就投入破产工作。[①]

至于报酬的具体计算标准与方案，《确定报酬的规定》也规定得十分明确，法院应采取分段确定的方式，根据债务人清偿的财产价值总额，按照

---

① 王伟东：《论我国破产管理人制度的法律完善》，硕士学位论文，河北经贸大学，2020，第 17 页。

一定的比例限制范围明确管理人报酬。其中当财产价值总额不超过（含本数，下同）一百万元时，管理人的报酬在总额的 12% 以下；超过一百万元到五百万元之间的部分，报酬在总额的 10% 以下；超过五百万元到一千万元之间的部分，报酬在总额的 8% 以下；超过一千万元到五千万元之间的部分，报酬在总额的 6% 以下；超过五千万元至一亿元之间的部分，报酬在总额的 3% 以下；超过一亿元至五亿元之间的部分，报酬在总额的 1% 以下；超过五亿元的部分，报酬在总额的 0.5% 以下。对于财产价值总额的确定，《确定报酬的规定》明确规定不将担保权人优先受偿的担保物价值计入财产价值总额。该规定同时赋予了高级人民法院一定程度的灵活处理权，上述的各比例可以由高级人民法院结合当地实际情况参照适用，并在 30% 的浮动范围内制定本地实际的管理人报酬比例范围。高级人民法院制定的比例范围需要报请最高人民法院备案，并在当地有影响力的媒体上进行公告。

不过，破产管理人报酬制度中一个非常值得注意的问题是，清算结束后的总资产并非全部用于清偿债权人，而是会首先进行税费的扣除，之后优先支付破产管理人的报酬等，最后剩余的部分才用于对债权人的清偿。也就是说破产管理人的利益与债权人还会存在一个博弈的过程，这一点是遗产管理人制度借鉴时需要考量的。

（四） 监督制度

《企业破产法》对破产管理人不正当履行破产职责的行为分别就其需承担的民事责任和刑事责任作出了明确的规定。第 130 条和第 131 条规定了由人民法院对破产管理人未尽到勤勉尽责、忠实执行职务的行为予以罚款，同时规定了破产管理人给债权人、债务人或第三人造成损失的要承担赔偿责任，对于构成犯罪的更要依法追究刑事责任。该条规定是对破产管理人履行义务的限制，将破产管理人的履行职务行为纳入了刑法规制范围。

同时，《指定管理人的规定》中明确规定，当债权人会议提出异议或管理人辞去职务时，人民法院应当允许对破产管理人加以更换。这种规定实质上通过赋予债权人和法院更换破产管理人的权利以监督破产管理人正当处理破产管理事项，值得遗产管理人制度借鉴。

三　引入破产管理人制度的遗产管理人选任体系构建

遗产管理制度就是为了保障遗产的完整性和安全性，公平、有序地分配遗产，使遗产上各项权利得以实现的一项综合性制度。[1] 而破产管理制度则是以处理具体破产事务来推动破产程序的顺利进行。从这个角度来看，遗产管理人制度与破产管理人制度从核心上来说还存有很大的不同。因此在借鉴时，需要进行严格的条件限定，在符合限定条件的情况下才可以进入由法院主导的遗产管理人的产生和选任程序中。

《民法典》第 1145 条明确规定了遗产管理人的产生顺序，即存在遗嘱执行人的，遗嘱执行人优先成为遗产管理人；没有遗嘱执行人的，遗产管理人由各继承人进行推选；继承人没有进行推选的，遗产管理人由继承人共同担任；没有继承人或者继承人均放弃继承的，遗产管理人由被继承人生前住所地的民政部门或者村民委员会担任。这一规定充分尊重了被继承人与继承人的意思自治，在被继承人与继承人可以确定遗产管理人的情况下，并不需要进入法院指定遗产管理人的情形，因此也不需要借鉴由法院主导的破产管理人程序。而只有在《民法典》第 1146 条规定的"对遗产管理人的确定有争议的，利害关系人可以向人民法院申请指定遗产管理人"的情形下，才需要进入由法院主导的遗产管理人的产生和选任程序中。

虽然《民法典》第 1146 条规定了法院可以依利害关系人的申请指定遗产管理人，但是并未对由何人或何组织担任指定的遗产管理人进行明确的规定。在存在遗产债务需要清偿的继承案件当中，如果让继承人担任遗产管理人，债权人很可能会担心继承人将遗产与自己的财产进行混同，或者故意隐瞒、转移遗产，以达到不清偿遗产债务的目的，因此很有可能不同意由继承人担任遗产管理人。而民政部门或者村民委员会只有在没有继承人或者继承人均放弃继承的情况下才能担任遗产管理人。也就是说，如果继承人之外的利害关系人不同意由继承人担任遗产管理人而向法院申请指定继承人以外的人来担任遗产管理人，这时要怎么处理，法律并未明文

---

[1]　付翠英：《遗产管理制度的设立基础和体系架构》，《法学》2012 年第 8 期，第 31 页。

规定。

在这种情况下，如果可以引入破产管理人中的选任制度，由法院制作管理人名册，将律师事务所、会计师事务所等专业机构纳入管理人名册之中，无疑将会大大提高由法院主导的遗产管理人选任制度的运行效率。在此基础之上，与破产管理人选任制度相匹配的职责制度、报酬制度、监督制度也可以同时引入遗产管理人制度当中。

（一） 遗产管理人选任制度

1. 遗产管理人选任制度的开启：依申请启动

与破产管理人制度不同的是，遗产管理人制度的核心目的是保证继承的顺利进行，完成被继承人的财富传承。也因此，如果需要进入由法院主导的遗产管理人选任程序，则需要有继承人、受遗赠人或是利害关系人——例如遗产债权人、与遗产所有权有关系的人等——向法院进行申请才可以。这也同时避免了破产管理人制度赋予法院过多权力的问题。

2. 遗产管理人选任制度的工具：管理人名册

遗产的总括性特质决定了遗产清理及其分配的复杂性，因此需要有专业能力的人负责专门管理和操作以实现遗产的公平分配。[①] 以《指定管理人的规定》中规定的编制管理人名册的制度为类比，可以考虑由法院根据本辖区律师事务所、会计师事务所、银行等专业机构及专职从业人员数量和遗产管理案件数量，编制管理人名册。与破产管理人制度相同，遗产管理人的任职资格应当也包括积极条件与消极条件。积极条件是遗产管理人具体的任职资格，只有在满足这些具体的条件之下，才有可能被编入管理人名册之中。消极资格是绝对不能担任遗产管理人的具体情形，一旦出现这些情形，就不能进入管理人名册。

遗产管理人名册制作完毕之后应当进行一定期间的公示，并且在公示期间届满后，由法院进行遗产管理人名册的审定，并逐级报请最高人民法院进行备案，同时在具有全国影响力的媒体上进行公布。

法院对于具体案件中遗产管理人的指定，如要采用遗产管理人名单，

---

① 付翠英：《遗产管理制度的设立基础和体系架构》，《法学》2012 年第 8 期，第 31 页。

一般应依申请人的申请,采取公开方式,通过轮候、摇号、抽签等方式最终确定具体的管理人。

(二) 遗产管理人的职责制度

遗产管理人的职责以列举式规定在《民法典》第1147条,具体包括:对遗产进行清理并制作遗产清单;对继承人报告遗产情况;对防止遗产毁损、灭失采取必要的措施;对被继承人的债权债务进行处理;对遗产按照遗嘱或者法律的规定进行分割;以及在遗产管理的必要范围内实施其他必要行为。实务中法院可以针对债权债务等问题对遗产管理人的职责进行更加详细的规定,例如包括遗产的清算、公示催告、遗产破产等职责,都可以交由遗产管理人来进行。

(三) 遗产管理人的报酬制度

遗产管理人的报酬请求权,规定在《民法典》第1149条,但该规定较简短,只是规定了遗产管理人报酬请求权可以基于法律规定或者基于约定,而对于具体应当取得的报酬数额,以及究竟应当如何取得报酬,并没有明确的规定。参考破产管理人的相关规定来看,遗产管理人具体的报酬数额可以由申请人与遗产管理人共同约定,也可以由继承人共同协商决定。

法院可以预先确定遗产管理人报酬的计算标准,如果利害关系人不能就遗产管理人的报酬达成一致意见,法院可以根据计算标准与遗产的价值进行计算,指明遗产管理人的报酬。不过,遗产管理人的报酬在根据遗产进行计算之后由遗产来进行支付还是由继承人另外支付,这个问题也值得斟酌。

(四) 遗产管理人的监督制度

破产管理人制度中,法律明确规定了破产管理人在未履行应尽义务时需承担的民事与刑事责任。遗产管理人制度也可在此基础上,对怠于履行遗产管理人义务、未能尽到遗产管理人职责的具体法律责任进行规定。遗产管理人的行为构成犯罪的,也应负有刑事责任。

但民事与刑事责任多属于事后的惩罚,在遗产管理时,法院应当设有更换程序，在遗产相关利害关系人发现遗产管理人未有尽责时，及时启动更换程序，对遗产管理人进行更换，从而达到保护遗产利益的目的。

以上的监督属于个案监督。跳出个案之外，由于管理人名册的存在，法院应当设立合理的遗产管理人评价体系，遗产管理人作为参与继承程序，清理、分配遗产的主体，在继承程序推进过程中扮演着极为重要的角色。其是否具备遗产管理能力，是否能够尽到忠实、勤勉的责任，对继承工作的顺利推进有举足轻重甚至是决定性的作用。因此，遗产管理人名册不应当是一个一成不变的名册，它应当与遗产管理人评价体系共同构成一个动态的名单。法院应当定期对遗产管理人名册进行评估，将不合格的遗产管理人移出名单。遗产管理人的评价应当考虑以下几个方面：管理人内部管理规范秩序、管理人履行职责和勤勉尽责情况、管理人恪守职业道德和严守职业纪律情况、管理人严格履职办案成绩等。①

四 结语

遗产管理制度的核心内容是遗产管理人制度。设立遗产管理人，客观上是由遗产的总括性和复杂性决定的，主观上则是由管理人的中立性和专业性决定的。在利害关系人启动了法院指定遗产管理人程序的情况下，将破产管理人制度引入遗产管理人制度，一方面可以保证管理人的中立性与专业性，另一方面可以推动复杂财产及涉及人员较多的继承案件的继承效率，从而加快财产的流动性，盘活社会资产。同时，破产管理人程序运行中带来的丰富的实践经验也可以被遗产管理人有选择地采纳。

在本文落笔之时，深圳市人大常委会刚刚表决通过了《深圳经济特区个人破产条例》，将于2021年3月1日起正式实施，这也是我国在个人破产领域的首部法规。回顾本文开头的案例正是遗产管理制度与个人破产制度的结合，相信在不久之后，会看到更多这方面的探索。

---

① 徐亚农主编《破产审判的温州探索》，法律出版社，2018，第307~312页。

2021年卷 总第17卷

家事法研究
RESEARCHES ON FAMILY LAW

理论前沿

身份关系的本质特点及其可意定性[*]

【内容摘要】《民法典》合同编第 464 条第 2 款规定婚姻、收养、监护等有
关身份关系的协议，没有有关该身份关系的法律规定的，"可以根据其
性质参照适用本编规定"。"根据其性质"是该款理解和适用的关键。
身份关系的内在基础是制度性情感，外在基础是血缘和婚姻，这就是
身份关系的本质特点。制度性情感就是为法律所认可而具有法律意义
和法律效果的情感，包括配偶之间的爱情、亲属之间的亲情。外部基
础中的血缘主要体现了身份关系的自然性，而婚姻主要体现了身份关
系的社会性。身份关系的本质特点决定了身份关系的可意定性及其界
限。立足身份关系的本质特点，可以区分三种性质的基本身份关系协
议。一则，自然非财产身份关系属于原则上不可意定的身份关系；二
则，人为建构的非财产身份关系属于可意定但有诸多重大限制的身份
关系；三则，财产身份关系属于原则上可意定的身份关系。就第一种
情况而言，即使该身份关系的相关法律没有规定，也难以参照适用合
同编的规定；就第二种情况而言，在不突破其诸多重大限制的前提下，

---

　*　本文系黑龙江省哲学社会科学一般项目"高新技术对生命伦理的挑战及其法律应对"
（19FXB038）研究成果；黑龙江省教育科学"十三五"规划 2020 年度重点课题"社会主
义核心价值观融入法学教学研究"（GJB1320259）研究成果。
　**　李幡，黑龙江大学法学院副教授。

该身份关系的相关法律没有规定的，可以参照适用合同编的规定；就第三种情况而言，该身份关系的相关法律没有规定的，即可以参照适用合同编的规定。

【关 键 词】身份关系　　本质特点　　意定性

《民法典》合同编第 464 条第 2 款规定："婚姻、收养、监护等有关身份关系的协议，适用有关该身份关系的法律规定；没有规定的，可以根据其性质参照适用本编规定。"这一规定，使得合同编规则既成为身份关系协议的兜底规则，又成为身份协议的一般规则。是兜底规则毋庸置疑，为什么又说是一般规则呢？一则因为我国立法并无身份关系协议的一般规则，二则因为我国有关身份关系协议的法律规定，除了涉及收养协议之外，或者只有零星规定，或者无规定。易言之，就身份关系协议而言，除了依据法律和根据其性质不能参照适用合同编规定的之外，皆可参照适用合同编规定。本文基于身份关系的本质特点就其可意定性略做探讨，以期能够对"依据其性质"有更深入的理解。

一　身份关系的本质特点

身份关系的内在基础是制度性情感，外在基础是血缘和婚姻，这就是身份关系的本质特点。

所谓制度性情感就是为法律所认可而具有法律意义和法律效果的情感，包括配偶之间的爱情、亲属之间的亲情。

所谓非制度性的爱情，只能叫作"情爱"。比如，即使和第三者爱得死去活来、惊天动地，也无法泯灭对配偶关系的背叛，二者皆为婚姻制度的"叛徒"，其"非法利益不受保护"，这种关系是不可能获得制度性承认的。恋爱关系虽未打着"叛徒"的烙印，但忠诚考验是恋爱关系的一个重要特征，正是忠诚义务的不确定性使之仍保留在"情爱"的范畴。认识到二者之间的制度性、非制度性之别即很容易回答夫妻忠诚义务究竟是法律义务还是道德（伦理）义务。这在我国是一个纠结已久的问题，对立法产生了极为重大的影响。我国立法上采取的是夫妻忠诚义务道德（伦理）义务说，

《民法典》亦未能予以纠正。可以说，这是我国婚姻家庭立法最大的败笔，违背了夫妻关系或配偶关系的本质特点。首先，忠诚是诚实信用在身份关系领域的升华。在纯粹的财产法领域，只有诚实信用，无所谓忠诚，无忠诚也就无所谓背叛。在身份关系领域则不然，至少在其核心之处，诚实信用上升为忠诚，违反则可称之为背叛。至少在最狭义的意义上，违反夫妻忠诚义务（性忠实），一定可以称之为"背叛"。只有存在忠诚义务的地方，才存在背叛。一些准身份关系，也存在忠诚与背叛。其次，夫妻忠诚义务是制度性的。夫妻忠诚义务不是从来就有的，也不是永久不变的，它伴随着夫妻关系的确立产生，伴随着夫妻关系的消灭而灭失。因此，如果我们承认夫妻关系这一婚姻制度的核心，就不能不承认夫妻忠诚义务是制度性的，是法律强加的，是法定义务而不仅仅是道德（伦理）义务。再次，法律与道德，准确地说，是法律与伦理，并非非此即彼的关系，可以说，法律就是获得国家强制力支撑的伦理。黑格尔认为，伦理是客观法（抽象法，人格，本体）和主观法（道德，自由，主体）的统一。当这种伦理获得普遍性和国家强制性时，就是现实的法律，即实定法。黑格尔描述了自然法（伦理）向实定法转化的过程，通俗地讲，就是正义论向权利论转化的过程。因此，任何社会都会把其基本伦理的骨架转化为法律以支撑整个社会制度，如《唐律》等作为"三纲五常"的骨架以支撑封建社会，《法国民法典》《德国民法典》等作为"自由、平等、博爱"的骨架以支撑资本主义社会，我国《民法典》等作为社会主义核心价值观的骨架以支撑中国特色社会主义社会。这体现为一轮立法过程。当一轮立法过程完成，就会静态地体现为以国家强制力为支撑的法律和伦理的静态格局，此即通常所说的法律与道德（实为伦理）的分离。这种过程螺旋反复，以至无穷。法律不在伦理之外，伦理也不是法律的对头。只有法律违反伦理，伦理才能成为法律的对头，这就是正义论对实定法的批判。法律当然也可以作为涤荡不符合伦理的旧道德的武器。夫妻忠诚义务固然是道德（伦理）规范，但应是获得国家强制力支撑的制度性道德（伦理），即法律规范。总之，立法上仅仅将夫妻忠诚义务确立为倡导性规范，如《婚姻法》第 4 条、《最高人民法院关于适用〈中华人民共和国婚姻法〉若干问题的解释（一）》第 3 条、《民法典》第 1043 条，是远远不够的，违反夫妻关系这种身份关系的本质，实际上是拒绝夫妻爱情的制度化。只要婚姻尚未消亡，夫妻忠诚义务就应该是法定义务，而不仅仅是道德（伦理）义务。

亲情的制度性、非制度性主要体现为选择和拟制两种情况。所谓选择，就是立法者选择将何种范围的亲属纳入法律保护范围。《民法典》第1045条第1款规定了配偶、血亲和姻亲，但法律保护的只是第2款规定的近亲属，即配偶、父母、子女、兄弟姐妹、祖父母、外祖父母、孙子女、外孙子女，就是三代以内的直系血亲和二代以内的旁系血亲。但是，在某些情况下，法律保护的亲属范围有所扩大，如根据《民法典》第1048条的规定，禁止结婚的亲属关系，扩大到直系血亲和三代以内的旁系血亲（不包括拟制旁系血亲），又如根据《民法典》第1128条的规定，第一顺序的代位继承人不受代数限制，第二顺序继承的代位继承人是兄弟姐妹的子女（三代旁系血亲）。而在不同的立法例中，由于历史传统、价值取向、政策选择等不同，法律保护的亲属的范围差别很大。所谓拟制，就是对血缘的拟制，因为身份关系的两大外在基础——血缘和婚姻中，只有血缘拟制可以有效，婚姻拟制无效，"过家家"无婚姻效力。血缘的基本拟制有两种，一是继父母子女关系的拟制，二是养父母子女关系的拟制。没有这两种拟制，继父母子女之间、养父母子女之间的亲情就不能制度化，感情再深也没有法律意义和法律效果。

外在基础中的血缘主要体现了身份关系的自然性，而婚姻主要体现了身份关系的社会性。

恩格斯指出："根据唯物主义观点，历史中的决定性因素，归根结底是直接生活的生产和再生产。但是，生产本身又有两种。一方面是生活资料即食物、衣服、住房以及为此所必需的工具的生产；另一方面是人自身的生产，即种的繁衍。"[1] 从这种意义上而言，身份关系的外部基础就是人本身的生产与再生产。如上所述，血缘的拟制解决并非人本身的生产与再生产问题，而是亲情的制度化。因此，血缘的拟制本质上属于身份关系的内在基础制度性情感的范畴，而非作为人本身生产与再生产的自然血缘的范畴。

---

[1] 《马克思恩格斯文集》第4卷，人民出版社，2009，第15～16页。

　　自然血缘关系，或在婚姻之外，或在婚姻之中。该关系的发生在于出生或受孕，核心是非婚生子女和婚生子女。父母子女的自然血缘关系不因任何事由而消灭，虽然这一关系可因完全收养而消灭相互之间法律上的权利义务关系。易言之，协议可以变更人所建构的东西，却不能变更自然所赋予的东西。婚姻当然是协议，配偶是唯一只能由协议建构的亲属类型。婚生子女的认定，首先适用推定规则，即夫妻关系存续期间生育或受孕的子女推定为该夫妻的婚生子女。夫妻一方只有给出不可能为其所生或确实非其所生的证据（如通过亲子鉴定、血型对比等）才能进行婚生子女否认。但是，伴随着人工辅助生殖技术的出现，婚生子女的认定规则发生了变化，如果配偶依据双方的人工辅助生殖协议而生育子女，则不得进行婚生子女否认。

　　身份关系的本质特点决定了身份关系的可意定性及其界限，这与自然人人格关系本质上不可意定不同。《民法典》第 992 条规定："人格权不得放弃、转让或者继承。"自然人人格关系中，只有某些人格利益关系具有可意定性，人格利益的商品化即其著例。在人格、身份、财产三大领域，在可意定性上，人格领域是权利和合法利益最能严格区分的领域，财产领域是权利和合法利益最难以区分的领域，身份领域介于二者之间。正是因为如此，探讨身份关系协议究竟在哪些情况下根据其性质不能参照适用合同编的规定，具有特别重要的意义。

　　以可意定性为标准，可以将身份关系分为原则上不可意定的身份关系、可意定但有重大限制的身份关系、原则上可意定的身份关系三类。非财产身份关系，或者原则上不可意定，或者虽可意定但有重大限制；财产身份关系，原则上可意定。总起来说，自然非财产身份关系是原则上不可意定的身份关系，非自然非财产身份关系是可意定但有重大限制的身份关系，财产身份关系是原则上可以意定的身份关系。之所以如此，根本原因在于非财产身份关系体现了身份关系的本质特点，而财产身份关系，一般并不体现身份关系的本质特点，或者只处于身份关系本质特点的边缘。

二　原则上不可意定的身份关系

　　自然非财产身份关系是原则上不可意定的身份关系。

自然非财产身份关系以基于出生所形成的父母子女自然血缘关系为核心。自然血缘关系具有客观上不可改变的特点，因而不可意定。但是，自然血缘关系不可意定并不意味着父母子女法律上的权利义务关系不可意定，如完全收养虽然不可能消灭父母子女的自然血缘关系，但可以导致自然父母子女法律上权利义务关系的消灭。而且，随着人工辅助生殖技术的发展，自然血缘关系不可意定的信条也似乎受到挑战。如同源辅助生殖使得自然父母子女关系基于协议和出生两个事实产生，而异源辅助生殖基于协议和出生被推定为自然父母子女关系，以上两种父母子女关系皆不适用亲生子女否认。在承认代孕协议的立法例中，子女与代孕母亲之间的自然血缘关系仍不可意定消灭，消灭的只是法律上的权利义务关系。即使随着基因技术的发展，比如在一父二母的情形下，作为基因辅助之母与子女之间的自然血缘关系也不能因意定而消灭，消灭的仍是法律上的权利义务关系。自然血缘关系固然不可以意思改变，但自然血缘关系的推定规则日益复杂。除了婚生子女的推定（确非亲生可以否认）外，还有异源辅助生殖亲生子女的推定（不可否认），以及生者为母的亲生子女的推定。由于对代孕协议的立法政策不同，生者为母的亲生子女的推定呈现出复杂样态，相应协议父母子女关系也呈现出复杂样态。

越来越多的启示是，自然父母子女法律上的权利义务关系是可以以意定消灭的，包括单方意定和协商意定。法律应当规定自然父母子女法律上权利义务关系可意定消灭的条件。比如，自然父母有条件且有能力而未尽抚养义务的，自然子女可单方解除与之法律上的权利义务关系；自然子女有条件且有能力而未尽赡养义务的，自然父母可单方解除与之法律上的权利义务关系。凡可单方解除的，皆可以协议解除。又比如，自然父母子女之间由于主客观原因很少履行相互之间的法定义务且双方均无意继续履行的，可以协议解除相互之间法律上的权利义务关系。既然身份关系的内在基础是制度性情感，当这一制度性情感破裂的时候再强行维持不仅无益而且有害，既然婚姻可因爱情破裂而解除，自然父母子女法律上的权利义务关系自然也可因亲情破裂而解除，何况收养所形成的父母子女法律上的权利义务关系就是可因亲情破裂而解除的，我们切不可假定自然父母子女之间的亲情因自然而不朽。

《民法典》第 1001 条规定："对自然人因婚姻家庭关系等产生的身份权利的保护，适用本法第一编、第五编和其他法律的相关规定；没有规定的，可以根据其性质参照适用本编人格权保护的有关规定。"原则上不可意定的身份关系就是依其性质可以参照人格权规定的身份权关系。具有《民法典》第 992 条规定的"人格权不得放弃、转让或者继承"的特点。

需要特别指出的是，关于人身自由和人格尊严的约定，本质上属于人格关系而非身份关系，除非该人身自由和人格尊严构成身份关系的本质。

必须严格区分身份关系和人格关系，不能因为规定在婚姻家庭编就认为是身份关系。如《民法典》第 1056 条关于"夫妻双方都有各自使用自己姓名的权利"的规定、第 1057 条关于"夫妻双方都有参加生产、工作、学习和社会活动的自由，一方不得对另一方加以限制或者干涉"的规定，都是人格关系而非身份关系。而第 1055 条关于"夫妻在婚姻家庭中地位平等"的规定既可能是身份关系，又可能是人格关系。如果是身份关系，原则上可以约定。如第 1060 条第 1 款规定："夫妻一方因家庭日常生活需要而实施的民事法律行为，对夫妻双方发生效力，但是夫妻一方与相对人另有约定的除外。"但是，如果是人格关系，则不允许约定，如关于婚姻家庭生活中一方必须服从另一方的约定无效。

关于结婚后一方不得从事某职业的约定无效，关于结婚后一方必须服从另一方的约定无效。但是，如果约定结婚后一方不得与具有特定关系的异性（如前女友或前男友、前妻或前夫）单独交往，或不得具有同性恋关系，由于符合夫妻忠诚义务的本旨，不得谓无效。然而，此种约定虽然有效，但其本身并不具有强制执行力。其主要意义有三：一是关于违约金的约定可以有效，二是可作为离婚损害赔偿的事由（第 1091 条"有其他重大过错"），三是可作为夫妻感情破裂的事由（第 1079 条"其他导致夫妻感情破裂的情形"）。第 1091 条"有其他重大过错"、第 1079 条"其他导致夫妻感情破裂的情形"都应允许当事人约定，只要这种约定不违反身份关系的本质。

婚姻对于配偶之间人格关系的改变，除了两性关系之外，皆未导致实质性改变。

三　可意定但有诸多重大限制的身份关系

可意定但有重大限制的身份关系是人为建构的非财产身份关系。

典型可意定的身份关系，如婚姻、收养、监护（意定监护），都是可意定但有重大限制的身份关系。

原则上不可意定的身份关系的例外，也都属于可意定但有重大限制的身份关系。

没有任何一种非财产身份关系的意定是不受重大限制的，这是由身份关系的本质特点决定的。易言之，可意定但有重大限制的身份关系，就是可意定但有重大限制的非财产身份关系。

下面再讨论四种此外的可意定但有重大限制的非财产身份关系。当然，此外的实际存在，远非夫妻忠诚协议、夫妻同居协议、夫妻生育协议、隔代探望协议这四种，还有婚约、分居协议、离婚协议等等。

如前所说，婚姻对于配偶之间人格关系的影响，除了改变两性关系之外，并无其他实质性改变。对于两性关系的改变，一是性忠诚，二是同居关系，三是生育权。三者构成配偶非财产身份关系的核心内容。因此，我们首先讨论与之相关的三种身份关系协议。

1. 夫妻忠诚协议

夫妻忠诚义务属于身份关系的本质，理应是法定义务。即使在我国目前立法上不承认其为法定义务，那也是法律所倡导的，自然不应禁止夫妻忠诚协议。因此，忠诚协议有合法性基础。

不同夫妻对性忠诚的忠诚度需求不同，应尊重夫妻对性忠诚的约定。如果夫妻对性忠诚的忠诚度需求很高，约定任一方违反性忠诚即离婚的，即应认定符合《民法典》第 1079 条 "其他导致夫妻感情破裂的情形"，而不应执意让他们维持婚姻关系。如果夫妻对性忠诚度需求较低，约定一方违反性忠诚义务若干次才离婚的，则仅仅一次违反性忠实义务，通常不应认定符合第 1079 条 "其他导致夫妻感情破裂的情形"。关于过错方净身出户的约定，只要不违反法律强制性规定和公序良俗，即应予以认定。而关于精神损害赔偿的约定，只要未达到权利滥用的程度，亦应予以认定，不应仅限于离婚损害赔偿的情形。而关于对与异性正常交往的限制，则应因对人身自由的不当限制而无效。如前所述，对与特定异性交往的合理限制，应认定为有效。

但是，夫妻忠诚协议只能作出不得违反性忠诚的协议，而不得作出允许违反性忠诚的协议，作出亦属无效，因为这种约定违反婚姻关系的本质属性。比如，某配偶约定各自每月可出轨一次，或者约定一方每出轨一次补偿对方一万元即可不予追究，此种约定均无效。

2. 夫妻同居协议

夫妻同居义务也属于身份关系的本质，理应是法定义务。在我国目前立法上，虽然未明确承认其为法定义务，但也未明确否认其为法定义务。夫妻同居协议也有合法性基础。

不同夫妻的性需求千差万别，只要不超出人身自由、人格尊严的限度，皆应允许。当然，这个限度因人而异。比如有的夫妻之间有一些特殊的性癖好，如性虐、录制性爱过程等，只要不超出必要的限度，法律不应予以干涉。当然，这些癖好如果是单方的，则构成侵权，对方的同意能否成为免责事由视情况而定。但违反特殊性癖好协议的违约金不应被支持，因为这些约定可以随时违反而不必承担法律责任。这类的约定，虽有法律上之意义，但并无法律上之效果，与情谊行为又有所区别，类似于单纯的婚约。

而有关一定时期内双方性行为发生频率、"空床费"等的约定，属于夫妻同居协议的通常内容。"空床费"原则上应予支持。

至此，我们可以清楚地看到，身份关系协议的法律效果在很大程度上依赖于婚内赔偿责任的承认。在《民法典》合同编第 464 条第 2 款生效以后，婚内赔偿责任的承认将会迫切提上日程。

夫妻同居协议的限制，除了人身自由、人格尊严的限度外，还有自然的限度，即身体的限度。

但是，与夫妻忠诚义务不同的是，夫妻同居义务可以协议免除，如夫妻分居的约定就是免除同居义务。

3. 夫妻生育协议

夫妻一方关于不生育子女的约定无效，因为构成对双方生育权这一人格权的不当限制。但是，双方自愿履行不生育子女的约定，法律也无由干涉，因为如果干涉也构成对双方生育权的不当限制。

生育权本来就包括生育的自由和不生育的自由。但是，不生育的自由只能自己行使，外来的限制无效。不结婚的自由也有类似的特点。不生育、不结婚作为消极自由有更强的绝对性，除非国家面临人口危机课以适婚人群生育的强制义务和结婚的强制义务。

但是，必须认为，夫妻之间生育权的协作行使，可以构成对各自生育权行使的限制。我国目前的司法解释错误地将不生育的消极自由规则迁移到生育的积极自由规则。《最高人民法院关于适用〈中华人民共和国婚姻法〉若干问题的解释（三）》第9条规定："夫以妻擅自中止妊娠侵犯其生育权为由请求损害赔偿的，人民法院不予支持；夫妻双方因是否生育发生纠纷，致使感情确已破裂，一方请求离婚的，人民法院经调解无效，应依照婚姻法第三十二条第三款第（五）项的规定处理。"如果仅限于夫妻就生育无约定的情形，这一规定无可厚非，但是，就存在大妻生育协议而"妻擅自中止妊娠"违反该约定的情形，则并不妥当。因为，"妻擅自中止妊娠"既可能单纯是消极生育权的行使，也可能同时构成对生育权积极行使约定的违反。1968年世界人权会议《德黑兰宣言》第16条规定："父母享有自由负责决定子女人数及其出生时距之基本人权。"此后，这一基本人权得到多次重申。其中，1979年联合国《消除对妇女一切形式歧视公约》第16条规定了这一实务上的妇女的平等权利。在世界人权文件中，主要规定了生育权的夫妻协作积极行使，因为作为消极自由的生育权，只能单独行使。我们的立法再重视作为消极自由的生育权，也不能忽视作为积极自由的生育权，而作为积极自由的生育权，显然以夫妻协作行使为常规。因此，所谓夫妻生育协议，以夫妻"自由负责决定子女人数及其出生时距"为基本内容。当然，在我国，子女人数还要受计划生育的政策和法律要求的限制。

我国的现行婚姻家庭立法，对生育权以夫妻协作行使为常态未给予足够的重视，而这才构成夫妻生育权的本质特点，因为作为消极自由的生育权，不以任何特定条件为前提。

为生育子女，通常要做诸多精神上、身体上、财产上的准备，一方违反夫妻生育协议，违约金责任、精神损害赔偿责任、财产损害赔偿责任都是有可能承担的。

4. 隔代探望协议

《民法典》第 1086 条规定了父母探望权。而就目前的立法状况而言，隔代探望通常只能以协议约定。在《民法典》立法过程中，曾进行过隔代探望权立法，但最终被放弃。2019 年 6 月 17 日《民法典婚姻家庭编（草案）》二次审议稿第 864 条规定："祖父母、外祖父母探望孙子女、外孙子女，如果其尽了抚养义务或者孙子女、外孙子女的父母一方死亡的，可以参照适用前条规定。""前条规定"即有关父母探望权的规定，在《民法典》第 1086 条。此前的两个草稿对隔代探望权的规定更为宽松，此后的三次审议稿即予取消，故最终通过的《民法典》没有关于隔代探望权的规定。

但是，依据《民法典》合同编第 464 条第 2 款，直接抚养子女的父母可与祖父母、外祖父母签订隔代探望协议。隔代探望协议，以直接抚养子女的父母为一方，以祖父母或外祖父母为另一方比较妥当。不直接抚养子女的父母，是可以享有探望权的一方，而无权授予祖父母或外祖父母探望权。但是，不直接抚养子女的一方可以就隔代探望协议提出异议，异议可以向直接抚养的一方提出，也可以向人民法院提出。就我国国情来看，热衷于干预子女、孙子女、外孙子女事务的祖父母、外祖父母不在少数，隔代探望究竟对子女是否有利，是否允许探望，探望的方式和时间，还是交由直接抚养子女的一方判断为妥。但是，应以八周岁以上的未成年子女的同意为限。同时，直接抚养子女的一方，在八周岁以上的未成年子女同意的条件下，有任意撤销权。如因此对探望人构成违约，应承担违约责任。同时，直接抚养子女的一方还应有紧急撤销权。紧急撤销权主要基于儿童利益最大化的考量，又有其紧迫性，如出现被探望人变得不同意、特殊时期（如中考、高考期间）、探望人已经或即将危害被探望人的身心健康等情形。

非财产身份关系协议有一个共同的特点，即相关非财产身份关系协议通常不具有强制执行力，因为该强制执行构成对人身自由的限制。但是，基于协议的有关违约金、精神损害赔偿、财产损害赔偿等，通常应承认其强制执行力。

四 原则上可意定的身份关系

原则上可意定的身份关系，就是身份财产关系，处于身份关系本质的边缘。身份财产关系，除婚姻家庭财产关系，即继承关系。史尚宽评价继承法说："可谓介于财产法与身份法之间。"①

彩礼协议、夫妻财产协议、遗赠扶养协议皆其典型。夫妻共同遗嘱兼具单方行为、双方行为的性质。

这里仅讨论既属于我国传统、现实生活又仍常见的两种身份财产协议，即分家协议和继承协议。

分家协议包括两种基本类型：一是赠与型分家协议，多表现为父母长辈将财产赠与子女晚辈；二是共有型分家协议，多表现为分割析产。前者是父母传家，后者是兄弟分家。

分家协议体现了家庭团体价值追求和家庭和谐价值追求，不把问题留给后人，具有身份性、多方性、生前性等特点。

分家协议对于家庭团结和家庭和谐确实具有重要的实际效果。以赠与型分家协议为例，父母通常不会把所有财产分给子女，而是留够自己用的，然后将其余财产分给子女，有时候留的可能更多些。传统社会是儿子均分，现代社会则通常子女均分，这样，子女之间一般就不会产生矛盾。同时，父母在有生之年还可以对子女生活进行观察，若有不妥，还可以用手里的财产进行弥补。分家协议以家庭团结和家庭和谐为价值追求，唯恐因财伤情，为产害义。该种个人财产处理方式与遗嘱这种财产处理方式大异其趣，前者将个人自由、集体主义密切结合，后者主要强调个人自由。并且，就遗嘱继承而言，后续之事因被继承人死亡而失控，只能靠设立其他的制度进行控制，大量遗嘱纠纷涌现，立法、司法、执法、守法成本都大大增加。法定继承介于二者之间。

基于社会主义核心价值观和个人财产传承方式的多元化，应当倡导分家协议的个人财产传承方式，该方式至少应有突出的一席之地。

---

① 史尚宽：《继承法论》，中国政法大学出版社，1997，第Ⅶ页。

继承协议有两种:一种是被继承人与继承人或受遗赠人所签订的协议,又称继承合同;另一种是继承人之间签订的遗产处理协议,又称继承人协议。前者发生于继承开始之前,后者发生于继承开始之后。前者跟赠与型分家协议有相似之处,后者跟兄弟型分家协议有相似之处,不同之处主要在于前者是生前处分,后者是死因处分。

继承合同、继承人协议,仍然要受必留份规则、胎儿保留份规则的制约,即使必留份人、保留份人产生于继承合同或继承人协议成立之后。

继承合同的一个重大问题是继承合同成立后,被继承人能否以遗嘱变更或撤回继承合同?亦即继承合同、遗嘱效力何者优先的问题。

继承合同可以变更或撤销其成立之前的遗嘱,其成立之后的遗嘱却不能变更或撤销继承合同。易言之,继承合同优先。事实上,遗赠抚养协议就是一种继承合同。

结　论

立足身份关系的本质特点,可以区分三种性质的基本身份关系协议。一则,自然非财产身份关系属于原则上不可意定的身份关系;二则,人为建构的非财产身份关系属于可意定但有诸多重大限制的身份关系;三则,财产身份关系属于原则上可意定的身份关系。就第一种情况而言,即使该身份关系的相关法律没有规定,也难以参照适用合同编的规定;就第二种情况而言,在不突破其诸多重大限制的前提下,该身份关系的相关法律没有规定的,可以参照适用合同编的规定;就第三种情况而言,该身份关系的相关法律没有规定的,即可以参照适用合同编的规定。

父母处分未成年子女财产法律效力研究[*]

潘淑岩[**]

【内容摘要】 父母处分未成年子女财产法律效力的认定在司法裁判中路径不一，主要受三个考量因素的影响。未成年子女独立财产作为裁判基础，应以民事财产法的一般规则认定；限制父母财产处分的行为应类推适用委托代理，明确父母不得处分和须经批准的处分行为；司法价值位阶选择上应坚持"未成年子女利益优先"原则。将裁判考量因素置于不同法律关系中进一步展开，在内部法律关系中明确父母赠与的财产应属未成年子女，父母非利益的财产处分为无权代理；外部法律关系中，因无权代理导致交易行为效力待定。

【关 键 词】 未成年子女财产　　无权代理　　内部法律关系　　外部法律关系

---

* 本文系国家社科基金重大项目"民法典编纂的内部与外部体系研究"（18ZDA141）阶段性成果。山西省哲学社会科学规划课题"未成年人财产监护体系解释与适用研究"（2020YJ224）研究成果。

** 潘淑岩，女，中国政法大学民商经济法学院博士研究生，山西工程科技职业大学副教授。

引　言

随着经济的发展，未成年人拥有一定数量的财产已成为当今社会的一种普遍现象。[①] 由于未成年人欠缺行为能力，无法独立对其财产予以管理和处分，通常由其法定监护人代为管理。监护人在财产监护时，将登记在未成年子女名下的房屋予以出售，或者为他人提供担保，又或者代替未成年子女放弃债权等行为时有发生，由此引发的纠纷成为近年来的司法热点。[②] 法院审理此类案件通常以《民法通则》第 18 条为裁判依据，《民法总则》实施后，总则第 35 条成为新的裁判依据，比较而言，总则第 35 条强化了被监护人利益最大化的监护理念，此外将"不得处理"改为"不得处分"，概念表述更加准确，但父母对子女财产监护的具体规则并没有细化和展开，这一遗憾在《民法典》中仍旧延续。事实上，正是由于父母对子女财产监护规则的高度概括性，司法实践中存在不同的理解和认定，不同法院做出了不同的路径选择，理论研究中学者们的解释亦不相同。从研究现状来看，涉及未成年子女人身监护的研究成果相对丰富，但针对其财产监护的专题研究不多，比较而言，台湾学界对父母财产处分效力问题有比较集中的探讨。[③] 在未来《民法典》适用中，未成年子女的财产监护研究不能局限在婚姻家庭法内部，更应在民法思维和研究范式下展开体系化解释。本文以相

[①] 本文主要围绕父母对未成年子女财产处分的效力展开，如无特别说明，后文所称子女均指 18 周岁以下的未成年人。

[②] 在北大法宝、中国裁判文书网，以"未成年人""财产处分"为关键词，辅以《民法通则》第 18 条或《民法总则》第 35 条为裁判依据，除去重复案件，检索结果表明，近五年内涉及此问题的案件达 180 多件，并呈逐年上升趋势。

[③] 台湾学界主要代表性的观点有："兼顾论"，以该处分是否"有偿"为标准，兼顾保护未成年子女利益及交易安全，参见王泽鉴《民法学说与判例研究》（第三册），北京大学出版社，2009，第 163～164 页；"有效说"，侧重保护交易第三人利益之需要采取，参见陈棋炎《亲属、继承法判例判决之研究》，"台大法学丛书"第 21 卷，三民书局，1980，第 393 页；"无权代理说"，认为父母非为未成年子女利益的财产处分，须待未成年子女成年后追认以判断其效力，参见史尚宽《亲属法论》，中国政法大学出版社，2000，第 676～677 页；"无权处分说"，认为处分效力须经权利人承认后生效，参见林秀雄《婚姻家庭法之研究》，中国政法大学出版社，2001，第 206～214 页；陈计男：《论亲子间之财产关系》，《法令月刊》1990 年第 10 期，第 453～456 页。

关判例、学界观点分析为基础，梳理总结父母处分未成年子女财产效力争端的原因，厘清未成年子女财产范围、划分非利益的财产处分行为、明确司法适用的优先价值，最后在内部代理和外部交易两个法律关系中探讨效力判断的依据，以期为司法裁判提供一些思路。

一 裁判评析：父母处分未成年子女财产效力的审判路径

（一） 有关裁判

检索北大法宝、中国裁判文书网，可以发现涉及父母财产处分效力的裁判主要有两种。一种为有效裁判，大多数法院持此观点，但裁判理由又有所不同。第一类判决理由否定父母赠与未成年子女的财产属于其个人财产。[①] 其论证逻辑在于，赠与是双方民事法律行为，未成年人作为受赠人时，应由该未成年人的父母代理其接受赠与。如果赠与人是该未成年人的父母，就会发生自我民事法律行为，不能产生合同法上的赠与效力。因此，即便是登记在未成年子女名下的不动产仍应属于原赠与人，父母处分财产属于财产所有人的有权处分，应认定该处分有效。第二类判决理由强调父母作为法定监护人，对子女财产予以支配和使用系履行法定职责，故此处分有效。[②] 第三类判决为维护第三人利益和交易安全，认定该处分行为合法有效。[③] 第四类判决理由在于父母未侵害未成年子女利益，其论证逻辑在不同案件中又有所区分："对价论"，即认为父母出售未成年子女房屋是法定代理权限，并且通过房屋买卖取得了对价，故此处分行为没有侵害未成年子女的利益；[④] "保证书论"，即父母办理不动产登记转移手续时以法定代理

---

① "高某、高某东第三人撤销之诉"，江西省高级人民法院 （2017）赣民终 463 号。
② "毕某、毕某祥不当得利纠纷案"，湖北省武汉市中级人民法院 （2019）鄂 01 民终 11251 号。
③ "马某与唐某爱、周某高确认合同无效纠纷案"，浙江省杭州市中级人民法院 （2015）浙杭民终字第 244 号。
④ "唐某某、郭甲与严某某、郭乙买卖合同纠纷案"，上海市第二中级人民法院 （2011）沪二中民二 （民） 再终字第 1 号。

人的名义签订了保证书，以确认其处分行为未侵犯未成年子女的利益；① "侵权责任论"，即父母作为监护人代未成年子女签订协议，不管是否侵害未成年人的利益都不影响交易合同的效力，如未成年子女的利益确因此处分而受损，则应在父母子女间内部解决。②

另一种裁判与有效裁判相反，有的法院则认定父母的财产处分无效。此类裁判首先肯定了未成年子女的独立财产，不论其财产来源（包括父母赠与），③ 而以物权登记为准，此为前提。无效裁判的理由有以下几种。第一，否定善意取得。父母利用未成年子女的财产与第三人发生交易，交易第三人知道或应当知道此财产属于未成年人后仍选择继续交易，主观上并非善意；④ 第二，禁止父母作出财产处分。⑤ 此类裁判认为《民法总则》第35 条为效力性强制性规定，直接否定父母财产处分权，除特殊情况之外的财产处分均无效；第三，以未成年子女利益为标准，如果父母处分未成年子女财产的目的是偿还个人债务或为其自身谋取直接利益或间接利益，此类财产处分无效。⑥

（二） 裁判评析

笔者无意赞成或反对以上裁判结论，仅就其论证理由和论证逻辑来看，以上判决均没有对此类案件的实质问题作出回答。有效裁判的理由难以自圆其说。第一，按照否定未成年子女财产的裁判观点，父母赠与未成年子

---

① "李某与袁某军房屋买卖合同纠纷案"，内蒙古自治区牙克石市人民法院（2018）内 0782 民初 3362 号。

② "陆某与周某、李某华民间借贷纠纷案"，浙江省永康市人民法院（2017）浙 0784 民初 10023 号。

③ 浙江省高级人民法院（2017）浙民再 140 号民事判决书；广西壮族自治区高级人民法院（2016）桂民再 95 号民事判决书；四川省高级人民法院（2016）川民再 433 号民事判决书；甘肃省武威市中级人民法院（2016）甘 06 民终 360 号民事判决书。

④ "胡某与王某、郭某房屋买卖合同纠纷案"，辽宁省葫芦岛市中级人民法院（2015）葫审民再终字第 00028 号。

⑤ "原告陆某竹与被告陆某、第三人王某和高某茹确认合同无效纠纷案"，辽宁省法库县人民法院（2018）辽 0124 民初 1825 号。

⑥ "杨某、任某进案外人执行异议之诉"，湖南省长沙市中级人民法院（2019）湘 01 民终 10032 号；"中国华融资产管理股份有限公司江苏省分公司与江苏振兴车灯有限公司、丹阳市汇丰金属材料有限公司等金融借款合同纠纷案"，江苏省镇江市中级人民法院（2019）苏 11 民终 2189 号。

女财产的行为无效，即使进行了物权登记，仍属原赠与人之财产。笔者认为，此裁判理由不仅没有捋顺此类案件中赠与合同与物权登记的规范冲突，反而制造了矛盾。一方面，父母无偿赠与子女财产并完成物权登记，是其真实的意思表示，对于未成年子女来讲，属纯获利益的民事法律行为，且该赠与并未违反法律强制性要求，即使此赠与有损第三人之债权，债权人亦可主张行使撤销权而否定赠与的效力；另一方面，不应将父母的赠与行为与代理行为对立。法院以禁止自我代理为由否定父母赠与行为的效力，目的是防止被代理人权益受损。事实上，自我代理并不必然导致民事法律行为无效，有待被监护人同意或者追认，其纯获利的情形亦不应被排斥。此外，不应将父母赠与的效力与一般民事法律行为的效力对立。按照《民法典》无效民事法律行为的一般规定，[①] 以父母子女的身份关系为由否定赠与行为的效力，显然缺乏法律依据。第二，强调父母因法定监护人的身份而享有自由处分权。这类裁判依然以父母权利为本位，仅依据《民法总则》第 27 条和第 34 条之规定，将法定监护权等同于任意处分权，忽略了对未成年子女利益的保护，其裁判理由难以令人信服。第三，在善意第三人之交易安全与未成年人利益最大化原则的冲突选择上，倾向于前者而忽视对后者的保护，仅强调父母对善意第三人之"真实意思"，而忽视未成年子女利益的保护，此判决理由的价值选择理由何来？缺乏足够的说服力。第四，法院对"子女利益"的认识并不清晰。在前述"唐某某、郭甲与严某某、郭乙买卖合同纠纷案"中，法院认为郭乙出售被监护人郭甲的房屋时取得了对价，因此郭甲利益没有受损，而事实是，系争房屋属于未成年人郭甲唯一住所，监护人郭乙擅自出售该房屋，导致该未成年子女居无定所，郭乙处分房产的行为并未考虑未成年子女的利益，实际是对未成年子女合法利益的侵犯；在"李某与袁某军房屋买卖合同纠纷案"中，对属于未成年子女名下之房屋，房屋管理中心要求父母签订保证书以确认该处分不侵害未成年子女之利益，但显然，这一确认只是流程所需的形式而已，以此为标准认定未侵犯未成年人之利益有形式大于实质之嫌疑；"侵权责任论"表

---

① 根据《民法典》第 143、144、146、153、154 条之规定，无效民事法律行为包括行为主体不具有相应的民事行为能力、意思表示不真实、违反了法律、行政法规的强制性规定或者违背了公序良俗以及恶意串通的行为。

面上为未成年子女利益的考虑，要求父母承担侵权责任，实际上，此类判决仍然把父母与第三人之交易行为作为优先考虑的问题。将父母、子女以及第三人放在两个不同的法律关系内予以讨论是值得肯定的，但这种讨论不能以保障市场交易安全为前提。事实上，追究父母侵权损害赔偿责任的事后救济具有难度，未成年子女如何向法定监护人追责？此追责是否会破坏父母子女关系导致未成年子女处于更加不利的境地？未成年子女的法定代理人往往也是其法定监护人，两种身份重合的情况下如何追责？或是按照《民法典》第 190 条之规定，等未成年子女成年后再行追责？凡此种种，案结事难了、子女利益长期受损的局面将不可避免。

无效裁判首先肯定了未成年子女的财产所有权并在此基础上判断父母处分行为的效力，如前所述，否认未成年子女财产所有权，父母处分行为相当于所有权人之处分，失去了效力判断的基础，也就没有了讨论的必要，笔者殊为赞同。不过法院无效裁判的理由和依据不够充分。第一，以第三人的善意作为认定标准，不具有稳定的司法预期。判断第三人是否善意缺乏客观统一标准，有的法院以债权人明知对方系未成年人仍接受其担保，对该处分是否出于保护未成年人利益未尽到严格的审查义务，推定其不构成主观上的善意;[1] 有的法院则认为，因家事行为具有封闭性、私密性等特点，不应严格要求第三人的注意义务，而应采用善意推定原则;[2] 还有法院进一步认定父母的财产处分构成表见代理，第三人不承担实质审查义务，对未成年子女利益的损害属于家庭内部事务，非第三人能力可知范围。由此可见，以第三人的"非善意"作为无效裁判的理由在实践中被屡屡推翻，且忽视了对未成年子女利益的保护，对交易安全也不具有明确稳定的预期。第二，完全否定父母的财产处分权是对法条的误解。法院认为，《民法总则》第 35 条为了最大限度地保护未成年人利益，做了"除外"条款式规定。那么就应该理解为除了特殊情况之外，均不得处分被监护人财产。[3] 显

---

[1] "中国华融资产管理股份有限公司江苏省分公司与江苏振兴车灯有限公司、丹阳市汇丰金属材料有限公司等金融借款合同纠纷案"，江苏省镇江市中级人民法院（2019）苏 11 民终 2189 号。

[2] 北京市高级人民法院（2019）京民终 14 号民事判决书。

[3] "原告陆某竹与被告陆某、第三人王某和高某茹确认合同无效纠纷案"，辽宁省法库县人民法院（2018）辽 0124 民初 1825 号。

然这一论证逻辑出现了跳跃，"除外"条款究竟是对父母财产处分权的限制还是完全禁止尚有争议，[①] 且在"除外"条款仅为概括性规则的情况下，完全否认父母财产处分权并不利于未成年子女利益的维护。父母对未成年子女抚养、教育和保护过程中，基于对为人父母者的尊重和信任，我国《民法典》并未设置过多的干预，甚至没有监护监督条款，若简单否定父母的财产处分权，是对立法原意的曲解。第三，判决充分尊重未成年子女之利益，但何为利益？何为不利益？利益与不利益如何界分？由于缺乏统一的适用标准，只能在个案中具体分析，而这种分析只能依赖法官的自由裁量权，同样不具有稳定的司法预期。

二　理论反思：父母财产处分效力判定的基本因素

通过梳理以上司法判决不同的论证思路和选择路径，笔者发现裁判结果主要受三个考量因素的影响：第一，未成年子女独立财产的认定，是裁判的前提和基础；第二，未成年子女利益与不利益的判断，是法院审理的难点所在；第三，多元价值冲突的衡量和选择是法院判定的重要因素。

（一）　基础：未成年子女财产的认定

未成年子女财产的认定是司法审判的前提，不承认未成年人的独立财产，也就失去了效力裁判的基础。我国现有立法虽肯定了未成年子女有独立财产权，但具体的财产范围并没有划定，也因此成为司法实践中主要争议所在。按照财产取得的途径，未成年子女财产主要包括两类：一类是通过继承、接受赠与、政府补贴等无偿方式获得的财产；另一类是通过自身劳动或经营所得的财产。[②] 从世界范围来看，基本人权保护理念、儿童利益最大化原则已被各国普遍接受，未成年子女之财产范围不区分来源，应包

[①] 湖南省长沙市中级人民法院在（2018）湘01民终3398号民事判决书中认为，该条款对父母处分权仅为限制而非禁止。

[②] 此分类不能涵盖未成年子女之所有财产，如未成年子女知识产权之收益、专供未成年子女个人使用的生活用品、因受到人身损害等侵权行为获得的赔偿和补偿等财产也应属于未成年子女个人所有，以上类型的财产在学界和实践中已达成共识，故本文不再赘述，仅以涉及争议的财产范围展开。

括无偿所得，也包括劳动所得。我国台湾地区的民法第 1087 条规定未成年人的特有财产仅指因继承、赠与或其他无偿取得之财产。这一立法意旨遭到多数学者反对，学者们认为，现有立法中"特有"二字实属多余，未成年子女财产不论有偿或无偿取得均应归属于其自己。① 笔者认为，婚姻家庭法虽崇尚团体主义，但以尊重人格独立为前提，特别是回归民法体系之后，更应注重与一般财产规则的衔接。我国《民法典》遵循未成年人利益最大化原则，保护其财产权利，从立法目的考量，不应区分其财产来源而差别对待。

（二） 难点：未成年子女的利益与非利益的判断

未成年子女利益最大化原则属于婚姻家庭编的立法理念，② 是总则编维护被监护人利益原则在婚姻家庭领域的具体体现。但无论在总则编还是婚姻家庭编，对未成年子女的利益的界定都没有具体标准，解释上也是见仁见智。③ 利益作为一个抽象概念，从字面理解，是指对于主体之好处，能够满足主体的需要和愿望。也就是说，对子女有好处，能够满足子女需要即为未成年子女之利益。当然，此解释不足以在制定法体系下得以全部承认，此利益须上升为法律利益，即被立法认可并得到国家强制力之保护。"利益法学派"认为法律权利就是法律所确认和保护的利益，④ 子女受保护之权利也即其利益所在。未成年子女之利益包括人身利益、财产利益以及其他合法权益。因此父母作出财产处分时不应局限于对子女经济利益之维护、保值或增值的考虑，还可基于对其人身利益以及其他合法权益的综合考虑，

---

① 台湾司法主管部门第六届大法官戴东雄教授认为，子女无偿取得之财产，尚且能保有所有权，则依论理解释，子女有偿取得之财产，更应保有所有权。戴东雄：《论父母对于未成年子女财产之权限》，《台大法学论丛》第 10 卷第 1 期，1980，第 151 ~ 152 页。此外，王泽鉴、陈棋炎等教授皆认为未成年人因劳动所得的财产应当归属于其个人所有。参见王泽鉴《民法学说与判例研究》（第三册），北京大学出版社，2009，第 186 页；陈棋炎：《亲属、继承法判例判决之研究》，"台大法学丛书"第 21 卷，三民书局，1980，第 376 页。
② 《民法典》婚姻家庭编第 1044、1084 条中均有体现。
③ "王炳伟与王某、朱明珠确认合同无效纠纷案"中，针对朱某出卖未成年子女王某的房屋是否为未成年子女的利益判断，一、二审法院作出了截然相反的认定。参见江苏省无锡市中级人民法院（2019）苏 02 民终 3079 号民事判决书。
④ 周旺生：《论法律利益》，《法律科学》2004 年第 2 期，第 25 页。

如基于子女的医疗保障、学习条件的改善、生活水平的提高均属于此。但若作此扩张解释，则父母自由裁量权也会无限扩大，这与《民法典》第35条限制父母财产处分权的立法目的和规范意旨并不符合；但若将利益仅局限于财产经济利益，严格限制甚至禁止父母财产处分权，与生活事实不相符合，也不利于父母子女间建立应有的亲密和信赖关系。

比较法上，域外立法对未成年子女的利益并未从正面予以明确，而是从反面详细列举了对父母财产处分的限制。大陆法系以德国、法国、意大利等国家的民事立法为代表，《德国民法典》禁止父母代理子女赠与，但基于道德上义务或礼节上的考虑除外；利用子女财产从事风险投资行为则须经监护法院许可。[①]《法国民法典》规定，非经亲属会议批准，父母不能替受子女借贷，让与不动产、商业营业资产、有价证券与其他无形权利，或者就此设定物权；亦不得处分贵重的动产。[②]《意大利民法典》规定，父母不得接受、转让、抵押、质押未成年子女财产；不得代替子女拒绝接受遗产、遗赠或赠与；不得解除共有，不得订立消费借贷契约或9年以上期限的租赁契约等。[③] 此外，日本、瑞士民法典也对父母的财产处分权作出了具体的限制。[④] 英美法系国家父母监护与其他第三人之监护并无不同，缺少亲子间财产关系的详细立法，未成年子女财产的保护主要借助其发达的信托制度，但亦明确禁止父母对未成年子女以遗赠或继承形式取得的财产享有权利，包括处分权限。我国台湾地区的民法在2008年修正后，明确禁止父母以被监护人的财产投资（购买公债等行为并经法院许可的除外）和受让被监护人的财产，同时规定了须经法院许可的行为，包括购置或处分不动产、出租、供他人使用或终止租赁被监护人的居住地，以被监护人财产购买公债、国库券等行为。梳理各国（地区）具体规则后发现，域外立法对父母财产处分权的限制主要分为两大类：一类是完全禁止父母处分的行为，另一类为须经批准或许可的处分行为。笔者认为，通过列举式的立法模式明确限制父母非利益的处分行为，有利于落实未成年子女利益的保护，起到

---

① 《德国民法典》第1641～1643条。
② 《法国民法典》第457条。
③ 《意大利民法典》第320条。
④ 《日本民法典》第859条之三、第864条，《瑞士民法典》第319条第1款。

了事前防范的效果，具有可操作性，也为司法裁判提供了依据和标准。具体哪些行为应被禁止，哪些行为应须许可或批准，应结合我国立法实际情况展开研究，并充分考虑和尊重我国长期形成的父慈子孝、和谐友爱的家庭理念和传统文化。

第一，如何理解《民法典》第35条中"处分"一词？《民法典》中共有20多个条文涉及"处分"，其在不同的条文中具有不同的理解。根据行为主体是否有处分的意思表示，有法律处分和事实处分之分。法律处分是指通过转让、废止、变更内容或设定负担等方式对既有权利施加影响的法律行为，[①] 事实处分是指由于发生了财产处分的事实导致法律后果的出现，这一后果不存在法律效力的判断。本文围绕父母财产处分的效力展开，因此不再探讨事实处分行为，仅以法律上的处分展开，包括物权行为，也包括债权行为。[②]

第二，父母对未成年子女财产处分的哪些法律行为应被禁止，现行立法中并无明确规定。在《民法典》体系内能否找到可类推适用的规则？首先来看婚姻家庭编，我国婚姻家庭立法强调伦理关系和团体主义，基于亲子身份的血缘联系，父母较一般监护人享有更多的自由裁量权，且为维护家庭团体的亲密度和信任感，婚姻家庭编对此自由裁量权并未有过多干预，从"父母子女关系"一节不难看出，没有一个条文对父母权利作出监督和限制，显然，限制法定监护人的自由裁量权并将之类型化在婚姻家庭编找不到可类推适用的规则。那么，统领各编的法典总则编能否提供类推适用的依据呢？从代理规则看，《民法典》第163条中规定"法定代理人依照法律的规定行使代理权"，此处"法律的规定"散见总则、合同编共计12条，但没有任何条文是对法定代理人权利的限制。[③] 我们把目光拓展到委托代理部分，在委托代理中，为维护被代理人的利益，对代理人的行为明确作出限制，禁止其自我代理和同时代理，除非被代理人同意或追认。[④] 这一条能

---

① Vgl. BGHZ 101，24，26. 转引自陈卫佐《处分行为理论之正本清源》，《政治与法律》2015年第7期，第107页。

② 参见台湾地区民法第1088条第2项。

③ 《民法典》涉及法定代理人的条款包括总则编第19~23、145、163、175、190、194条，合同编第664、936条。

④ 参见《民法典》第168条。

否适用？适用情形的类似和立法目的的考量是两个比较点。从适用情形来看，两者的构成要件具有相似性，属于同一法律领域内部，法律关系类似且处于同一个层次；从立法目的的考量，两者都是为了维护被代理人的利益。[①] 因此，自己代理与双方代理规则不仅适用于委托代理，也可适用于法定代理。[②] 当然，在法定代理中，因未成年子女的意思能力不足，无法判断其对代理人行为的同意或追认是否是真实意愿，就算是限制行为能力人能够表达相应的真实意愿，但其对于处分行为对本人是有利还是不利的判断必然受父母的引导和影响。因此，就算未成年子女同意或者追认（除非未成年子女成年后追认），自我代理和相互代理仍应被严格限制，当然未成年子女无偿获利的除外。

第三，基于子女利益最大化原则的落实，除完全被禁止行为之外，还应规定经批准或许可后实施的财产处分。批准或许可作为程序性环节，是公权力对私权利的保护和监督，一方面可以抑制父母财产处分的随意性，降低未成年子女财产受损的风险，另一方面也便于判断该处分行为是否能够发生效力。[③] 从前述域外立法例来看，大都通过一一罗列法律行为的方式限制父母的财产处分权。列举式的立法模式，其优点自不待言，但这种罗列方式没有以某种类型化的标准展开，其在内容上的不周延也就不可避免。笔者尝试以子女的财产权类型为标准，将须公权力介入批准的父母处分行为分为以下几类：对未成年子女的不动产的转移、抵押及风险投资行为；对未成年子女不动产以外的财产的无偿赠与、质押及风险投资行为；对未成年子女的债权或其他财产性权利的放弃、转让和免除；其他对未成年子女利益有重大影响的法律行为。

（三）权衡：法律适用的价值选择

不同法院作出不同的路径选择，归根到底是因为法院在未成年子女利益与交易安全的价值选择上摇摆不定。面对价值冲突的司法选择，学界众

---

① 参见王利明《法学方法论》，中国人民大学出版社，2012，第 504～510 页。
② 于程远：《从风险规避到实质保护——目的论视角下对自我交易规则的重新建构》，《政法论坛》2018 年第 2 期。
③ 朱广新：《论监护人处分被监护人财产的法律效果》，《当代法学》2020 年第 1 期，第 19 页。

说纷纭，观点不一。"未成年子女利益优先说"倾向保护未成年人之利益，否定父母财产处分的效力，究其原因则有无权代理和无权处分之不同观点。① 此说被诟病之处在于，无论父母无权代理还是无权处分均只是对内部法律关系而言，此说忽视了外部法律关系中善意第三人交易安全的需求，有失公平，不利于促进市场交易发展。"交易安全优先说"采父母子女团体主义精神，认为亲子关系作为一个整体，内部的争议内部解决，不应影响交易安全。依据此说，无论未成年人利益在此交易中是否受损，都必须优先保护交易安全，倘若未成年人利益受损，可寻求事后法律救济。事实上，基于血缘、亲情的考虑，未成年人往往不愿追究父母的损害赔偿责任，② 宁可承担损失也不会和父母对簿公堂，就算得到裁判支持，若父母财务状况不良，同样无法实现有效的救济。不同于以上单方面价值倾向性保护的观点，王泽鉴教授提出了"价值兼顾说"，旨在兼顾双方利益，并根据是否有偿的标准区分案件类型，"无偿行为"优先保护未成年子女的利益，"有偿行为"则优先维护交易安全，但王教授也承认，此分类"在现行法上无直接依据，有待法院之造法"③，且以"是否无偿"为标准来界定未成年子女之利益，似不周延。④ 以上不同的学说和观点，表明司法裁判面临多元价值选择，而权衡价值冲突后所确定的办法，应符合公平正义的要求。"每一种价值背后都隐藏着利益"，从利益主体的地位来看，未成年人属于弱势地位，需通过监护人代理补足其行为能力后，才能与第三人处于平等交易的民事法律地位，这一平等只是形式平等，当两者利益发生冲突时，只有对弱势的未成年人予以倾斜性保护方能实现民法的实质正义；从利益救济的途径来看，未成年人利益受损只能在内部寻求损害赔偿，因维护财产利益破坏家庭和谐以及亲子间感情，从长远看也并不利于未成年人，而对交易第三人来说，其利益受损既可以行使撤销权也可以要求监护人承担违约责

---

① 前文史尚宽教授持无权代理说，林秀雄、陈计男等学者则持无权处分说。

② 解亘：《论监护关系中不当财产管理行为的救济——兼论"利益相反"之概念的必要性》，《比较法研究》2017 年第 1 期，第 139 页。

③ 王泽鉴：《民法学说与判例研究》（第三册），北京大学出版社，2009，第 179 页。

④ 若父母因偿还个人债务所需低价转让未成年子女名下之不动产，实为对未成年子女不利益的处分行为，此一例可说明有偿处分行为未必对未成年子女有利，无偿处分行为也未必是对未成年子女的不利益。

任，更容易实现权益保护。因此，未成年子女利益位阶应高于交易安全，成为司法裁判的优先选择。[①] 当然，这一价值选择在某种程度上忽视了交易秩序中的信赖保护，加重了第三人在市场交易中的注意义务。

三 内外有别：裁判因素在不同法律关系中的展开

父母处分未成年子女财产过程中存在两个法律关系：一是亲子团体内部法律关系，二是父母子女作为整体与第三人之间的外部交易关系。显然，前文探讨的三个裁判考量因素并非存在于同一个法律关系中，其中未成年人独立财产的认定以及利益与非利益的判断应在内部法律关系中探讨，而司法价值位阶的衡量和选择可在外部交易关系中实现，司法裁判应遵循先内后外的审查顺序。

第一，未成年子女财产范围的认定。在内部法律关系中，父母代理未成年子女实施民事法律行为，[②] 基于对血缘亲情的尊重和信任，立法对父母法定代理权未有过多限制，如前所述，司法审判中常见的纠纷在于父母将未成年子女财产等同于自己的财产，或者与家庭财产发生混同，因此司法审判的第一步需厘清未成年子女的财产范围。

实践中，涉及未成年子女财产的争议主要围绕父母赠与的财产展开。有观点认为，为维护市场交易安全，应区分不同的赠与来源，父母赠与的财产不应作为未成年子女的财产，只有父母以外第三人赠与的财产才属其个人财产。[③] 此观点旨在保护第三人的交易安全，防止父母利用无偿赠与的方式转移财产，恶意损害债权人利益。笔者认为，父母赠与子女财产，虽

---

① 王利明：《法学方法论》，中国人民大学出版社，2012，第598~599页。
② 根据《民法典》第23、27条之规定，无民事行为能力人、限制民事行为能力人的监护人是其法定代理人；父母是未成年子女的监护人。从逻辑上看，第27条的内容是自然人规则在监护领域的具体化，将第27条的内容回归第23条理解，可知父母即未成年子女的法定代理人。
③ 陈棋炎教授认为，父母赠与未成年子女的财产不属于子女的特有财产，以避免父母脱产，以求达到不法企图之目的，损害第三人。参见陈棋炎《亲属、继承法判例判决之研究》，"台大法学丛书"第21卷，三民书局，1980，第375、389页。司法裁判中也有类似观点，以江西省高级人民法院（2017）赣民终463号民事判决书、重庆市第一中级人民法院（2016）渝01民终8880号民事判决书为例。

以身份关系为前提，但归根到底是财产法律关系，应以《民法典》物权编、合同编等财产规则展开，父母赠与子女财产的真实意愿应以登记或者交付作为客观依据来判断。

第二，代理关系中，为保护被代理人的合法利益，代理人的行为分为有权代理与无权代理，父母财产处分行为能否也作此区分？为维护未成年子女利益的财产处分属有权代理没有太大争议，但若父母作出被禁止的或者须经许可或批准而未经批准的财产处分行为，能否以无权代理为解释路径？[1] 其一，无权代理属于委托代理情形下，委托人与代理人就代理事项、权限和期限达成一致，若代理人没有得到授权或者超越代理权以及代理权终止后实施的代理行为属无权代理，那么在法定代理中能否适用无权代理？当然，未成年子女不能通过真实意思表示委托代理权，为保护自身利益，只能依赖国家公权力的救助和保护，"现代政府的本质就是为个人提供固定的地位和尊严"[2]，保护弱势群体是国家责任的应有之义。法定代理的实质正是国家以"家父"角色，替代未成年子女作出意思表示，利用公权力将代理权委托给监护人，赋予其代理人的资格，委托其行使代理权，使得被代理人的行为能力得以补足，能够正常参与社会活动。从这个角度理解，法定代理也是一种特殊的委托代理关系，父母代理权也可适用无权代理。其二，无权代理包括代理人未经授权、超越授权或者授权终止后的代理三种情形。[3] 父母作出财产处分，应以未成年子女利益为目的，若父母做出利益相反行为，则超越了国家授予的代理权限，属超越授权的情形。其三，无权代理分狭义无权代理和表见代理，两者的立法目的都是为了维护交易安全和公平，但侧重点有所不同。前者侧重保护被代理人的利益，后者侧

---

[1] 日本学界通说采无权代理说，参见〔日〕我妻荣《亲族法》，株式会社有斐阁，1961，第345~346页，转引自解亘《论监护关系中不当财产管理行为的救济——兼论"利益相反"之概念的必要性》，《比较法研究》2017年第1期，第150页。我国司法实践亦有探索，在"奚圣钢与顾厚贵、顾晨昕房屋买卖合同纠纷案"中，法院认为被告顾厚贵在出卖所涉房屋时未取得合法代理权限，属无权代理，因此房屋买卖协议书对其子顾晨昕不发生法律效力，参见浙江省三门县人民法院（2020）浙1022民初725号民事判决书。
[2] 〔英〕亚当·弗格森：《文明社会史论》，林本椿、王绍祥译，浙江大学出版社，2010，第286页。
[3] 《民法典》第171条。

重保护市场交易安全。① 我国民事审判实践基本默认表见代理中被代理人的可归责性，② 但这一可归责性不能适用于被代理人是未成年人的情形，若父母无权代理作出财产处分，不能归责未成年人而要求其无条件承担代理后果，因此父母无权代理应属于狭义无权代理。其四，从法律后果看，为防范代理人侵害被代理人的合法权益，无权代理须经被代理人追认，否则对其不发生法律效力。父母无权代理作出财产处分，为保护未成年子女利益，此代理后果是否生效取决于未成年子女的追认，③ 且若父母恶意损害未成年子女合法权益的——虽然这种情况属于极少数——应当对被代理的未成年子女承担相应的法律责任。综上，以无权代理解释父母非利益的财产处分行为可以实现立法规则的衔接和补充，有利于实现未成年子女财产监护与代理效果的融贯。

第三，外部交易法律关系中，司法裁判面临价值冲突的衡量和选择，如前所述，未成年子女利益的价值位阶应高于交易安全，父母无权代理的财产处分行为并非当然无效，应以未成年子女利益保护为司法价值选择，由未成年子女决定是否追认此代理行为，若未成年子女追认则外部法律效力生效；若未成年子女不追认则否认外部交易行为的效力。在此过程中，善意的交易第三人可以行使催告权、撤销权，如果父母的代理行为未被追认，善意第三人可以请求代理人履行债务或者就其受到的损害请求赔偿。当然，相对人知道或者应当知道父母无权代理的，相对人和父母按照各自的过错承担责任。不过，以无权代理作为解释路径的困惑在于，父母在内部法律关系中超越授权的财产处分行为若不被追认，那外部法律后果将长期处于效力未定的不稳定状态，显然不利于市场交易发展。④

结　语

父母子女间概括性的财产规则过于宽泛，在《民法典》适用中有必要

---

① 参见王利民《合同法研究》（第一卷修订版），中国人民大学出版社，2011，第 582～589 页。
② 谭启平主编《中国民法学》，法律出版社，2018，第 256 页。
③ 此处被代理人的追认应指未成年子女成年后之追认，也有学者提出为避免财产处分效力长期处于不稳定状态，可由未成年子女的其他法定代理人代为追认。
④ 参见王泽鉴《民法学说与判例研究》（第一册），北京大学出版社，2009，第 322 页。

展开解释为司法裁判提供指引和参考。本文通过梳理评析有关裁判，围绕父母处分未成年子女财产法律效力探讨，得出如下结论，以期与学界同人共同探讨。

一是父母财产处分法律效力的判断有赖于三个考量因素：未成年子女独立财产的认定、利益与非利益的判断以及司法价值的衡量选择。

二是未成年子女独立财产的认定应与民事一般财产法规则衔接；明确限制父母非利益的财产处分行为，包括禁止行为和未经批准行为；未成年子女利益位阶应高于交易安全优先适用。

三是父母财产处分法律效力的分析应在内部代理和外部交易两个法律关系中展开。父母无偿赠与的财产应属未成年子女所有，父母作出被禁止的或者须经许可或批准而未经批准的财产处分行为属无权代理，父母无权代理与第三人交易的法律后果效力待定。

美国离婚时的婚姻财产认定与分割[*]

玛格丽特·F. 布里尼格 著

李 霞 丰瑞娜 编译^{**}

【内容摘要】 尽管各州在离婚时婚姻财产的认定与分割上都有自己的规则，但在美国普遍存在两种婚姻财产制，即共同财产州的平均分配制与普通法州的公平分配制。如今，受无过错离婚的影响，这两种制度已基本趋同。实践中，囿于可分割的婚姻财产种类相对较少，专业学位、养老金、佣金、商誉等是否属于财产，版税、赠与、彩票收益等是婚姻财产还是个人财产，以及其他与婚姻财产相关的问题成为研究的重点。除此之外，对亚利桑那州（共同财产州）与印第安纳州（公平分配州）的司法记录进行调研的结果也为两种婚姻财产制的研究提供了依据。

【关 键 词】 婚姻财产 共同财产 个人财产 婚前协议

---

* Margaret F. Brinig，"Marital Property"，*International Survey of Family Law*（2016）：509 – 536. 译者注：译者对注释进行选译，且主要对解释说明性文字进行翻译；为方便读者追溯文献，部分采取原貌保留方式。

** 玛格丽特·F. 布里尼格（Margaret F. Brinig），美国圣母大学教授；李霞，华东政法大学教授、博士生导师；丰瑞娜，华东政法大学博士研究生。

一 历史和理论语境下的财产分割："彻底分割" 理想与两种制度的趋同

在美国，财产法往往也会因离婚理念的重大改变而有所变化。无过错离婚理念在确立之初只是单纯被看作迫使否认 "死亡婚姻"①，需通过共谋或撒谎来宣告夫妻感情明显破裂的制度承认事实真相，但近十年来，有影响力的理论及实务工作者通过进一步探究《统一结婚离婚法》（Uniform Marriage and Divorce Act）②，对离婚有了新的设想。他们认为，在配偶双方均无过错且不存在能够证明继续履行婚姻义务之正当性的证据时，对离婚最恰当的表述就是终止配偶关系并清算其资产。在美国，推崇无过错改革的人士亦主张，配偶双方可以通过离婚实现 "彻底分割" 理想，让各自都真正重返单身生涯。③

伴随离婚同时发生的财产变动与有形资产关系甚微。在国家已迈向以技术为核心的经济时代背景下，离婚财产可能涉及养老金、股份等，或者对有些夫妻而言，人力资本才是其最有价值的资产。婚姻财产之变动最早为共同财产制所规范，即在因离婚分割夫妻共同财产时，配偶一方有权享有另一方在婚姻关系存续期间以收入形式所获得的全部财产之一半权益。正如我们看到的那样，部分采纳共同财产制的州对婚姻财产予以平均分配，但其他州则会进行公平分配。

学者们在 20 世纪伊始便看到将共同财产州之判例法扩大适用于普通法州或公平分配州之案件所存在的根本性问题在于，共同财产州认可现金与实物或市场和家务劳动的贡献，而其他州对此却并非都认可。加拿大亦是如此，比如在 *Murdoch* v. *Murdoch* 案④中，艾伯塔省的一位农场主的妻子在

---

① National Conference of Commissioners on Uniform State Laws 1970.

② National Conference of Commissioners on Uniform State Laws 1970；A. P. Herbert, *Holy Deadlock* (London：Methuen, 1934)；Herbert Jacob, *Silent Revolution*：*The Transformation of Divorce Law in the United States*, (Chicago：University of Chicago Press, 1988).

③ Herma Hill Kay, "An Appraisal of California's No-Fault Divorce Law", *California Law Review* 75 (1987)：291 – 319.

④ *Murdoch* v. *Murdoch* (1975) SCR 423.

结婚 25 年后没有获得其丈夫名下的农场份额。由于妻子在婚姻关系存续期间承担了更多的家务和育儿工作,丈夫比妻子从事更多的市场工作,因此离婚时丈夫往往名义上或实际控制着大部分可分割资产。① 琼·克劳斯科普夫(Joan Krauskopf)提出,否认家务贡献意味着男方在离婚"彻底分割"时所获的资产份额最多,这将促使女方及与她一起生活之子女的生活陷入窘困。丽诺尔·韦茨曼(Lenore Weitzman)的研究进一步提高了克劳斯科普夫论点的可接受度,她指出,男方因在婚姻期间挣得比从事家务劳动的女方多,如他们名下的养老金,所以其离婚后的生活水平比女方好。

最终,在较早实行无过错离婚和婚姻财产分割制度的州中,普通法州或公平分配州基于公平之考量,开始将"家务"视为配偶各方应获收入贡献的因素之一。例如,*Gummow v. Gummow* 案②(在该案中,将市场和家务等同是为了使收入较低的丈夫受益)列出的因素包括操持家务者的贡献。尽管这些规则在当下依旧适用,但正如 20 世纪 90 年代初人们所注意到的那样,女方在家庭劳务和生养子女上的付出与贡献导致其在劳动市场上可获取的收入往往偏低,因此她们在离婚后可能依旧处于不利地位。③

二 制度的趋同

在离婚时的婚姻财产分割上,除涉及未来收益等例外情形外,平均分配制和公平分配制这两种制度已在发展中逐渐走向趋同。一般来说,配偶一方在婚姻关系存续期间通过收入获得的财产均被推定为婚姻财产(共同财产),该财产在双方离婚时被推定进行平均分割。在南非、波兰和西班牙等国家,财产的归属与排除规则是相似的。

---

① Lenore Weitzman, *The Divorce Revolution*: *The Unexpected Social and Economic Consequences for Women and Children in America* (New York: Free Press, 1985); Lenore Weitzman, "The Economics of Divorce: Social and Economic Consequences of Property, Alimony and Child Support Awards", *University of California Los Angeles Law Review* 28 (1981): 1181 – 1268.

② *Gummow v. Gummow* 356 N. W. 2d 426, 429 (Minn App, 1984).

③ Alicia Brokars Kelly, "The Marital Partnership Pretense and Career Assets: The Ascendancy of Self Over the Marital Community", *Boston University Law Review* 81, 1 (2001): 59 – 125; Martha Fineman, *The Illusion of Equality*: *The Rhetoric and Reality of Divorce Reform* (University of Chicago Press, 1991).

根据 1984 年第 88 号《婚姻财产法》（Matrimonial Property Act）的规定，南非似乎实行有限夫妻财产共同制度。① 一些发展中国家，例如萨摩亚群岛和汤加群岛，依旧没有与夫妻财产分割相关的法律，因此必须依推定信托理论作出决定。② 可分性和均等性规则在波兰被视为一种默认规则。③

据玛丽娅·达尔潘（Mariya Dalpane）称，哈萨克斯坦也遵循着一种财产规则，④ 即婚前财产为夫妻各自分别所有，但在婚姻存续期间通过收入所购买的财产将成为夫妻共同财产；斯洛文尼亚也是如此（推定离婚时双方各得一半）。⑤ 自 20 世纪 80 年代末伊斯兰家庭法通过以来，⑥ 在印度尼西亚的伊斯兰教法院对婚姻期间可获得的财产作出了从 1/3 到 1/2 的裁决。

美国的夫妻财产共同制以从欧洲衍生的民法为蓝本，该制度已在欧洲大陆施行。例如在西班牙，其《民法典》第 1346 条和第 1347 条规定了分别财产和共同财产（称夫妻合伙关系）。一般而言，除婚姻期间发生的个人

---

① Jacqueline Heaton， "The Proprietary Consequences of Divorce"，in Jacqueline Heaton ed.， *The Law of Divorce and Dissolution of Life Partnerships in South Africa* （Claremont：Juta，2014），pp. 98 – 107.

② Jennifer Corrin Care， "For Better or Worse：Marriage and Divorce Laws in the Kingdom of Tonga"，in Bill Atkin ed.， *The International Survey of Family Law* （Bristol：Jordan Publishing，2007），pp. 291 – 306；Jennifer Corrin， "Getting a Fair Share：Financial Relief on Breakdown of Marriage in Samoa"，in Bill Atkin ed.， *The International Survey of Family Law* （Bristol：Jordan Publishing，2008），pp. 295 – 313.

③ Anna Stepien-Sporek，Pawel Stoppa & Margaret Ryznar， "The Rules on the Administration of Community Property in Poland"，in Bill Atkin ed.， *The International Survey of Family Law* （Bristol：Jordan Publishing，2012），pp. 271 – 279 （自 1965 年《家庭和监护法典》以来遵循限制共有原则，Act of 2 February，1964，J. L. No. 9，Item 59）；尽管存在就个人所有财产达成协议之可能，这类协议将使可能缺乏经验的配偶采取法律行动。Anna Stepien-Sporek，Margaret Ryznar， "Separation of Assets with Equalisation of Accrued Gains （Accruals）：A Marital Property Regime for the Modern Family?"，in Bill Atkin ed.， *The International Survey of Family Law* （Bristol：Jordan Publishing，2014），pp. 419 – 429.

④ Mariya Baideldinova Dalpane， "Matrimonial Property and its Contractual Regulation in Kazakhstan"，in Bill Atkin ed.， *The International Survey of Family Law* （Bristol：Jordan Publishing，2011），pp. 247 – 257.

⑤ Viktorija Žnidaršič Skubic， "The Reform of Slovenian Family Law：Property Relations Between Spouses"，in Bill Atkin ed.， *The International Survey of Family Law* （Bristol：Jordan Publishing，2008），pp. 367 – 378.

⑥ Noor Aziah Modh Awal， "Family Laws in Malaysia：Past，Present and the Future"，in Bill Atkin ed.， *The International Survey of Family Law* （Bristol：Jordan Publishing，2007），pp. 181 – 205.

财产的增长转变为共同财产（夫妻合伙关系）外，这些规定遵循非继承财产取得规则。根据其《民法典》第 1349 条的规定，配偶一方对养老金的支配权是独立的，但婚姻期间所产生的孳息、养老金或利息是婚姻财产。根据第 1441 条的规定，离婚时，婚姻财产将被平均分割。在《拿破仑法典》中，婚姻建立了一个会持续到死亡的共同体（在这种情况下，配偶将获得一半的共同体份额，剩余部分成为死者的遗产），或者正如人们所公认的，离婚时配偶一方将获得平等的或者公平的份额。①

普通法州的女性在 19 世纪下半叶以前不被允许同丈夫分别拥有财产或者同丈夫签订财产协议，若其在离婚时没有过错且单身，她们将从丈夫那获得扶养费或者津贴。随着无过错离婚的出现与盛行，扶养费变得微不足道。玛莎·法曼（Martha Fineman）曾指出，因妇女背负的家庭责任更大，离婚判决呈现的是一种"虚幻的平等"。女权主义者坚持主张将家务劳动引入公平分配立法。时至今日，支付妻子扶养费的判决依旧少见。

笔者比较了亚利桑那州（共同财产州）和印第安纳州（公平分配州）中两个县近 1000 份的离婚法庭记录，这些记录都选取 2008 年中的 3 个月为样本时间，而且都涉及孩子，该研究显示配偶扶养确实不普遍。② 在这两个州的已判决案例中，亚利桑那州 14.7% 的判例与此有关，而在印第安纳州只有 3.6%。亚利桑那州的这一比例在 20 世纪 90 年代玛莎·加里森（Marsha Garrison）在纽约（15%）③ 和 2002 年笔者在艾奥瓦州（5%）以及 1982 ~ 1983 年维希克（Wishik）在佛蒙特州（7%）发现的数值之间。④ 在印第安纳州，有 52.7% 的案件涉及婚姻住宅，而亚利桑那州则是 47%。这两个州约 40% 的案件都有涉及养老金。涉及公司的案件在印第安纳州占 6.2%，在亚利桑那州占 9.7%。此外，涉及其他主要资产的案件，如额外的房地产和股票等，在印第安纳州占 8.8%，在亚利桑那州占 13.8%。

---

① American Law Institute, *Principles of the Law of Family Dissolution* (Philadelphia: American Law Institute, 2002).

② Margaret F. Brinig, "Result Inequality in Family Law", *Akron Law Review* 46 (2016).

③ Marsha Garrison, "How do Judges Decide Divorce Cases? An Empirical Analysis of Discretionary Decision Making", *North Carolina Law Review* 74 (1996): 401 – 552.

④ Heather Ruth Wishik, "Economics of Divorce: An Exploratory Study", *Family Law Quarterly* 20, 1 (1984): 79 – 103.

关于离婚时的婚姻住宅，在亚利桑那州，配偶各方获得的概率对等，但在印第安纳州，男方获得的概率是前者的近两倍。这两个州 2/3 的案例都将婚姻住宅出售并将所得款项平等分配给各方。若一方在离婚时获得婚姻住宅，则通常通过交换财产（如领取养老金的权利）或现金给另一方一半的补偿。如 *Gamble v. Gamble* 案①，妻子获得了房子，而丈夫得到了全部养老金，尽管养老金的分配在几年内都不会发生。

除个别特殊情形之外，亚利桑那州和印第安纳州都推定财产由配偶双方平等共享。在这两个州，除助学贷款（印第安纳州 6.5% 的案例，亚利桑那州 12.8% 的案例）仍是学生配偶一方的个人债务外，婚姻债务由配偶双方共同平等承担。在一些案例中，每个州约有 4% 的破产程序中止了离婚。有时只有配偶一方请求破产；有时双方都请求这种法律救济。

三　关于婚姻财产需回答的四个问题

《统一结婚离婚法》的报告人罗伯特·列维（Robert J. Levy）列出了在婚姻财产案件中应提出的四个问题。② 这些问题以及它们的各种变化，已经存在了超过 1/4 个世纪。同样，要认识到，问题的答案将取决于各州情况。具体问题如下。

（一）　是财产吗？

不动产、家具、珠宝首饰、艺术品、家用汽车等这些显而易见的物品当然属于财产。一些相对流动的资产，如银行账户资金、现金、证券等，亦成为人们能够想到要分割的部分。甚至宠物、珍贵的门票也不外乎成为分割对象。

相对不明显的财产主要与延迟收益或人力资本有关。通常而言，配偶一方在婚姻关系存续期间所挣但在以后才可实际获取的财产被认为是婚姻财产。这些财产主要涉及养老金、退休金、年终或季度奖金、尚未支付的佣金、专

---

① *Gamble v. Gamble* 421 S. E. 2d 635 （Va Cir. Ct. 1992）.
② Robert J. Levy, "An Introduction to Divorce-Property Issues", *Family Law Quarterly* 23, 1 （1989）: 147 – 161.

利使用费等。近些年较为棘手的问题主要涉及未来收益，如职业商誉、专业学位或其他"提高收入的能力"，并因此产生数百个案例和大量评论。

1. 专业学位

专业学位在 *Marriage v. Graham* 案①中被认为不具有普遍意义上的财产属性，不在广义的"财产"概念范畴内。理由是，学位属于持有者个人，不可被继承、出售、转让或抵押等，并在持有者死亡时终止。它仅是持有者通过前期努力获得的智力成就，在公开市场上没有任何客观的交换价值或可转让价值。换言之，学位持有者只有在未来将提高收入的能力投入社会才能变得有价值。若学位被法院视为财产并通过预测明确价值，则有可能会使学位持有者受限在无回报或不合适的特定职业上。例如，一方配偶因学位导致学术生涯失败，因此不会产生预期价值。②

将学位归入财产范围违背了"彻底分割"原则，原因在于其所具有的价值是基于未来获得的财产，同时也违背了无过错离婚原则。无过错离婚的彻底分割模式侧重于财产分割而非配偶扶养。在格雷厄姆（Graham）案中，工资收入型（非学生）配偶可将其作为获取补偿的因素之一，即他或她有权在离婚时对婚姻关系存续期间获得的其他财产分得更大份额。如我们所见，这种补偿形式在短暂的婚姻中，仅仅是一个虚无缥缈的承诺。

然而，在纽约，包括 *O'Brien v. O'Brien* 案③、*McSparron v. McSparron* 案④以及 *Woodworth v. Woodworth* 案⑤在内的一些案件，认为学位自一方获取后便属于财产。其给出的理由是，学位是整个家庭共同努力与付出的产物，持有者为获取学位付出的努力，不仅是为了自己，也是为了整个家庭，非学生配偶对此也以其他形式付出努力、做出贡献，这些并非单纯是对学生配偶一方的馈赠，也并非只是为了自己，而是为了整个家庭之利益。因此，当学位是家庭成员共同努力得出的结果时，依公平原则之要求，未获得学

---

① *Marriage v. Graham* 574 P. 2d 75，77（Colo. 1978）.

② 参见 *Srinivasan v. Srinivasan* 396 S. E. 2e 675（Va. App. 1990），其他财产大致被平均分配。

③ *O'Brien v. O'Brien*，489 N. E. 2d 712（N. Y. 1985）.

④ *McSparron v. McSparron*，87 N. E. 2d 758（N. Y. 1995）.

⑤ *Woodworth v. Woodworth*，337 N. W. 2d 332，334（Mich. Ct. App. 1983）. 一般讨论声称，对收入能力的贡献同产生未来收益的其他资产一样，参见 Allen M. Parkman，"Human Capital as Property in Celebrity Divorces"，*Family Law Quarterly* 29（1995）：141 - 169.

位的非学生配偶理应得到相应补偿。

此外，除了接受非学生配偶一方的扶持外，学生配偶在接受学位教育期间，还可选择贷款（在攻读学位的事例中，贷款可能会为这种风险活动提供部分资金支持）。银行向学生配偶发放贷款看中的是利息回报，而非其未来收入的份额。提供的贷款除了可用于教育开支之外，也可用于生活费用开支，且从理论上来讲，在婚姻关系存续期间，偿还贷款是夫妻双方的义务。非学生配偶可能在另一方攻读学位时，为了维持家庭生活而继续从事不太满意的工作或者推迟自己进行继续教育的计划，抑或者通过做额外的家务、放弃假期和娱乐等为家庭做出其他许多牺牲，倘若只是补偿其经济投入，而不肯定其贡献，极有可能亏待非学生配偶，因此，补偿非学生配偶对学位的全部贡献是恰当的。在大多数未将高等学位视为婚姻财产的州中，非学生配偶一方的牺牲可能会被当作由他方给予扶养费的因素之一。① 在美国，目前有超过一半的州认为非学生配偶一方对获取高等学位的他方所做的贡献可以在离婚分割财产时作为考量因素。②

2. 养老金

养老金通常被认为是共同财产。最主要的问题是涉及尚未支付的养老金，至少对于这些养老金，雇员缴纳的金额与工资相当，足以作为夫妻财产进行补偿，只是实际支付时间可能会推迟到以后。争议点在于，是离婚时支付配偶的份额，还是推迟至雇员配偶退休时进行支付。养老金可根据联邦《雇员退休收入保障法案》（Employee Retirement Income Security ACT，简称 ERISA）、《美国法典》（United States Code，简称 U. S. C.）第 29 卷第

---

① 例如，In re Marriage of Olar 747 P. 2d 676，678（Colo. 1987）（和格雷厄姆在同一法庭判决），*Mahoney v. Mahoney* 653 A. 2d 527（N. J 1982）（补偿扶养费）；Cal. Fam. Code § 2641（b）（1）（共有补偿）；*Haughan v. Haughan* 343 N. W. 2d796，800 - 03（Wis. 1984）（"在可能的情况下"补偿机会成本和社会贡献）；Ind. Code Ann. 5 31 - 15 - 7 - 6（如果婚姻财产很少或没有，仅以另一方接受高等教育所需的学费、书本费和实验费为基础，给予经济补偿金）；Ariz. Rev. Stat. 5 25 - 319（A）（6）（作为维持生活的理由）。有些州还根据恢复原状理论给予补偿。例如，参见 *DelaRosa v. DelaRosa* 309 N. W. 2d 755（Minn. 1981）（补偿经济支援贡献）。

② Linda D. Elrod, "Robert G. Spector, Review of the Year in Family Law 2006 - 2007：Federalization and Nationalization Continue", *Family Law Quarterly* 42（2008 - 2009）：713 - 756；参见 Va. Code Ann. § 20 - 107. 1（E）（9）through（12）。

1001 条及以下规定进行划分。该法案将合格的家庭关系令（Qualified Domestic Relations Order，简称 QDRO）定义为符合一定形式要求，并允许候补受款人（非雇员配偶）获得依《美国法典》第 29 卷第 1056 条第（d）款第（3）项应支付给参保人的全部或部分福利的州法院判决。尽管一些州已经颁布了类似规定，但 ERISA 不包括公共雇员养老金，详细内容请参阅美国法律学会《家庭解体法原则》第 4.08（g）条。

在一个相对较早的案例（*Deering v. Deering*）中，丈夫在双方婚姻期间有 12500 美元的公务员养老金。法院认为它是可分割的，并引用了许多州的案例，讨论了不同的支付方式。

通常，若在离婚时尚未拨付养老金，它们往往在实际发放时进行分配支付。在近期一个案例中，前夫在收到消防队员伤残津贴后，按照离婚条款直接向前妻支付条款所规定百分比的消防员伤残津贴，因为离婚条款要求前夫支付包括此类津贴在内的部分退休金，尽管通常而言，伊利诺伊州法规要求的合格的家庭关系令不包括残疾津贴。[①]

3. 佣金

在美国，佣金普遍被认为属于共同财产。如韦德婚姻案（Marriage of Wade）[②]根据在婚姻期间获得的续保佣金的百分比，分割保险代理人的终止付款。

4. 商誉

根据加州《商业与职业法典》第 14100 条，"商誉"被定义为持续公共赞助的期望，且取决于公司的公平市价。在汉森案（*Hanson v. Hanson*）中，商誉被法院认定属于财产。[③] 美国法律学会在《家庭解体法原则》第 4.07 条之（3）（a）中将商誉规定为夫妻财产。商誉的价值可以通过近期实际出售的类似专业机构、专家证词或购买要约来实现。[④] 但在其他案例中，职业商誉与盈利能力不可区分，因此是独有财产。[⑤] 在多数情形下，职业商誉可

[①]　In re Marriage of Benson，33 N. E. 3d 268（Ill. App. 2015）.

[②]　Marriage of Wade，923 S. W. 2d 735（Tex. App. 1996）.

[③]　*Hanson* v. *Hanson*，735 S. W2d 429（Mo. 1987）.

[④]　参见 *Sorenson v. Sorenson*，839 P. 2d 774，776（Utah 1992）（除非专业人士退休或出售其业务，否则其声誉不应与专业或高等学位区别对待：两者都只是会提高持有人的收入能力）.

[⑤]　Marriage of Zells，572 N. E. 2d 944，945 - 56（Ill. 1991）（商誉只是"收入潜力"）；*Nail v. Nail*，486 S. W. 2d 761（Tex. 1972）（涉及单一执业者）.

视为财产，前提是需要提供实质性证据以证明其具有价值。[①]

（二）是婚姻财产还是个人财产？

美国法律学会《家庭解体法原则》第4.03条概述了分居和婚姻财产的一般概念。如该条注释（a）所述，一般规则的替代办法对所有财产适用相同原理，无论该财产如何取得或由谁取得，这将在"财产混同"标题下讨论。大多数州都允许在离婚时分割配偶双方在婚姻关系存续期间通过劳动获取的财产，或实行非继承财产取得制。

若个人财产被动增值，则增值部分还是个人财产。详见美国法律学会《家庭解体法原则》第4.04条评论1。多数共同财产州也将个人财产的收益划分为个人收入，大多数普通法公平分配州亦是如此，但有的共同财产州将此收益划为共同收入。[②] 然而，任何财产的增值都不可能只通过配偶的个人努力而实现且始终保持独立。

若在用个人财产购置新财产之前，将该财产存入夫妻共同账户，则新财产会成为夫妻共同财产；[③] 将新财产以夫妻共同名义存放也会产生同样效果。详见《加州家事法典》第2581条（除非通过书面协议或契约明确声明财产是独立所有，否则推定为夫妻财产）。这套变形规则似乎在意大利也适用，但在波兰或法国则不然。

针对个人财产进行的改进，不会使其转变为夫妻共同财产，故只有房屋价值的增长额才属于夫妻共同财产。在德国，由于缺乏关于这一主题的家庭法法规，故根据《德国民法典》第313条的规定，在合同受阻理论下，若预期双方关系会持续下去，将承认实质性贡献。根据希腊法律，也会得到类似结果，即"要求参与另一方资产的增加"，如此意味着一方在婚姻解

[①] 例如，*Hanson v. Hanson*，738 S. W. 2d 429（Mo. 1987）；*Eslami v. Eslami*，591 A. 2d 411，418（Conn. 1991）（允许对放射医疗实践进行估价，因为收入流实际上可以转移给愿意购买的人）。在共有财产州处理职业商誉的例子，如 *Nail v. Nail*，486 S. W. 2d 761（Tex. 1972）（单一执业者的商誉不可分割），但 In re Marriage of Foster 117 Cal. Rptr. 49（Cal. App. 1974）及 *Todd v. Todd*，78 Cal. Rptr. 131（Cal. App. 1969）这两个案件都确定了职业信誉分割原则。

[②] 美国法律学会《家庭解体法原则》第663页第4.04条评论1。

[③] *Taylor v. Taylor*，387 S. E. 2d 797（Va. App. 1990）。

除或废止后，有权向另一方请求分割婚姻期间积累的资产份额，但前提是请求方能够证明资产的增值也是由于他或她做出的贡献（《希腊民法典》第1400条第1款和第2款）。该贡献通常被认为是增值部分的1/3。此外，婚前购买的用于婚后居住的房屋或使用的家具，通常被认为是夫妻共同财产。

1. 版税

在 *Morgenstern v. Morgenstern* 案①中，法院考虑了小说《夜马戏团》的版税问题。因该小说是在婚姻关系存续期间完成写作的，版权便也在该期间获得，故版权收益可被分割。对于在婚姻关系存续期间发明但并未上市的医疗器械，即使其经济价值尚不明晰，但也被认为是夫妻共同财产。

2. 赠 与

关于股票赠与，除配偶间的赠与属于夫妻共同财产外，其余赠与均是受赠方的个人财产。例如，*Theismann v. Theismann* 案②中，虽然婚姻持续时间很短，丈夫为婚姻带来了较多经济贡献，但因丈夫将财产从他个人名义变更为双方共同名义，使妻子在价值250多万美元的婚姻财产中获得了近100万美元。哈萨克斯坦也遵循这样一条规则，即向配偶双方所为的赠与或未明确指明给配偶一方的赠与为共同财产。

3. 财产混同③

不管财产所有权在谁的名下，法院均可公平分配属于任何一方或双方的财产。在没有公证合同或限制特定资产的情况下，荷兰普遍实行的共同财产制还包括婚前拥有的财产。④ 由于固有的会计问题而备受批评的普遍做法限制了婚姻期间的共同所有权，但规定的"净额结算"使每个人在离婚

---

① *Morgenstern v. Morgenstern*，2015 BL 251121，Mass. App. Ct.，No. 14P341，8/6/15. *Heinze v. Heinze*，631 N. E. 2d 728（Ill. App. 1994）（也分割未来的图书版税）。

② *Theismann v. Theismann*，471 S. E. 2d 809（Va. App. 1996）。

③ Oldham J. Thomas，"Divorce，Separation and the Distribution of Property"，*Law Journal Press* (1987). 列表包括康涅狄格州、夏威夷州、印第安纳州、堪萨斯州、马萨诸塞州、密歇根州、密西西比州、蒙大拿州、新罕布什尔州、北达科他州、南达科他州、佛蒙特州、华盛顿和怀俄明州。参见 Mont. Code Ann 5 40 – 4 – 202（a）(2005)。

④ Gregor Van der Burght，"The Netherlands：Overview of Matrimonial Developments"，in Bill Atkin ed.，*The International Survey of Family Law*（Bristol：Jordan Publishing，2007），pp. 207 – 215；Shoshana Grossbard-Shechtman，Olivia Eckert-Jaffe，Berrand LeMennicier，"Property Division at Divorce and Demographic Behavior：An Economic Analysis and International Comparison"，conference paper，Atlanta，Georgia.

后都能获得 50% 的收益。安托科尔斯卡亚（Antokolskaia）表明，将荷兰与其他国家（地区）的共有制进行立法协调已受到越来越多的欢迎，并为研究委员会所建议。

4. 工伤事故补偿和个人损害赔偿裁定额

关于工伤事故补偿和个人损害赔偿裁定额，若它旨在替代以后的工资收入，则被认为是个人财产，① 但若只是替代婚姻期间损失的工资或支出的医疗费用，则至少部分被认为是婚姻财产。②

5. 彩票收益

在彩票中奖情况下，任何一方都没有付出努力。在共同财产州，若使用共同财产购买彩票，则中奖所得财产也属于共同财产。③ 在普通法公平分配州，因中奖纯属"偶然情况"，且配偶的"出资"对中奖的意义微乎其微，故通常平均分配所中财产。④ 或者，各州也可能使用常见的"公平"分配方法。⑤

6. 转变

托马斯·奥尔德姆（Thomas Oldham）认为，将财产从个人财产转变为婚姻财产或共同财产是一个漫长的过程。例如，在 *Cousins v. Cousins* 案⑥中，一个继承的企业被用于组建一家新的弗吉尼亚公司，并变成了婚姻财产。

---

① *Ramsey v. Ramsey*, 682 So. 2d 797（La. App. 1996）; *Hatcher v. Hatcher*, 933 P. 2d 1222（Ariz. 1996）; *Christmas v. Christmas*, 787 P. 2d 1267（Okla. 1990）; *Landwehr v. Landwehr*, 545 A. 2d 738（N. J. 1988）; Marriage of Pugh, 906 P. 2d 829（Or App. 1990）（即使各州对个人财产和婚姻财产没有区别，法院仍将较大份额分配给侵权原告）; *Zeb v. Zeh*, 618 N. E. 2d 1376（Mass. App. 1993）; *Bywater v. Bywater*, 340 N. E. 2d 102（Mich. App. 1983）（认为疼痛和痛苦补偿是可以分割的），但 *Van de Loo v. Van de Loo*, 346 N. W. 2d 173（Minn, 1984）（不作为婚姻财产分割）; *Amato v. Amato*, 434 A. 2d 639（N. J. Super. 1981）（不可分割的；如同个人财产的替代）.

② Tex Family Code Ann § 3. 0001（3）（2005）; *Thomas v. Thomas*, 408 S. E. 2d 596（Va. App. 1991）; *Brown v. Brown*, 675 P. 2d 1207（Wash. 1984）; In re Marriage of Smith, 405 N. E2d 884（Ill. App. 1980）.

③ 参见 Marriage of Rossi, 90 Cal. App. 4th 34, 108 Cal. Rptr. 2d 270（2001）; *Lynch v. Lynch*, 791 P. 2d 653（Ariz. App. 1990）.

④ 参见 *Thomas v. Thomas*, 579 S. E. 2d 310（S. C. 2003）; *Ullah v. Ullah*, 555 N. Y. S. 2d 834（App. Div. 1990）.

⑤ 例如 *Alston v. Alston*, 331 Md. 496, 629 A. 2d 70（1993）; *DeVane v. DeVane*, 280 N. J. Super. 488, 655 A. 2d 970（App. Div. 1995）.

⑥ *Cousins v. Cousins*, 5 360 S. E. 2d 882（Va. App.）.

若购置物所用资金既有婚姻财产也有个人财产，则可按各自比例进行分割。① 在有些州，财产混同本身并不会将一方个人财产转变为双方的婚姻财产。②

7. 分居期间获得的财产

双方在分居期间获得的财产通常被认为是婚姻财产，③ 一些州以解除婚姻关系的法令作为确定婚姻关系终结的依据。而有些州将"婚姻终点"留待司法自由裁量。④

（三） 价值是多少?

一个当事人为弗朗西斯（Francis）的有趣婚姻案例，关乎对医学学位的价值评估。⑤ 评估专家通过利用计算模型，估算预期执业内普通大学的毕业生同医生相比的收入差异数额并将其换算成现值，同时指出，大多数医生70%的收入源于劳动（或将来的努力），其余30%则用作接受教育时的资本投资。如此一来，配偶双方可依据对该数额的相对贡献进行分割。

（四） 分割/分配的依据/标准是什么?

婚姻和家庭财产可以在公平或平等的基础上进行分配。三个共同财产州坚持平均分配财产的原则。⑥ 一些公平分配的普通法州从平等分配的假设

---

① *Schweizer* v. *Schweizer*，484 A. 2d 267（Md. 1984）.

② Marriage of Nagel，478 N. E. 2d 1192（Ill. App 1985）；*Stephens* v. *Stephens*，842 S. W. 2d 909（Mo. App. 1992）；Ohio Rev. Code Ann. 5 3105. 171.

③ *Brandenburg* v. *Brandenburg*，416 A. 2d 327（N. J. 1980）.

④ Marriage of Van der Nuell，28 Cal. Rptr. 2d 447（App. 1994）. 这一问题在美国法律学会《家庭解体法原则》第659～662页第4.03条和评论e和f中得到了普遍讨论，以及Carol S. Bruch，"The Legal Import of Informal Separations：A Survey of California Law and a Call for Change"，*California Law Review* 65（1977）：1015－1085。一宗个案涉及一名被诊断患有癌症的妻子在分居后所产生的重大医疗开支，参见 *Fuebrer* v. *Fuebrer*，51 N. E. 2d 1171（Ind. App. 1995）。

⑤ Marriage of Francis，442 N. W2d 59（Iowa 1989）（参见案件中提到的理查德·A. 斯蒂芬森教授1988年6月2日的报告）。

⑥ Cal Fain. Code § 2550；La. Rev. Star. Ann. ∞ 9. 9：2801（4）（b）and New Mexico. 参见 *Ruggles* v. *Ruggles*，868 P. 2d 182. 188（1993）。

开始，如在 *Brown* v. *Brown* 案中，甚至假设作为家庭主妇的配偶有同等贡献。[①]

1. 过错的作用

依受调查的亚利桑那州非专业人士之见，对财产进行大致平等分割是公平的。[②] 然而，正如目前所讨论的，在进行分割时，财产损耗理应被考虑，如美国法律学会《家庭解体法原则》第 4.10 条之（3）的规定。布拉弗和埃尔曼（Braver & Ellman）曾对亚利桑那州的居民进行调查，但结果显示大多数人都不乐意考虑过错，即使是公认的不正当通奸行为。[③]

2. 因素清单

当事人的经济状况以及各方对取得待分割财产的贡献都能以平等的收入分配形式来自动实现。

3. 短期婚姻

笔者通过调查发现，婚姻期限之重要地位无可非议。以夫妻收入和婚姻期限为推测依据可得，20% 的离婚案件可能涉及住宅产权，31% 的离婚案件可能涉及养老金。

4. 资产流失

根据美国法律学会《家庭解体法原则》第 4.09 条之（2）（b）、第 410 条之（3）的规定，资产流失被视为考虑过错因素的种类之一。若配偶一方为了从婚姻财产中提取资产而将财产转让给第三方，此举将不会得逞（即

---

① Sanford L. Braver, Ira Mark Ellman, " Citizens' Views About Fault in Property Division", *Family Law Quarterly* 47 (2013)：419 – 420；*Brown* v. *Brown*, 914 P. 2d 206 (Alaska 1996)；Fla. Stat. Ann. 5 61.075（如果没有法院的书面裁决，则平等分配）。例如，参见 *Ferguson* v. *Ferguson*, 357 N. W. 2d 104 (Minn. App. 1984)；Christopher Cornwell , Peter Rupert, "Unobservable Individual Effects, Marriage and the Earnings of Young Men", *Economic Inquiry* 35 (1997)：285 – 294；Allen M. Parkman, "Bring Consistency to the Financial Arrangements at Divorce", *Kentucky Law Journal* 87, 1 (1998)：51 – 93.

② Ira M. Ellman, et al., "Family Law：Cases, Text, Problems (5th edn)", *Lexis Nexis*, 2014；*Israel* v. *Allen*, (Arizona Rev. Stat., 25 – 318 (c) – 25 – 318 (c))；Ira Mark Ellman, Sharon Lohr, "Marriage as Contract, Opportunistic Violence, and Other Bad Arguments for Fault Divorce", *Illinois Law Review* (1997)：719 – 771；美国法律学会《家庭解体法原则》第 4.10 条（32 个州完全排除，另外 3 个州几乎排除）。

③ Barbara Bennett Woodhouse, Katharine T. Bartlett, "Sex, Lies, and Dissipation：The Discourse of Fault in a no-Fault Era", *Georgetown Law Journal* 82, 5 (1993 – 1994)：2525 – 2569.

使善意第三方可能主张赔偿）。① 离婚所产生的财产分割债务，存在因破产而被免除之可能，这一点与子女抚养及配偶扶养有所不同。②

如前所述，法院可以通过判付现金以弥补财产所有权上的差异，这种差异可能被用于"块状"资产或不同收入的婚姻，甚至是难以分割的情况。根据新西兰 1976 年《财产（关系）法》［Property（Relationships）Act］第 15 条的规定，这项权力在新西兰也适用，尽管有人批评它预设了过多的不确定性，并给予了审判法院过多的自由裁量权。

5. 所有权转移

除马里兰州以外，美国各州法院可将一方的财产所有权转移给另一方所有，或将共同财产所有权转移为个人单独所有。③

若财产所在地和离婚所在地分别在不同的州，一般会适用财产取得州的法律。④ 但如果夫妻经常搬家，有时也会适用离婚法院所在州的法律，尤其是有的州不论财产如何取得，皆允许在任何地方分割所有财产（财产混同州）。例如，金玛（Kingma）讨论了缅因州 *Zeolla v. Zeolla* 案⑤，尽管涉及马萨诸塞州的财产（公平分配规则）。

6. 不可修改

财产分割令是不可修改的最终命令。因此，依美国宪法第 4 条第 2 款之规定，财产分割令将被其他州给予充分信任和认可。

四 婚前协议

婚前协议最初因被认为对离婚有较大影响而不为美国立法接受。无过错离婚出现后，大约有一半的州相继通过《统一婚前协议法案》（Uniform

---

① 例如，*Meuhlanthaler v. DeBartolo*，347 N. W. 2d 688（Iowa. 1984）；*Abraham v. Abraham*，279 N. W. 2d 85（Nev. 1979）；*Buchanan v. Buchanan*，585 S. E. 2d 533（Va. 2003）。

② In re Lecak，38 B. R. 164（S. D. Ohio 1984）。

③ 参见 *Ward v. Ward*，426 A. 2d 443（Md. App.），上诉 449 A. 2d 443（1982）。马里兰州通过现金补偿公平地分配不动产。在其他州，许多情况下，由于可能没有其他财产用以补偿，现实情况是夫妻共同居住的房屋将被出售，所得净收入将被分割。

④ Kenneth W. Kingma，"Property Division at Divorce Or Death for Married Couples Migrating between Common Law and Community Property States"，*ACTEC Journal* 35，1（2009 – 2010）：74 – 96。

⑤ *Zeolla v. Zeolla*，908 A2d 629（Maine 2006）。

Premarital Agreement Act）或《统一婚姻和婚前协议法案》（Uniform Marital and Premarital Agreements Act），开始允许夫妻双方以协议形式改变离婚财产分配方案。[1]

虽然法国也存在多种选择以便婚前同意改变财产共有，但一项研究显示，只有不到 20% 的人实际上选择了其中一种（16% 的人于婚前选择）。[2] 美国的数字依然较低。[3] 其主要原因是当事人过于乐观地认为自身婚姻失败的可能性较低，抑或他们认为此种做法会表现出对另一方的不信任。当笔者在家庭法课堂上对马哈尔（Mahar）的研究进行重复调查时发现，很少有法学院的学生表示他们会主动要求签署婚前协议。

根据 1984 年南非《婚姻财产法》第 88 条，夫妻必须签订婚前协议才能在财产完全分离的情况下结婚。在这份协议中，他们还必须明确排除应计制（延迟收益共有的一种），否则应计制将自动适用于该婚姻。

不同于使用比例较低的婚前协议，约 90% 的案件因涉及常说的分居协议或财产分割协议而在审判前便得到处理。这类协议通常可解决财产分配、配偶扶养、监护及子女抚养等问题，且若不存在重大合同缺陷（或对子女事项约定不足）之情形，常会得到法院的支持。许多实证研究表明，很少有案例存在财产保管期间交易情形。[4] 夫妻间缺乏这种交易可能是因为他们意识到法院有强烈的倾向，即即使在"子女最大利益"的监护权标准不太确定的情况下，也会平等分配财产。

---

[1] National Conference of Commissioners on Uniform State Laws 1983.

[2] Anne Barlow, Elizabeth Cooke, Therese Callus, *Community of Property*: *A Regime for England and Wales?* (Bristol: Policy Press, 2006); Alice Barthez, Anne Laferrère, Contrats De Mariage Et Régimes Matrimoniaux, *Economie Et Statistiques*: *Le Patrimoine Des Français*: *Comportements Et Disparités* 296, 1 (1996): 127 – 144.

[3] Heather Mahar, *Why are there so Few Prenuptial Agreements?*, Harvard Law School, John M. Olin Center for Law, Economics, and Business, 2003; Lynn A. Baker, Robert E. Emery, "When Every Relationship is Above Average: Perceptions and Expectations of Divorce at the Time of Marriage", *Law and Human Behavior* 17 (1993): 439 – 450.

[4] Margaret Brinig, Michael V. Alexeev, "Trading at Divorce: Preferences, Legal Rules and Transaction Costs", *Ohio State Journal on Dispute Resolution* 8 (1993): 279 – 297; Yoram Weiss, Robert Willis, "Transfers among Divorced Couples: Evidence and Interpretation", *Journal of Labor Economics* 11 (1993): 629 – 679.

五 程序：同意离婚

绝大多数不涉及子女的离婚案件，因无财产可分割或当事人已就财产分配达成协议，都以缺席判决形式处理。因这种情况经常发生，当涉及的财产较少时，情况尤其如此。例如，在 20 世纪 80 年代初，一项针对威斯康星州离婚夫妇的调查显示，他们的婚姻财产价值 7800 美元。① 在无子女夫妇和有子女夫妇中，约有 10% 实际上是初审法院裁决的对象。大约有 60% 涉及子女的离婚案件是以双方合意形式处理的，合意内容通常包含财产清算和监护（一般为共同监护）计划。此类离婚案件的同意令，在印第安纳州占 72%，在亚利桑那州占 44.6%。即便如此，在这两个州中，缺席判决（印第安纳州 16.9%，亚利桑那州 38.9%）处理方式仍比对席审判（印第安纳州 10.8%，亚利桑那州 16.4%）所占比重大。这两个州在涉及婚姻住宅、养老金或夫妻债务的离婚案件中更易下达同意令。

占有主要资产并不影响离婚进程的持续时间（从一方配偶提出离婚申请到离婚令颁发的时间），也不影响夫妻收入的稳定和婚姻的持续时间。在印第安纳州，延长离婚进程（大约 8 到 13 个月）的主要原因是有律师在场。另一方面，对于没有代表（自我代表）的夫妇，缺席判决的可能性要大 3.5 倍。

六 结语

虽然用一篇文章尚无法全面论述美国的婚姻财产分割方式，但文中的调查结果的确表明，各州对婚姻关系存续期间的收益或购置物在离婚时从压倒性分割逐渐趋同于近乎均等分割。

---

① Judith A. Seltzer, Irwin Garfinkel, "Inequality in Divorce Settlements: An Investigation of Property Settlements and Child Support Awards", *Social Science Research* 19 (1990): 82 - 111.

2021年卷 总第17卷

家事法研究

RESEARCHES ON FAMILY LAW

司法实务

关于北京市法院人身安全保护令实施问题的调研报告[*]

肖　菲　刘　娜^{**}

【内容摘要】我国《反家庭暴力法》自 2016 年 3 月 1 日起实施，为了更好地了解我国《反家庭暴力法》的实施情况，特别是北京市法院人身安全保护令制度的实施情况，我们对全市法院审理相关案件数量及部分法律文书进行了采样，分析了北京市法院在《反家庭暴力法》实施以来的人身安全保护裁定的相关数据，并总结得出本报告。报告从基本情况分析、申请人身安全保护令案件的司法实践情况以及相关执行情况的建议等部分展开，系统地对北京市人身安全保护令制度的司法实践现状进行分析，以解决"人身安全保护令"在实践中存在的一些问题，推进反家暴司法实践工作的进程。

【关 键 词】北京市区级人民法院　　家庭暴力　　人身安全保护令　　审理及执行

---

*　若无特殊说明，本报告数据来源于北京市法院内网。

**　肖菲，北京市高级人民法院申诉审查庭三级高级法官；刘娜，北京市振邦律师事务所律师。

一 调研背景

家庭暴力问题是严重的社会问题，实施人身安全保护裁定的目的是有效预防和制止家庭暴力，切实维护家庭成员的人身权利，确保民事诉讼活动顺利进行。人身安全保护裁定作为一种民事强制措施，是人民法院进行司法改革的重要举措，也是推进社会管理创新的有效手段。《反家庭暴力法》第23条规定："当事人因遭受家庭暴力或者面临家庭暴力的现实危险，向人民法院申请人身安全保护令的，人民法院应当受理。当事人是无民事行为能力人、限制行为能力人，或者因受到强制、威吓等原因无法申请人身安全保护令的，其近亲属、公安机关、妇女联合会、居民委员会、村民委员会、救助管理机构可以代为申请。"该条文就人身安全保护令的申请标准进行了说明，其主要目的在于预防家庭暴力，保护受害人不再受到暴力伤害。为此，北京市高级人民法院申诉审查庭专门召开了法官会议，对该问题进行了探讨；还召集了朝阳区、海淀区、西城区、房山区法院的法官，专门就此问题召开研讨会，对人身安全保护令执行问题进行了多方位、多角度的研讨。

（一） 全国实施基本情况

从全国已公布的数据来看，2016年3月至2018年2月，我国签发人身安全保护令共计813份，北京市共作出裁定151件，基本处于全国首位，江苏省、四川省以及陕西省各法院审理的案件数量分别次之。此外，河北省、山西省、辽宁省、吉林省、河南省、云南省、青海省、西藏自治区以及宁夏回族自治区共9个省市自治区的法院审理人身安全保护申请的案件数量均低于10件。① 整体上讲，北京市在家庭暴力案件的保护上是走在前面的。

（二） 北京市法院整体执行概况

1. 各基层法院审理的人身安全保护申请案件数量差距较大

2016年3月1日，《反家庭暴力法》正式实施第一天，房山区法院在审

---

① 李小非律师团队：《反家暴大数据｜10分钟看〈反家暴法〉实施2周年》，"家事法律圈"微信公众号，2018年3月7日，https://mp.weixin.qq.com/s/pkYunFyY2Zdko6ZxxNJ8qQ。

理的一起涉家庭暴力离婚纠纷案件中作出了首个人身安全保护令裁定。

2. 2018 年度较 2016 年度全市法院申请人身安全保护令的人数有所下降

2016 年北京市法院共办理人身安全保护令申请案件 184 件（其中含 3 件对已作出的人身安全保护令裁定申请变更的复议案件），作出人身安全保护令裁定 79 件。2017 年收案 159 件，作出人身安全保护令 70 件。2018 年收案 138 件，作出人身安全保护令 45 件（见图 1）。及时有效地保护受害人的人身利益和安全，作出裁判的数量是逐年下降的。其中包含收案量也逐年下降的因素。

图 1　2016～2018 年北京市法院办理人身安全保护令
申请案件量以及作出人身安全保护令裁定量

二　北京市人身保护令相关情况分析

（一）当事人自然情况

1. 当事人的性别情况

本次调研共收集北京市 11 家基层法院 2016 年 3 月至 2018 年 12 月共 234 份人身安全保护令的裁定书，从案件中可以得到以下几组数字。

（1）男性为施暴者主流，90% 的申请人为女性

在 234 件案件中，申请人为女性（包括与男性同为申请人）的案件为 211 件，占比约 90.2%；只有 23 件案件申请人为男性，约占 9.8%，42 件案件申请人为男性和女性，约占 18%，其余 169 件申请人全部为女性（见

图 2）。被申请人全部为男性 214 件，占比约 91.5%，被申请人全部为女性 20 件，仅占比 8.5%（见图 3）。

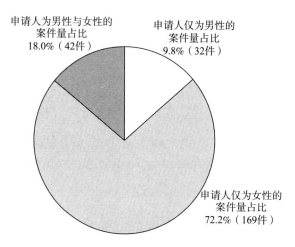

图 2　北京市 11 家基层法院 2016~2018 年度共 234 份
人身安全保护令裁定书之申请人情况

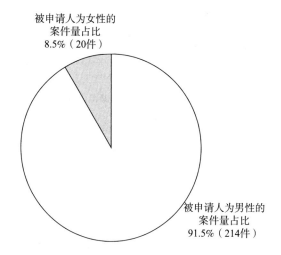

图 3　北京市 11 家基层法院 2016~2018 年度共 234 份
人身安全保护令裁定书之被申请人情况

（2）申请人与被申请人为同性关系的案件中，双方大部分系父母子女关系或其他亲属关系

在申请人与被申请人为同性的案件中，共 33 件案件中双方当事人同为

女性，共 14 件案件中双方当事人同为男性。

2. 当事人年龄情况

在 234 件案件中，申请人与被申请人以 70 后、80 后为主，其中申请人中 80 后最多，共 75 件，约占 32.1%，而被申请人中 70 后最多，共 84 件，约占 35.9%。因此可以看出受暴者 80 后最多，施暴者 70 后最多。申请人年龄最小的是 6 岁，最大的是 90 岁；被申请人年龄最大的是 80 岁，最小的 22 岁。

（二）当事人施暴方式

1. 234 件案件中涉及的家庭暴力类型

第一，受暴者几乎都曾遭受肢体暴力。在 234 件案件中，申请人自诉遭受肢体暴力的案件占比最大，约占 92.7%，共 217 件。此外，申请人自诉遭受精神暴力的案件次之，共 10 件。申请人自诉遭受限制人身自由的案件共 4 件，而申请人自诉遭受经济控制的案件最少，仅 3 件（见图 4）。

第二，其他暴力类型均不同程度伴随肢体暴力同时发生，尤其是跟踪、语言威胁、打砸物品等，100% 与肢体暴力相伴而生。

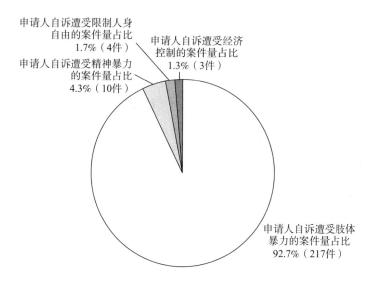

图 4　北京市 11 家基层法院 2016～2018 年度共 234 份案件中涉及的家庭暴力案件情况

2. 大部分被申请人过往均有施暴历史，且施暴对象不仅限于申请人

在 234 件案件中，共 163 个案件的申请人诉称被申请人有家暴史，约占 69.7%。其中，约有 73% 的申请人诉称被申请人仅对其本人施加暴力；而 27% 的申请人诉称被申请人不仅对其本人，亦对他人主要包括父母、子女等亲属施加过暴力（见图 5）。

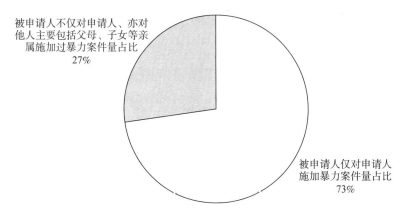

被申请人不仅对申请人、亦对他人主要包括父母、子女等亲属施加过暴力案件量占比 27%

被申请人仅对申请人施加暴力案件量占比 73%

图 5　163 个案件的申请人诉称被申请人
有家暴史的情况

（三）　人身安全保护令的内容

1. 50% 的案件中，法院出具的裁定与申请人诉请的保护令内容基本一致

在 234 件法院出具保护令的案件中，法院出具的保护令与申请人诉请基本一致的案件共 131 件，约占 56%。法院出具的保护令与申请人诉请不一致的案件共 102 件，约占 44%。

2. 禁止令使用最为广泛，迁出令及远离令使用得最少

禁止实施家庭暴力的数据包含禁止殴打、捆绑、残害、限制人身自由以及以经常性谩骂、恐吓等方式实施的身体、精神等侵害行为。

在 234 件法院出具保护令的案件中，法院采用禁止实施家庭暴力这一保护措施的案件数量最多，达 229 件，占比约 98%。法院采用禁止骚扰、跟踪、接触这一保护措施的案件数量次之，达 137 件，约 59% 的保护令中均采用了这一措施。

3. 迁出令及远离令使用最少，驳回率却很高

法院采用迁出令以及远离令这两类保护措施的案件数量均较低，迁出令案件数量为 15 件，远离令的案件仅 7 件，驳回远离令申请的案件共 29 件，驳回率达 43%。

4. 合并采取三种及以上保护措施的情形少见，同时采用禁止实施家庭暴力以及禁止骚扰、跟踪、接触这两类保护措施的案件数量最多

在 234 件法院出具保护令的案件中，保护措施以禁止实施家庭暴力以及禁止骚扰、跟踪、接触这两类保护措施为主，一共 232 件，占 99.2%。

合并采用禁止实施家庭暴力，禁止骚扰、跟踪、接触，迁出令以及远离令共四种典型保护措施的案件数量为 2 件，占 0.8%（见图 6）。

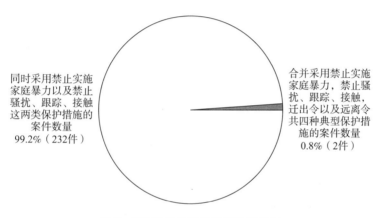

图 6　234 件案件保护措施种类情况

三　大数据下的问题显现

（一）　人身保护令裁定文书上网率低

据北京市高级人民法院审判管理办公室统计，我国《反家庭暴力法》实施三年后，北京市发布的人身安全保护令已过 200 份，但通过智慧云统计系统获得的截至 2018 年 12 月全国各级法院在互联网公布的人身安全保护裁定却只有 48 份。可见，人身安全保护裁定通过互联网公开的比例较低。

（二）　家暴案件基本发生在异性伴侣间，且大多涉及离婚纠纷，具有家暴史的施暴者日后继续施暴的可能性较高

仅就获悉的数据分析发现，北京市人身安全保护裁定的当事人双方主

要为异性配偶，且涉及离婚纠纷的案件数量较多。往往发生在离婚诉讼前、离婚诉讼中及被判决离（不离）婚过程中。

在所统计的数据中，申请人诉称被申请人具有家暴史的比例达到 70%。此外，在申请人向法院申请人身安全保护令前双方曾涉及离婚诉讼但双方在申请人身安全保护令时仍处于婚姻关系的案件中，施暴者并不会因为法院判决不予离婚／一方撤回离婚诉讼请求／双方调解和好等原因而不再对受害方施暴或减少对受害方施暴。

（三） 家庭暴力的类型以肢体暴力为主，肢体暴力与精神暴力的并发程度最高

诉称遭受肢体暴力的申请人达 70%，其中 63% 的申请人同时诉称遭受精神暴力。肢体暴力与精神暴力的并发程度最高。此外，申请人诉称遭受经济控制或性暴力的案件数量少，均低于 10 件。

（四） 各院对人身安全保护令的重视程度不一致

从 2016 年到 2018 年的受理数字中可以看出，有的法院最高一年裁定 42 件，而有的法院却三年仅裁定 0 件。抛开各基层法院管辖人口和案件受理数量因素，不受理此类案件并不代表该管辖地区就不发生暴力危险事件，不代表当事人未就此提出过申请，而是对该保护令重视程度不够，理念不到位。有的法官将家庭暴力简单地理解为夫妻打架，缺乏专业的家庭暴力知识，没有回应的能力。

（五） 证据标准的采用不统一

申请人向法院举证对方存在家庭暴力的案件仅占 36%，其中申请人更倾向于提交向公安机关求助的材料、就医材料以及伤情照片，其他类型的证据材料提交率明显较前三类低。

申请人的举证情况和申请人的对外求助情况密切联系，将近 80% 的案件中申请人均倾向于向公安机关求助。

法院对于证据的采纳情况也有明显特征，对于施暴者的自认材料以及向妇联求助的材料法院的采纳比例是 100%，对于就医材料以及报警材料的采纳比例也高于 50%。

　　从抽取的 234 件人身安全保护令案件中可以看到，有 15 件案件是之前有了公安机关的处罚决定后，法院作出的，这个标准显然略高，但法院做法是正确无疑的。有 82 件案件是有相应报警记录的，可以反映暴力发生的事实。有 85 件是有相应诊断证明的，可以直接证明伤害程度。有 4 件是有法医鉴定结论的，也可以还原当事人被暴力侵害的真相。但从被驳回的案件中也能看到，即使当事人提交上述相应证据，但仍不被法院采信，各个法院及各个法官不同，对证据采信的标准是不统一的，因此也就导致最终的裁判标准不统一。有的案件只有一两个证据就可以得到保护，而有的案件证据充足却被驳回。这就难免出现类似"同案不同判"的情况，使当事人产生较多的疑虑，在暴力事件发生或即将发生时无所适从，使受害当事人不能得到有效、及时的保护。

（六）　裁判文书论理部分不充分

　　通过这 234 份裁定可以看出，无论法院作出人身安全保护令或驳回，论理部分都存在不够充分的问题。几份裁定中均可以看到，在本院认为部分仅以一句话概括当事人的申请"（不）符合"相关法律规定，这样的说理，既不能给施暴人一个接受禁止作出暴力行为等的相关理由，也不能给受害人无法得到保护的合理解释。裁定书的说理部分不够充足，显得整个保护裁定苍白无力，无法达到对施暴当事人震慑的效果。与此相反，我们也发现，有的裁定能够及时驳回当事人申请，用长达 9 页的篇幅进行合理论述，对法院不支持的理由，以及今后当事人应如何相处、如何相互谅解进行了详尽的阐述，通篇下来可以让相关人员感受到法院的公平公正以及浓重的法官关怀之情，使人深受感动及教育。这样的裁定，即使受害人的申请没有得到保护，也可以得到一个合理的解释及感受到人文关怀。但这样的文书并不多见，且有性别意识理念的法官并不多。

（七）　保护措施不统一

　　《反家庭暴力法》第 29 条规定："人身安全保护令可以包括下列措施：（一）禁止被申请人实施家庭暴力；（二）禁止被申请人骚扰、跟踪、接触申请人及其相关近亲属；（三）责令被申请人迁出申请人住所；（四）保护申请人人身安全的其他措施。"从收集到的裁定中可以看到，有的裁定仅有简单的一句"禁止实施家庭暴力"，其他的内容并未涵盖。其实90%的受害人不但遭受身体暴力，还收到骚扰、跟踪、威胁、恐吓等，也包括他（她）的近亲属，如果禁止令中不穷尽上述手段，受害人就不能得到全方位的充分的保护。法官还是应当按照案件相关情况，尽可能地使当事人得到较为全面的保护。

（八） 监督执行不到位

《反家庭暴力法》第32条规定："人民法院作出人身安全保护令后，应当送达申请人、被申请人、公安机关以及居民委员会、村民委员会等有关组织。人身安全保护令由人民法院执行，公安机关及居民委员会、村民委员会等应当协助执行。"由此看到，对于保护令的实施，法院是执行单位，公安机关及居委会、村委会为协助单位。但现实中，保护令发出后，当事人不知道如何真正地执行保护令。保护令往往成为一道对付胆小当事人的"令箭"，对那些不怕法律规定，继续实施暴力的施暴者并不能产生真正的震慑和制止作用。这期间既有法院与公安机关相互"失联"、沟通不足的问题，也存在对当事人遇到暴力如何应对的提前告知问题。有的裁定书下方专门注明："遭遇暴力时，请于第一时间拨打110报警或者向所在单位、居（村）民委员会等单位投诉、反映或求助并注意保留相关证据。"这样的裁定就可以使受害人在危险发生时知道相应的救济途径，有效保护自己的人身安全。

四　相关执行情况的司法建议

（一） 法官应加强性别意识、保护意识

家庭暴力是普遍存在的社会问题，也不是一朝一夕就可以改变的事实，法官在审理此类案件中应有相应的性别意识。从上面数字分析中可以看出，大多女性在家庭中处于弱势地位，因此法官应具有相应的性别意识。有的法官还是传统思想，认为女性遭受暴力是有原因的，是"该打"。事实上，

女方从体力上普遍不占优势，在暴力发生时大多处于劣势，只要身体受到伤害，就不应该出现"对"与"不对"的两种选项，被打就要受到保护，而不是传统思想指向"该不该"的问题。法官在有了性别意识后，才能使女性得到更好的保护。这同样也适用于老年人，老年人体力处于弱势，其自然会成为家暴的受害方，法官对他们的保护同样不应看原因，而应该看到受伤的结果。

（二） 提高法官业务素质，加强业务培训

应设立专业化的审判组织审理涉及家暴案件。家庭暴力案件不同于普通的民事、刑事案件，其主体是有着紧密复杂的亲缘、血缘关系的家庭成员；暴力行为发生在私密的家庭时空内；无论是施暴者还是受暴者，其主观意图、心理需求都明显的有异于普通案件的当事人。因此，对于此类案件，必须有专门的通道，配备具有社会性别意识、反家暴意识以及婚姻家庭案件审理经验的专门人员，以专门化、专业化的审理保障人权，维护和谐，实现正义。目前，在没有此项设置时，法官应注意以下几个方面。

1. 把反家暴培训纳入日常业务学习中

民事案件中，婚姻案件已经不占有绝对数量，家庭暴力案件势必越来越不受重视，因此反家暴的培训也处于边缘状态。一些年轻法官和少数业务庭领导，对家暴问题并没有给予足够的重视。人身安全保护令自然也不会得到很好的实践应用。因此反家暴的业务培训应该提到业务培训日程中来，让法官拥有性别意识，学会运用人身保护令这个工具，使遭受暴力的人群得到合法的保护。反观，台湾地区对法官的反家暴法的学习有硬性指标，相关人员必须有固定学时的业务培训，大陆家事法官不妨在这个方面予以借鉴。

2. 提高对人身保护令签发的证据鉴别能力

家庭暴力的发生基本上是隐蔽的，暴力发生后受害一方不愿声张，因此相应证据的收集就有难度。人身安全保护裁定是预防家庭暴力而不是证明家庭暴力，所以签发保护令的条件并不高。原告对家暴进行举证后，证明责任就转移到被告，被告要对自己的辩解负有举证责任，此时被告承担的不应当是举证责任倒置。对双方提供的证据，法官以优势认定而不能以

确实充分的标准判断确认证据。

法官应适当降低对证据标准的要求，不应一味追求全部证据的完备，应对相应形成证据链条的证据也一并予以采信。比如报警记录、诊断证明、司法医学鉴定、照片、视频以及证人证言等，在予以一一分析并能基本还原事件事实时，就可以认定家庭暴力的发生，及时作出禁止令裁定，使受害人得到合理的保护。如果对证据要求苛刻，提高证据标准，往往达不到保护效果，只会增长加害人的嚣张气焰，难免恶性事件会再次发生。至于审查方式是形式审查还是实质审查，笔者建议形式审查，因审查时限较短，目的是急迫性保护人身，要求不应过于高，审查标准应低于一般离婚案件中认定损害赔偿和家庭暴力的审查标准。如果当事人提交的证据使法官产生申请人需要被保护的内心确认，就可以作出人身保护的裁定，但是可以根据人身保护裁定和内心确认限定一个合理期限，最高为 6 个月，最低没有限定，现实裁定中多数案件给了 6 个月时间，没有区分类型和情况。

法官还应该区分法律规定的给予人身保护令的判断标准。有的离婚后的双方，如果分开生活多年后还上门骚扰，严格来说不应当管，是治安事件，构成轻微伤完全可以拘留。有的纯属治安事件，不宜出具人身保护令。

有的当事人以提出人身保护令来为今后的离婚诉讼做准备，认为提出人身保护令既可以成为遭受家暴的证据，也可以在分割财产、争夺抚养权上占上风。因此法官还要分清当事人的目的进而判断是否存在家庭暴力的情形。曾经有一个案件，申请人在离婚案件该案审理期间连续 6 次报警并提供报警记录，自己拍摄了手部受伤的照片，法官调取了报警记录，仅显示两人有纠纷，没有人身伤害，这种申请就可以驳回。

在审理案件时有些法官将家庭暴力和家庭纠纷混在一起，有的法官认为家庭纠纷就是家庭暴力的最终表现，比如在分割财产时一方为了抢走一部分财产而造成了伤害，其伤情不一定是由于家庭暴力行为产生，而是因为家庭纠纷导致，该行为不应认定为家庭暴力，因此并不需要出具人身保护令。家庭暴力的审查应综合考虑暴力程度，不能仅仅考虑身体伤害，更多应当考虑受害人身心和精神上的损害程度。真正令人害怕的是内心的恐惧，认定家庭暴力更多应考量施暴人是否通过控制导致被施暴人内心的恐惧。在这种情况下，有的法官建议申请人撤回申请可以像撤诉一样，需要经法院审查，法院可以准许或不予撤回。

3. 注重人身保护令"现实性"特征

人身保护令以避免现实性的暴力的发生为主要特征，法官在审理该类案件时应注重该类案件的"现实性"特征，要区分以往发生过的、现在正在发生的和将要发生的暴力事件。有的当事人因为将要离婚而先提出人身安全保护令，法官查实后发现有的暴力事件竟然发生在十年前，因此在作出裁定时一定要注重现实性。

4. 关于家庭成员、亲密关系的界定

一般认为，家庭暴力发生在有婚姻关系和家庭关系的当事人之间。婚姻关系是由法律界定的，那么什么是家庭关系？法律没有规定。像有亲密关系的如非法同居、同性恋中发生的暴力能否适用人身安全保护裁定等，都是实践当中存在的问题。

我国《反家庭暴力法》并未对家庭成员的范围进行定义，我国《民法典》等民事法律中亦未对家庭成员的范围进行界定。我国相关法律确立了配偶、父母子女、兄弟姐妹、祖孙等主体具有民事上的权利义务关系，若据此认定家暴案件中的家庭成员范围似乎过于狭窄。由于过去独生子女政策的推行，独生子女正处于适婚适育年龄，年轻夫妻与双方父母共同居住的情形比比皆是，若将翁婿、婆媳等姻亲排除在家庭成员之外，对于发生在该类人群中的暴力事件将得不到良好的处理，甚至会进一步激化家庭矛盾。

法院对于家庭成员的定义并未局限于"共同居住"这一特征，但也有少数法院因申请人与被申请人双方并未具有如配偶等密切的家庭联系以及共同居住等原因而驳回申请人的诉请。为此，关于家庭成员的界定仍有待进一步明晰。

亲密关系指什么范围的关系，存在或曾经存在情感依恋、经济依赖关系的双方以及日常生活中相互照顾，包括血亲、收养、赡养、恋爱或曾经存在恋爱关系的双方，是否应当纳入人身保护令的范围值得考量。恋爱过程中，以死相要挟，做出一些过分的行为是否符合家庭暴力的范围？能否作为广义上的理解？笔者认为出于保护的角度，亲密关系可以进行扩大的理解，但不能过于扩大。亲密关系的认定范围对于受理案件的范围有所影

响。应当将配偶、前配偶之间发生的暴力行为，伴侣、前伴侣之间发生的暴力行为，父母与子女、子女与老人、祖辈与孙辈之间发生的暴力行为，有配偶者与他人同居期间发生的暴力行为均纳入人身保护令范围之内。

5. 法院作出裁定应严格按照法律规定期限

《反家庭暴力法》第 28 条规定："人民法院受理申请后，应当在七十二小时内作出人身安全保护令或者驳回申请；情况紧急的，应当在二十四小时内作出。"北京市法院出具人身安全保护裁定的周期基本在法定期限内，即在 72 小时内出具。但在 23% 的案件中法院存在超过法定期限才出具人身安全保护裁定的情形，甚至有些法院超过 15 天才出具裁定。

目前关于人身保护令并不适用诉讼时效的规定，但现实法律规定的 72 小时和 24 小时时间确实很短，应该建议增加关于诉讼时效的法律规定，这样就可以采用诉讼时效中止或扣除、延长审限等规定，能给法官更多调取材料的时间，如果因为时限问题没有调取证据，对离婚案件的申请人来说证据不够充分。

在实践中还出现了管辖问题，即关于人身安全保护令案件的管辖法院的确定问题。《反家庭暴力法》第 25 条规定："人身安全保护令案件由申请人或者被申请人居住地、家庭暴力发生地的基层人民法院管辖。"若两人都住在丰台区，在海淀区打架，户口在西城区，若已经由西城区法院受理，移送管辖肯定会超过期限。这种情况下由哪个法院管辖，需要对每个案件进行甄别和探讨。

在事实没有查清的情况下出具相应的裁判文书也是实践中的一个难点。如果不出保护令，驳回后发生了伤害行为，法官是否要承担责任？如果出了保护令，法官连被申请人都没见到，可能是几个月前发生过伤害，无法判断现在是否还存在危险。有的法官也担心直接出保护令单靠证据层面上的判断不太合适，如果只是一些小冲突，直接出保护令对于被申请人的生活上会产生一些不利影响。

法律规定 72 小时内作出保护令，但有时送达也会出现问题。如果送达不到如何处理，被申请人如何行使复议权等也需进一步规定。

（三） 多方协作，加大保护力度

要规定多机构的责任，统一规定对家庭暴力的刑事、民事、行政干预防治手段，明确各相关单位和个人的职责和义务，建立家庭暴力防治的多机构合作机制，使家庭暴力的法律防治收到实效。尤其是公安机关要切实履行好职能，民政部门要建立相应庇护机构，司法部门要及时为受害人提供法律援助，基层组织要大力配合。建议在村组、社区、学校成立协助受害人志愿者队伍，对他们定期进行家暴知识的教育培训、反对家庭暴力等内容的培训，增强和提高他们对家庭暴力的认识。

第一，人身保护令的发出需要各方监督执行，这里既需要法院予以执行，也需要公安机关和居（村）委会予以协助，多方共同监督保护令的执行。但实际工作中，会出现推诿、扯皮的现象，公安机关认为既然求助于法院，法院就应当予以执行。法院则认为其无力进行24小时的监督，暴力事件发生时，公安机关应该在第一时间出现。公安机关与法院失联、互不配合，这样一来不利于人身安全保护令得以全面执行，发挥其应有的作用。比如人身保护令作出后，法院可以要求公安人员护送受害人到医疗机构；护送其返回事发地点、住所等，以便取回物品；护送其到社会服务设施等。因此，人身安全保护令作出后，还需要法院和其他法律规定的相关责任机构一并做好人身安全保护令的监督和执行工作，使受害人得到真正、切实的保护，而不是一纸空文，吓唬胆小的而已。

第二，我国《反家庭暴力法》第18条规定："县级或者设区的市级人民政府可以单独或者依托救助管理机构设立临时庇护场所，为家庭暴力受害人提供临时生活帮助。"但在所统计的数据中，家暴受害者接受庇护场所、救助管理机构或福利机构的帮助的案件微乎其微。没有发现案件中的申请人被送至救助站/安全场所生活的事例。而有的省市设有庇护所，在妇女儿童受到暴力侵害而无家可归时，庇护所可以成为临时居住的地方。一旦案件中的当事人有相应需要时，法官可以为其联系相关部门，给妇女儿童一个暂时的栖身之地，不受施暴者的骚扰。

第三，应与社区矫正衔接。在给予受暴者保护的同时，也要关注施暴者的心理矫正、施暴者的行为矫治、对受暴者的心理疏导等，这些干预、救济手段对于纠正施暴者的失范行为、疏解受暴者的心理困境、预防暴力的复发和升级具有积极的意义。

（四） 对目睹儿童的保护应予以重视

许多暴力发生时，虽然法院已经给予了人身安全保护令的裁定，但许多未成年人因为目睹了暴力事件的发生，其身心一并受到相应的损害，对其今后的成长发育极为不利。国外规定相关机构可以对目睹儿童进行心理疏导等，因此，法官在审理案件的同时，也应注重对目睹儿童的心理保护，建议或主动为其寻找心理医生，及时对其进行心理疏导，有利于儿童今后的心理成长，减少心理阴影。

（五） 互相沟通、学习，借鉴其他省市经验

从全国来看，湖南、江苏、浙江等省市在人身安全保护中都走在前列，均制定了相关的实施办法，北京市法院应当对相关经验予以学习借鉴。

1. 北京市的相关法院经验

（1）西城区法院经验

据笔者了解，西城区法院在《反家庭暴力法》出台后，设立了与妇联、公安机关的联动机制，在框架内实行部门联动，为求助于妇联和公安机关或来法院立案的当事人进行各部门间的沟通和协调，建立绿色通道，使当事人可以在第一时间举证，法院也可以及时作出裁定，送达本人以及当地社区和公安机关，在执行过程中相互沟通，使案件以统一的流程方式顺利办理。这是一个值得推广的好经验。

（2）朝阳区法院经验

朝阳区法院对于家事等案件的审理会定期给辖区街道发送发案量通报，定期召开各街道司法所所长会议，同样对人身保护令的相关案件进行通报，使街道可以掌握本辖区的相关发案情况，对重点人员进行监督管理，使人身保护令的监督执行落到实处。

2. 其他地区法院经验

银川市中级人民法院、银川市公安局、市民政局、市妇联联合制定了《关于推行人身安全保护令制度的实施办法（试行）》，对人身安全保护令的实践操作进行了细化和规范，对人身安全保护令的管辖、申请核发、举证责任、审查执行、法律惩戒等作出了明确规定。该办法规定，被申请人违

反人身安全保护令，构成犯罪的，依法追究其刑事责任；尚不构成犯罪的，人民法院应当依照民事诉讼法关于妨害民事诉讼的强制措施的规定，采取训诫、罚款、拘留等强制措施。被申请人违反人身安全保护令，情节严重的，人民法院可以将其列入失信联合惩戒对象名单。该办法是对不执行人身安全保护令的当事人的一个很好的惩戒措施，即纳入失信被执行人之列，使保护令裁定得以更好地执行。

根据全国妇联统计数据：全世界每 18 秒就有一名妇女受到虐待；全国 2.7 亿个家庭中遭受过家庭暴力的妇女已高达 30%；全国 24.7% 的女性都遭受过不同形式的家暴。[①] 因此对家庭暴力中妇女、儿童的保护，以及对老人等弱势群体的保护已经迫在眉睫，应引起司法工作者的高度重视，也应是每一位法官的职责所在。

---

① 第三期中国妇女社会地位调查课题组：《第三期中国妇女社会地位调查主要数据报告》，《妇女研究论丛》2011 年第 6 期。

婚前股权婚后增值离婚分割实务探析

杨晓林　段凤丽[*]

【内容摘要】各种财产均会面临保值、增值及产生孳息之可能，作为纯投资性财产的公司股权尤其如此。从广义上来说，股权属于直接投资，股权增值属于投资收益。在夫妻双方没有特别约定的前提下，将一方婚前股权的婚后增值认定为夫妻共同财产，既符合我国婚后所得共同制的立法本意，也符合我国文化传统和当前绝大多数人对夫妻财产制的要求，也是一般婚姻主体之间法定财产共同性质的体现，有助于保障婚姻家庭的稳定和睦。

【关 键 词】婚前股权　　增值　　收益　　离婚分割

一　前言

在国家经济高速发展的市场背景下，自然人的个人财产不管是宏观的数量还是微观的范围、种类，均呈现增加趋势。家庭财产范围已从传统意义上的储蓄存款、房产、家电等实物性财产发展到有价证券、知识产权、

---

* 杨晓林，北京天驰君泰律师事务所高级合伙人，中国婚姻家庭法方向专业律师；段凤丽，北京天驰君泰律师事务所合伙人，中国婚姻家庭法方向专业律师。

在企业中的出资及股权等更加多样化之财产形式。这使得中国夫妻财产制度面临前所未有之挑战。在当下婚姻关系存续期间，夫妻个人财产呈数量扩大化和种类多样化的特征，该种财产产生的收益的归属也成为一个棘手的难题。是将其认定为夫妻一方的个人财产，还是夫妻共同财产，抑或是区分不同情况认定，这不仅是审判实践中的难题，同时对夫妻一方或双方在婚姻存续期间如何处分这类收益及如何处理市场经济条件下的交易安全问题，亦具有重要的现实指导意义。

二　个案切入

【案情】小王（化名）与小兰（化名）经人介绍相识、恋爱，2013年年底登记结婚。2016年小王诉至法院要求离婚，后撤回起诉。2017年，小王又向法院起诉请求解除婚姻关系。开庭审理中，小兰同意离婚，针对孩子的抚养和共同财产的分割，除了登记在小王名下的A上市公司股权分割协商不成以外，其他基本达成一致。原来，在婚前小王的父母已于2011年向其转让占公司出资近5%的股份，同时小王被任命为总经理助理。2016年年末，小王作为股东在该公司上市后，其直接占有近600万股。而后该公司公告中称小王于2016年期间获得110万元红利收入。

对于上述公司中小王股权收益的这一部分是否属于夫妻共同财产进而予以分割，小兰称小王担任一定公司职务，参与公司的重要发展进程，并在上市文件上予以签名。故该项婚后收益应当属于夫妻共同财产范围。但小王称，他是因为家庭亲子关系，而不是因本人亲自参与公司上市和管理而获得股东资格和股权。因为公司2008年上市辅导至成功上市阶段他均在国外上学，回国后也在自己的事业中忙碌，故本人具有的股份升值部分属于自然孳息。

【法院审理】法院认为，婚姻关系存续期间，一方以个人财产投资取得的收益，属于夫妻共同财产。一方个人财产婚后取得的孳息和自然增值归该方所有。本案中，由于原告在A公司持有的股份系其婚前取得，属于原告婚前个人财产；考虑到原告在庭审中主张未参与公司实际经营，其在公司所担任职务仅为挂名，结合公司招股说明书中对持股情况的说明，其所持上述股份的增值部分及分红，可能属于其个人财产的孳息或自然增值，而被告又未能提供证据证明上述股份增值部分及分红属于原告小王以个人财产投资并通过劳动付出所取得的收益，且公司股权的增值主要取决于市场因素。因此，小兰认为小王持有的 A 公司股份婚后增值部分及分红属于夫妻共同财产，依据不足，故一审、二审均不予支持。①

【法官说法】结婚之前，一方获得的上市公司股权系婚前个人财产。本案中，小王婚后在公司上市所需的相关文件上签字的行为是履行公司股东的一般配合义务，小兰提供的证据尚不足以证明小王实际参与公司的经营管理。主审法官称，主要是市场决定股权能否升值，如果另一方不能举证证明对方在公司上市中发挥作用，以及在婚后付诸时间成本和精力参与或决定公司管理内容，而将该笔股权在婚后的升值及分红收益定性为夫妻共同财产，并主张予以分割，该项主张不能被法院予以认可。

法官对该案例的审理思路具有相当的代表性，即一方婚前股权的婚后增值为一方的个人财产。笔者认为，该观点值得商榷。本文也正是围绕对该裁判观点的批判而展开。

三 股权增值的法律性质为投资收益

关于夫妻一方个人财产婚后所生收益如何分类，目前来看，学界较为普遍地以夫妻一方个人财产婚后所产生收益的形式进行研究，通说认为该收益应包括孳息、增值和投资收益三种类型。②

孳息（Fruechte, fruits），谓由母物所生之收益，在民法上包括天然孳息与法定孳息。③

---

① 参见《"富二代"婚前拿股权婚后企业上市 增值及分红是否属于夫妻共同财产?》，"江苏高院"微信公众号，2018 年 11 月 1 日，https://mp. weixin. qq. com/s/bCBbvXLkcqpo-oIplkYnHA。

② 奚晓明主编《最高人民法院婚姻法司法解释（三）理解与适用》，人民法院出版社，2011，第 96 页。

③ 史尚宽:《民法总论》，中国政法大学出版社，2000，第 272 页。

原物与孳息是以产生收益的物与所生收益之间的关系为标准而对物作的区分。"原物"是指依自然属性或法律规定能够产生收益的物。由原物产生的收益，则为孳息。基于自然属性产生的孳息称"天然孳息"或"自然孳息"，如苹果树长出的苹果、母畜生出的幼畜等；基于法律规定产生的孳息称"法定孳息"，如出租房屋收取的租金、本金出借后获得的利息等。[①]

法定孳息，即因法律关系所得之收益。该处所提及的法律关系以广义的法律行为、法律规范在内的法律关系为内涵，而"收益"是指别人通过对最初的物体或权利予以利用而使得自身获取的相应的回馈，一般表现为出租收入和银行利息。

自然增值。婚后期间一方个人财产的自然增值系指因市场物价变动致使升值，和夫妻之间任何一方是否对该财产倾注物质、人力等资源成本不存在关联。

积极增值，即婚后一方个人财产在婚姻存续期间的一种主动性增值。该增值的发生原因恰恰与上述市场变动因素无关，而是与夫妻中某一方或双方对该笔财产投入的物质、人力、时间等资源成本相关。

投资收益。按照《辞海》上的解释，其是指以获得期待的将来利益为目的，通过投入相应数量的实体物体或货币而管理一项业务的运营行为的收入。其有广义和狭义的区分，狭义指将投资物置于经营的企业中而直接获得的收入，广义则是指除此之外，借助在部分产品上投入货币进而获得的增值，比如房地产、黄金等可投资领域。由此可见，广义上的投资在本质上为投资产品的增值收益。[②]

此外，投资还会因能否予以直接投资而被区分为直接投资和间接投资，"直接投资"是指将投资物投入企业予以经营，投资主体对该经营事项享有决定权，一般其经营行为与所获的投资收益同进同退。直接投资表现为投资经营实体活动的利润和转让实体资产的转让金额减去投资金额，或者企

---

① 王卫国主编《民法》，中国政法大学出版社，2007，第 187～188 页。

② 奚晓明主编《最高人民法院婚姻法司法解释（三）理解与适用》，人民法院出版社，2011，第 97 页。

业终止清算时剩余财产减去出资额的余额。[①]

作为纯投资性财产，股权只能属于直接投资。从广义上来说，股权的增值收益属于投资收益。

四　婚前股权婚后增值在夫妻财产中的性质之争议

（一）　相关法律及其法律适用中的司法解释及各条文之间的关系

夫妻一方财产在婚后产生的收益主要包括孳息、投资经营收益及自然增值。[②] 现行法律及其司法解释涉及孳息、投资收益及自然增值的内容主要规定在以下条文中。

《中华人民共和国民法典》（以下简称《民法典》）第1062条规定："夫妻在婚姻关系存续期间所得的下列财产，为夫妻的共同财产，归夫妻共同所有：（一）工资、奖金、劳务报酬；（二）生产、经营、投资的收益；（三）知识产权的收益；（四）继承或者受赠的财产，但是本法第一千零六十三条第三项规定的除外；（五）其他应当归共同所有的财产。夫妻对共同财产，有平等的处理权。"

《最高人民法院关于适用〈中华人民共和国民法典〉婚姻家庭编的解释（一）》（以下简称《民法典婚姻家庭编解释（一）》）第25条规定："婚姻关系存续期间，下列财产属于民法典第一千零六十二条规定的'其他应当归共同所有的财产'：（一）一方以个人财产投资取得的收益……"则依据《民法典》第1062条第1款第2项的规定，经营所得收益属于婚后双方共同所有的财产。

《民法典婚姻家庭编解释（一）》第26条规定："夫妻一方个人财产在婚后产生的收益，除孳息和自然增值外，应认定为夫妻共同财产。"

《民法典》第1062条规定采用的上述模式（一般原则加例外的模式）不包括在婚姻关系存续期间夫妻一方的个人财产增加的收益的种类，不过

[①]　奚晓明主编《最高人民法院婚姻法司法解释（三）理解与适用》，人民法院出版社，2011，第97页。

[②]　虞政平：《公司法案例教学》（上册）（第二版），人民法院出版社，2018，第571页。

从法律规定的形式和逻辑结构看应将其认定为夫妻共同财产。

（二） 地方法院的相关审判意见

1.《广东省高级人民法院关于审理婚姻纠纷案件若干问题的指导意见》

该指导意见将四类收益纳入个人财产投资收益范围，① 即广东高院明确一方婚前投资性财产的婚后增值、利息和红利均为夫妻共同财产。

2.《上海市高级人民法院关于适用最高人民法院婚姻法司法解释（二）若干问题的解答（一）》

> 一、夫妻一方个人财产在婚姻关系存续期间所取得的收益中，哪些属于司法解释（二）第十一条（一）项规定的"应当归夫妻双方共同所有的投资收益"？
>
> 答：由于司法解释（二）对"投资收益"的概念并无明确界定，在诉讼中，对于当事人主张的所谓"投资收益"，应根据不同财产形态的性质区别认定：
>
> 1. 当事人以个人财产投资于公司或企业，若基于该投资所享有的收益是在婚姻关系存续期间取得的，则对该公司或企业生产经营产生的利润分配部分如股权分红等，依照《婚姻法》第十七条第（二）项的规定，应为夫妻双方共同所有；
>
> ……………
>
> 具体实践中，判断个人财产在婚姻关系存续期间所取得的收益是否属于夫妻共同所有时，人民法院可根据案件实际情况，对各种形式的个人财产的婚后收益，从是基于原个人财产的自然增值还是基于夫妻共同经营行为所产生来判断，前者原则为个人所有，后者原则为共同所有。此外，若收益是基于个人财产与共同财产混同后进行投资行

---

① 《广东省高级人民法院关于审理婚姻纠纷案件若干问题的指导意见》第8条规定了个人财产投资收益范围：（1）一方用婚前财产投资而成为有限责任公司股东或持有股票、债券、证券投资基金份额等有价证券，在婚姻关系存续期间取得的红利或利息；（2）一方将婚前财产存入金融机构或出租给他人，在婚姻关系存续期间产生的利息或租金；（3）一方在婚姻关系存续期间因转让其个人所有的股份、有价证券等投资性资产而取得的增值部分；（4）一方用婚前财产在婚姻关系存续期间进行其他生产、经营活动而取得的增值部分。

为所产生，证据证明具体比例的，推定为共同财产投资收益，归夫妻共同所有。①

上海高院的基本意见是，针对该"投资收益"应按照财产的属性状态予以判断和认定。若通过个人所有的货币购买基金、股票等其他财产，婚后因市场经济变动而出售获得增值，该收益仅是与之前的表现形态有所不同，但定性仍是个人财产，后续的增值部分系因建立在原有物体对换基础上的价值上升，故随原物所有权属性，应为个人所有。②

3. 江苏高院民一庭印发《家事纠纷案件审理指南（婚姻家庭部分）》

31. 婚姻关系存续期间夫妻一方以婚前财产出资购置的不动产以及增值收益的性质应当如何认定？

婚姻关系存续期间夫妻一方以婚前财产出全资购置的不动产，所有权登记在出资方名下，该不动产为夫妻一方婚前财产在婚后发生的形态上的转化，不影响财产的性质，除当事人另有约定外，应当认定为夫妻一方的个人财产。基于该不动产所产生的增值收益，应当根据具体情况作出认定。如果购置该不动产的目的是为了投资，则产生的增值收益应当认定为夫妻共同财产。

…………

32. 夫妻一方婚前购买的股票在婚后的增值收益的性质应当如何认定？

夫妻一方婚后对婚前购买的股票没有进行买卖，股票因市场行情变化产生的增值收益为自然增值，除当事人另有约定外，应当认定为夫妻一方的个人财产。夫妻一方婚后对婚前购买的股票进行买卖产生的增值收益为主动增值，除当事人另有约定外，应当认定为夫妻共同财产。③

---

① 沪高法民一〔2004〕25 号，发文日期：2004 年 9 月 7 日，执行日期：2004 年 9 月 7 日。
② 虞政平：《公司法案例教学》（上册）（第二版），人民法院出版社，2018，第 571 页。
③ 《江苏高院民一庭印发〈家事纠纷案件审理指南（婚姻家庭部分）〉，内含 50 个婚姻家庭纠纷热点、难点问题办案参考》，"江苏高院"微信公众号，2019 年 7 月 18 日，https://mp.weixin.qq.com/s/WR_C1Mef5WH7AN7BhViw7A。

江苏高院将一方婚前财产婚后是否投入劳动、是否有投资意图作为主动或被动增值的判断标准，且将主动增值定性为夫妻共同财产，被动增值定性为持有该财产一方的个人财产。

4. 北京市高级人民法院《关于审理婚姻纠纷案件若干疑难问题的参考意见》

十三、【"孳息"、"自然增值"范围的界定】《婚姻法司法解释三》第五条中的"孳息"、"自然增值"一般应理解为未经经营或投资行为所得之"孳息"、"自然增值"。

个人所有的古董、黄金、股票、债券、房屋等财产婚后自然增值部分应为个人财产，但上述财产婚后因经营或投资行为而产生的升值增值利益部分，应认为属于《婚姻法》第十七条和《最高人民法院关于适用〈中华人民共和国婚姻法〉若干问题的解释（二）》……第十一条规定，一方经营或以个人财产投资取得的收益，应为共同财产。①

北京高院以在婚姻关系存续期间，一方婚前已有的财产是否被倾注劳动来判断增加的产值和孳息是否属于共同财产。

5. 浙江省高级人民法院民一庭《关于审理婚姻家庭案件若干问题的解答》（高法民一〔2016〕2号）

十四、夫妻一方个人所有的房屋在婚后出租，相关经营管理由该房产所有人一方进行，所得租金性质如何认定？如相关经营管理由该房产所有人委托他人进行，所得租金性质如何认定？

答：房屋租金的获取与房屋的管理维护状况密切相关，需要投入相应的劳动，属于经营性收益。根据《婚姻法》第十七条的规定，夫妻在婚姻关系存续期间所得的生产经营收益归夫妻双方共同所有，故

---

① 北京高院民一庭：《【规范性文件】关于审理婚姻纠纷案件若干疑难问题的参考意见》，"北京判"微信公众号，2016年8月8日，http://mp. weixin. qq. com/s? _ biz = MzA3MTc3NjI2MQ = = &mid = 2651801835&idx = 1&sn = e9d1de977142628be13f557331105733&scene = 0#rd。

夫妻一方个人所有房屋婚后所得租金归夫妻共同所有。在房屋出租过程中，由夫或妻一方经营管理或委托他人经营管理的，所得租金仍为夫妻共同所有。①

浙江高院认为一方婚前财产婚后取得的收益，包括法定孳息，无论是否投入夫妻双方或一方的劳动，均为夫妻共同财产。

因此可知，就婚前财产婚后获得增值、孳息及收益的法律属性问题，各地法院之解读与处理方式显然存在一定分歧。

（三） 学界的争议

1. 共同财产说

此说是指夫妻双方个人分别所有的财产进行整合后为夫妻共同财产，依据共同所有的准则，共同享有权利义务，解除婚姻关系时以共有标准予以分割。该学说肯定家务劳动的存在意义，认可夫妻协力，与身份关系中本质的伦理属性相符，又与各民族风俗习惯不谋而合，逐渐形成一种世界范围内的统共性认知。我国婚姻法吸收该学说，故将一方婚前所有的财产婚后所得的收益认定为共同财产，满足夫妻共同财产制的规定，应当遵守。②

"但对于没有类似历史羁绊的中国法而言，较之极有可能不受欢迎的婚姻劳动共同体理念，婚姻命运共同体理念及其推论——夫妻共同财产的婚后增值一律是夫妻共同财产，未尝不是一个更好的选择。"③

2. 个人财产说

此说是指在民法的基础理论中，孳息的所有权属于原物所有权人，婚前一方所有的财产及婚后获取的收益，都归属于个人所有，满足该民法所

---

① 《浙江省高院 关于审理婚姻家庭案件若干问题的解答》，"厦门劳动法在线与民法讲堂"搜狐号，2020 年 8 月 26 日，https://www.sohu.com/a/415030264_99896609。
② 蔡月：《夫妻的权利与义务》，法律出版社，2001，第 146 ~ 147 页。转引自奚晓明主编《最高人民法院婚姻法司法解释（三）理解与适用》，人民法院出版社，2011，第 91 页。
③ 贺剑：《离婚时按揭房屋的增值分配：以瑞士法为中心》，载夏吟兰、龙翼飞主编《家事法研究》（2015 年卷），社会科学文献出版社，2015，第 388 页。

有权定性的原理。①

3. 部分共同财产，部分个人财产说

此说系指对一方婚前个人所有的财产在婚后得到的收益的性质不能统一定性，而是要依据收益的种类予以区分判断。可是认定主体对具体如何划分的标准又各有不同，标准的不一致，自然带来认定结果的不同。②

笔者赞同第一种观点即一方婚前财产婚后收益为夫妻共同财产。立法目的决定了我国婚姻关系存续期间财产共同制的定位。坚持婚后所得共同制是由我国婚姻传统和婚姻的伦理本性等方面决定的，具体包括：其一，由我国家庭成员共同生活的习俗决定；其二，符合婚姻共同生活体的本质要求，由夫妻关系的亲密属性决定，较能符合婚姻的伦理机能；其三，"同居共财"是当前中国人对婚姻普遍持有的观念，婚后所得共同制符合绝大多数夫妻婚姻生活的实际，同居共财更符合中国现实国情。③

因此，婚后所得共同制既是我国婚姻法的立法选择，也是由我国婚姻传统和婚姻的伦理本性决定的。

五 我国夫妻法定财产制下婚前股权婚后增值的权属性质应为夫妻共同财产

（一）婚前股权婚后增值的权属性质，首先需要厘清我国现行婚姻法采取何种夫妻财产制及该种财产制的特征

1. 我国的夫妻财产制

该制度是以调整夫妻之间财产权归属为目的的法律制度，该制度对双方婚前个人财产和婚后所获收益的所有权、用益物权等权利予以规范，也涵盖对外部第三人所承担的相关法律责任和解除婚姻关系时分割、清算财产等行为的规范。④

① 全国人大常务委员会法工委研究室编《中华人民共和国婚姻法实用问答》，中国物价出版社，2001，第69页。
② 奚晓明主编《最高人民法院婚姻法司法解释（三）理解与适用》，人民法院出版社，2011，第94页。
③ 夏吟兰、薛宁兰主编《民法典之婚姻家庭编立法研究》，北京大学出版社，2016，第190页。
④ 余延满：《亲属法原论》，法律出版社，2007，第253页。

根据我国《民法典》第 1062 条，婚后阶段夫妻所取得的财产一般归属于共同财产范围，主要包括以下几种财产来源："（一）工资、奖金、劳务报酬；（二）生产、经营、投资的收益；（三）知识产权的收益；（四）继承或者受赠的财产，但是本法第一千零六十三条第三项规定的除外；（五）其他应当归共同所有的财产。夫妻对共同财产，有平等的处理权。"

第 1063 条规定："下列财产为夫妻一方的个人财产：（一）一方的婚前财产；（二）一方因受到人身损害获得的赔偿或者补偿；（三）遗嘱或者赠与合同中确定只归一方的财产；（四）一方专用的生活用品；（五）其他应当归一方的财产。"

第 1065 条规定："男女双方可以约定婚姻关系存续期间所得的财产以及婚前财产归各自所有、共同所有或者部分各自所有、部分共同所有。约定应当采用书面形式。没有约定或者约定不明确的，适用本法第一千零六十二条、第一千零六十三条的规定……"

综上，《民法典》第 1062、1063、1065 条共同构成我国夫妻财产制的规定。

"婚姻法几经修改，基本上确立了以婚后所得共同制为基础的夫妻财产制度，但同时引入约定财产制，注重对个人财产的保护。"[1]

2. 我国的夫妻共同财产的特征

根据我国婚姻法的规定，我国的夫妻共同财产具有以下特征。

第一，主体（夫妻）层面，指被法律所认可的婚姻关系的双方，不包括恋爱同居（婚外恋）和婚姻关系被撤销或宣告无效后的男女双方。

第二，客体（共同财产）层面，共同财产系指婚后夫妻一方或双方获得的财产，缔结婚姻关系之前的财产属于个人财产，婚后则是指从办理结婚登记之日到一方生命终结或解除婚姻关系之日。

第三，客体来源，是指除了立法规定的个人财产和财产归属的约定之外，夫妻一方或双方通过劳动或非劳动所得的合法财产。

第四，财产归属层面，共同财产的所有权属于夫妻双方，双方在权利

---

① 奚晓明主编《最高人民法院婚姻法司法解释（三）理解与适用》，人民法院出版社，2011，第 91 页。

义务层面是平等的，均有权处理共同财产，尤其是在无特别约定的情况下，一方处分共同财产则须征得另一方的同意。

第五，对于夫妻一方的财产权归属不能予以确定时，推定为夫妻共同财产。[①]

最高人民法院《关于人民法院审理离婚案件处理财产分割问题的若干具体意见》的通知规定，在无法确认夫妻财产的共有或个人归属时，由请求财产归属于自己的一方承担举证责任。若不能举示较高证明力的证据，人民法院又不能查清事实的，则以财产属于夫妻共同所有处理。

上述由主张个人财产一方承担证明责任的举证责任分配制度也诠释了我国婚后所得共同制的夫妻财产制度。

从以上规定尤其是《民法典》第 1062 条第 1 款第 4 项可以清晰地看出，我国在立法层面上明确我国的夫妻法定财产制是婚后所得共同制而非婚后劳动所得共同制。

（二） 在婚后所得归属于夫妻共同所有时，婚前股权婚后增值应为共同财产

在法定夫妻财产制下，决定婚姻关系存续期间所得财产权益归属的仍是夫妻双方采取何种夫妻财产制。在婚后所得共同制下，婚前股权婚后增值应为夫妻共同财产。

"如果说工资、奖金属于夫妻的劳动所得，那么，从事生产、经营的收益，既包括劳动所得，也包括大量的资本性收入。这里的'生产、经营收益'，既包括农民的生产劳动收入，也包括工业、服务业、信息业等行业的生产、经营收益。随着市场经济的发展，有越来越多的人买卖股票和债券，投资于公司、企业经营，还有不少人依靠自己的资本或筹资兴办公司、企业，这些人成为大量资本的拥有者，经营收益丰厚。这些经营收益也属于夫妻共同财产。在婚姻法修改过程中，有人提出，为保护个人财产权，防止有些人不劳而获、借婚姻取得大量财产，应当将个人的经营收益作为个人特有财产而不是夫妻共同财产。这种意见虽有一定的道理，但是应当看

[①] 胡康生主编《中华人民共和国婚姻法释义》，法律出版社，2001，第 63 页。

到，经营收益与工资、奖金一样，都是个人的收入，二者没有本质的区别，在共同财产制下都应当属于夫妻的共同财产，否则与法理相悖。如果从事经营的一方怕对方利用婚姻关系侵吞自己的财产，可以通过约定财产制来保护自己的权益。"① 从《婚姻法》的立法解释来看，生产、经营收益并未排除一方婚前财产的收益，应属于夫妻共同财产。

（三）"不能证明属于夫妻一方的财产，应推定为夫妻共同财产"这一举证规则，也支持婚前股权婚后增值属于夫妻共同财产

最高人民法院 1993 年 11 月的《关于人民法院审理离婚案件处理财产分割问题的若干具体意见》中规定："对个人财产还是夫妻共同财产难以确定的，主张权利的一方有责任举证。当事人举不出有力证据，人民法院又无法查实，按夫妻共同财产处理。"此规定即这一原则在法律上的体现。国外也有类似的规定，瑞士民法典第 226 条规定："凡无证据证明属于夫妻一方个人财产的财物均视为夫妻共同财产。"②

不同于房产，股权是一种单纯的投资行为，股权本身是个人财产，但对于收益，《民法典婚姻家庭编解释（一）》第 25 条规定其是属于夫妻共同财产的。而且股权是一种纯投资性财产，经营行为具有复杂性，股权的增值是否因一方或双方的经营行为所致，通常难以判断。甚至表面上的不经营、对市场行情的预测和利用是否正是一种经营策略，更是难以判断。因此，对于股权收益中的婚前股权婚后增值予以分割，将其定性为归个人所有的权属，违反了我国法定夫妻财产制及公司经营的客观规律，难免会侵犯另一方配偶的合法财产权益。

（四）《民法典婚姻家庭编解释（一）》第26条所表述的"自然增值"和"孳息"排除了作为投资性收益的股权的增值

《民法典婚姻家庭编解释（一）》第 26 条沿袭自《最高人民法院关于适用〈中华人民共和国婚姻法〉若干问题的解释（三）》第 5 条。《最高人

① 胡康生主编《中华人民共和国婚姻法释义》，法律出版社，2001，第 65 页。
② 胡康生主编《中华人民共和国婚姻法释义》，法律出版社，2001，第 64 页。

民法院婚姻法司法解释（三）理解与适用》规定：

> 二、本条规定关于夫妻一方财产在婚后产生的收益归属的认定
>
> 关于夫妻一方财产在婚后产生的收益如何处理，本条规定借鉴了其他国家的立法经验与模式，采用的是一般原则加例外的模式，按照不同类型分别加以认定。具体而言：
>
> 1. 本条关于夫妻一方财产在婚后产生的收益归属的认定，一般原则应认定为夫妻共同财产。这一原则规定符合我国现行婚姻法婚后所得共同制为基本形态的夫妻财产制度，也适应我国传统的婚姻家庭伦理观念和传统文化。
>
> 2. 本条除了规定上述一般原则外，还规定了两种除外类型：（1）孳息。（2）自然增值。……
>
> 3. 本条规定采用的上述模式，并未直接涉及夫妻一方财产在婚后产生的收益中投资收益这种类型，但根据条文结构及逻辑还是可以判断对此类型应以夫妻共同财产加以认定。①

从上述解读中，我们可以明确的是，自然增值和孳息均不包括股权等投资性收益在内。

将婚前股权的婚后增值认定为夫妻共同财产，这既符合我国法定夫妻财产制的规定，也是一般婚姻主体之间法定财产共同性质的体现，有助于保障婚姻家庭的稳定和睦。

六　结语

各种财产均会面临保值、增值及产生孳息之可能，作为纯投资性财产的公司股权尤其如此。从广义上来说，股权属于直接投资，股权增值属于投资收益。将一方婚前股权的婚后增值认定为夫妻共同财产，既符合我国

---

① 奚晓明主编《最高人民法院婚姻法司法解释（三）理解与适用》，人民法院出版社，2011，第98页。

婚后所得共同制的立法本意，也符合我国文化传统和当前绝大多数人对夫妻财产制的要求。同时也是对夫妻双方共同体性质定位的落实，有助于营造家庭中温馨、平等的关系。

对文中引用的江苏高院发布的案例再予以回顾，可以发现一、二审法院以一方婚前股权婚后增值为自然增值，并据此认定股权为该方的个人财产，违背了我国婚姻法确立的法定夫妻财产制度，也与相关司法解释的精神相违背，值得商榷。

《民法典》中夫妻共同债务法律类型的理解与适用

王礼仁*

【内容摘要】《民法典》关于夫妻共同债务的法律类型有三种：家事代理之债，夫妻合意之债，债权人善意之债。家事代理之债与夫妻合意之债属于通常夫妻共同债务，是夫妻共同债务的典型形态。债权人善意之债属于特殊夫妻共同债务，是夫妻共同债务的延伸形态。三种不同形态共同债务的适用对象、评判标准、举证要求、清偿责任各不相同。正确理解《民法典》三种不同性质的共同债务，对全面把握夫妻共同债务的法律体系，正确适用法律具有重要意义。

【关 键 词】《民法典》 家事代理之债 夫妻合意之债 债权人善意之债 理解与适用

法典由高度抽象性法条组成，理解法律条文不能囿于字面文字表述，要挖掘法条中的真正内涵。把法律条文转化为司法实践，需要以法条为基础，以理论为媒介，用理论嫁接法律与司法，使司法中的疑难问题能够在法律上找到答案，使法律中蕴含的法理能够在司法中"安家落户"。为此，

---

* 王礼仁，中国法学会婚姻法学研究会理事，曾担任宜昌市中级人民法院婚姻家庭合议庭审判长十余年。

笔者根据我国《民法典》关于夫妻共同债务的规定，结合有关法理阐释《民法典》中夫妻共同债务的法律类型与司法认定，以期对正确司法有所裨益。

夫妻共同债务的类型，是对共同债务的类型化区分，按其不同性质划归不同类别。由于不同学者对夫妻共同债务的认识不同，其划分标准亦不尽相同。传统理论上的夫妻共同债务的类型的划分标准，主要有"一元论"与"二元论"。"一元论"又称"用途论"，即以单纯的"用途"为标准，认为夫妻共同债务只有一种类型。持"用途论"者，又分为单一的"生活用途"标准与"生活生产（经营）用途"标准两种不同观点。持"生活用途"标准的学者认为："夫妻共同债务是指夫妻双方或一方在婚姻关系存续期间为共同生活需要所负的债务。"[①] 持"生活生产（经营）用途"标准的学者认为，夫妻共同债务是指在婚姻关系存续期间，夫妻双方或一方为维持共同生活需要，或出于共同生活目的从事经营活动所引起的债务。[②] 也有学者对夫妻共同债务进行抽象概括后，列举其具体范围，表述为："夫妻共同债务，是指夫妻双方因婚姻共同生活及在婚姻关系存续期间履行法定扶养义务所负的债务。一般包括夫妻在婚姻关系存续期间为解决共同生活所需的衣、食、住、行、医等活动以及履行法定义务和共同生产、经营过程中所负的债务。"[③]

"二元论"则以"用途"与"合意"为标准，将夫妻共同债务界定为两种类型。"二元论"者认为，夫妻共同债务不能仅仅考虑"用途"，还要考虑夫妻是否形成"合意"。如有学者提出："认定婚姻关系存续期间的债务属于夫妻个人债务还是共同债务，考虑两个判断标准：（1）夫妻有无共同举债的合意。如果夫妻举债系双方共同意思表示，不论该债务所带来的利益是否为夫妻共享，该债务均应视为共同债务；（2）夫妻是否分享了债务所带来的利益。尽管夫妻事先或事后没有共同举债的合意，但该债务发

---

① 滕蔓、丁慧、刘艺：《离婚纠纷及其后果的处置》，法律出版社，2001，第18页。
② 马原主编《新婚姻法条文释义》，人民法院出版社，2002，第309页。
③ 最高人民法院民事审判第一庭编著《最高人民法院婚姻法司法解释（二）的理解与适用》，人民法院出版社，2004，第217页。

生后，夫妻双方共同分享了该债务所带来的利益，同样视为共同债务。"①

2018 年《最高人民法院关于审理涉及夫妻债务纠纷案件适用法律有关问题的解释》（以下简称《新解释》）出台至《民法典》颁布后，出现了一种杂乱的"多元论"，即不同学者从不同角度将夫妻共同债务分为三种、四种、五种等若干不同类型。但从"多元论"的不同分类看，实际上是将"二元论"中的"用途"与"合意"进行分解。比如认为夫妻共同债务可分为三种类型者，则是除了夫妻"合意"外，将"用途"一分为二（用于日常生活与用于共同生活、共同生产经营）。② 分为四种类型者，除了将"用途"一分为二外，亦将"合意"一分为二（共同签字与追认）。至于将夫妻共同债务分为五种类型者，主要是增加"基于夫妻双方共同意思表示"为独立类型，实际上是将夫妻"合意"之债一分为三（共同签字、追认、共同意思表示）。③

在上述夫妻共同债务的类别中，"一元论"过于狭窄，无法准确反映夫妻共同债务的范围。"多元论"主要是从共同债务的具体表现形式上划分，其分类缺乏科学性。"多元论"实际上是"二元论"的变种，本质上属于"二元论"。

相对而言，"二元论"反映了通常夫妻共同债务的基本类型，故为学界通论。但"二元论"仍具有局限性，不能囊括夫妻共同债务的所有形态。尤其是《最高人民法院关于适用〈中华人民共和国婚姻法〉若干问题的解释（二）》（以下简称《婚姻法解释二》）出台后，如何保护债权人这一问题所引起的司法混乱和理论分歧至今尚未解决，怎样界定保护债权人的合理范围，已成为当前法学理论与司法实践必须解决的当务之急。为此，有必要在"二元论"基础上，寻找解决保护债权人的衡平规则，构建夫妻共同债务的科学体系。

从《民法典》看，夫妻共同债务属于三元标准，按照三元标准划分，

---

① 蒋月：《夫妻的权利与义务》，法律出版社，2001，第 206 页。
② 刘兴燕、王晨：《民法典关于夫妻共同债务的规定（律师信箱）》，《人民日报》（海外版）2020 年 6 月 27 日，第 5 版；周虹、王铮：《夫妻债务案件的共同诉讼类型研究》，《法治论坛》2020 年第 2 期。
③ 汪家元：《我国民法典夫妻共同债务规则评析》，《东方法学》2020 年第 5 期。

夫妻共同债务由家事代理之债、夫妻合意之债、债权人善意之债三大类型构成。夫妻共同债务的三元标准主要体现在《民法典》第 1060 条、第 1065 条和第 1064 条之中。第 1060 条规定了夫妻之间相互具有日常家事代理权，第 1065 条第 3 款规定了夫妻约定财产制债务的清偿原则，第 1064 条第 1 款规定了夫妻合意举债和一方日常家事代理所产生的债务属于夫妻共同债务，第 2 款则是关于一方超越日常家事代理权债务性质的规定，第 2 款实际上也是对重大家事借贷构成夫妻共同债务的要件规定。从第 1064 条的文字表现形式看，好像只规定了"家事代理之债"与"夫妻合意之债"。但将第 1064 条与第 1060 条、第 1065 条结合起来考察，法条中实际上还涵盖"债权人善意之债"。这主要体现在日常家事借贷和约定财产制中。在日常家事借贷中，债权人有理由信赖借贷属于家事借贷的，同样可以构成夫妻共同债务。这也是《民法典》第 1060 条规定日常家事代理权的目的之一。《民法典》关于夫妻日常家事代理权的规定，既是对夫妻一方的赋权（赋予独立行使日常家事代理权），也是为保护善意第三人提供法律基础。同时，《民法典》第 1060 条第 2 款中"夫妻之间对一方可以实施的民事法律行为范围的限制，不得对抗善意相对人"的规定，实际上也包括债权人善意之债。因而，第 1064 条中的日常家事借贷应当涵盖债权人善意之债。第 1065 条关于夫妻如何清偿约定财产制债务规定："……相对人知道该约定的，以夫或者妻一方的个人财产清偿。"这实际上也包含相对人不知道该约定的即善意债权人的债务，应当由夫妻共同财产清偿。除了在日常家事代理和约定财产制中存在债权人善意之债外，从法理上考察，《民法典》中的"夫妻合意之债"也存在"债权人善意之债"，如果债权人有理由信赖债务属于夫妻合意者，亦可构成夫妻共同债务。《最高人民法院关于适用〈中华人民共和国婚姻法〉若干问题的解释（一）》第 17 条规定，应当由夫妻共同决定的重要事项，第三人"有理由相信其为夫妻双方共同意思表示的，另一方不得以不同意或不知道为由对抗善意第三人"。这是规定第三人有理由信赖重大家事属于夫妻合意的，应当保护善意第三人。这一规定也适用重大（巨额）借贷。债权人有理由信赖一方重大借贷属于夫妻合意的，则构成"债权人善意之债"，亦可按共同债务处理。因而，《民法典》第 1064 条第 2 款超越日常家事需要的重大借贷中"基于夫妻双方共同意思表示"的债务，亦应包括债权人有理由信赖"基于夫妻双方共同意思表示"的情形。

由此可见,"债权人善意之债"实际上是"家事代理之债"与"夫妻合意之债"衍生出来的一种特殊形态的夫妻共同债务。①"家事代理之债"与"夫妻合意之债"属于真正意义上的夫妻共同债务,是夫妻共同债务的通常形态或典型形态。"债权人善意之债"本质上不属于夫妻共同债务,只是为了保护善意第三人权益,准用夫妻共同债务处理,故又称"准夫妻共同债务",是夫妻共同债务的特殊形态或特殊形式的夫妻共同债务。按照三元标准理解《民法典》关于夫妻共同债务的规定,不仅符合法律条文的精神实质,而且有利于在理论上厘清不同形态夫妻共同债务的不同构成要件,有利于司法操作和法律适用。三种不同形态的夫妻共同债务,分别适用不同对象,夫妻一方借贷适用"家事代理之债"规定;夫妻共同借贷适用"夫妻合意之债"规定;债权人善意借贷适用"债权人善意之债"规定。不同形态夫妻共同债务的认定标准和调整方法或手段不同。其中"家事代理之债"与"债权人善意之债"是夫妻共同债务的重点和难点,至于夫妻"合意之债",则比较好处理。

一 "家事代理之债"的内涵与司法认定

家事乃家庭事务。家庭事务包括日常家事与重大家事。家事代理亦有日常家事代理与重大家事代理之别,夫妻均有日常家事代理权,通常所说的"家事代理"一般指日常家事代理。所谓日常家事代理权,是指夫妻任何一方因日常家庭事务需要可以单独决定并对他方产生效力的家事处理权。日常家事代理与一般代理相比,其最大特点是行为自决与效力辐射。即夫妻一方可以独立决定日常家庭事项,其效力辐射于另一方,产生夫妻共同法律效果。

---

① 约定财产制的善意债权人也只能发生在一方具有家事代理性质的债务中,是家事代理制度在约定财产制中的适用。即在约定财产制中,只有举债人符合日常家事代理特征,债权人不知道其实行约定财产制的,才构成善意之债。如果债权人明知举债人系举债赌博或其他非家事借贷,即使债权人不知道实行约定财产制,也不构成善意之债。

（一） 家事代理之债的内涵

"家事代理之债"，是相对于"夫妻合意之债"的一种债务，是指夫妻一方为满足家庭需要在家事代理权限内所负债务。传统的"用途论"所说的"用途之债"，实际上就是"家事代理之债"。因为只有在判断夫妻一方借贷是否属于家事代理时，才需要考虑借贷"用途"，夫妻合意借贷则无须考虑用途。"用途之债"是家事代理的本质要求和必然结果，其性质属于家事代理之债。

目前关于夫妻一方负债构成共同债务的中心词有各种不同表述。从我国立法上考察，《婚姻法》第 41 条表述为"为夫妻共同生活所负的债务"为共同债务，其中心词是"为夫妻共同生活"。《民法典》第 1064 条区分日常借贷与重大借贷，对日常家事借贷构成夫妻共同债务的中心词是"为家庭日常生活需要"，重大借贷构成夫妻共同债务的中心词为"用于夫妻共同生活、共同生产经营"。从理论上考察，各种表述亦不统一，包括："为夫妻共同生活"、"用于夫妻共同生活"、"为夫妻共同利益"、"为家庭共同生活"（履行抚养、赡养义务）、"为家庭共同利益"、"为家庭经营"所负债务，等等。尽管"为夫妻共同生活""为家庭共同生活""为夫妻共同利益"等各种表述不同，其共同债务范围有所差别，但在实质上并无区别，即都是为夫妻或家庭共同生活或共同利益所负债务。"为家庭共同生活"实际上包括为履行夫妻法定抚养、赡养义务等各种家事需要所负的债务，履行法定义务是夫妻生活的必要内容之一，当然应包括在"夫妻共同生活"里。在域外立法上，其表述也不尽相同，如有的表述为"维持家庭日常生活与教育子女为目的"[1]，有的称为"满足家庭需要"[2] 等。

考察《民法典》第 1064 条关于夫妻共同债务中心词的使用语境，无论是"为家庭日常生活需要"，还是"用于夫妻共同生活、共同生产经营"，都是针对夫妻一方负债而言，而且其核心内涵都是"家事需要"。因而，将

---

[1] 《法国民法典》第 220 条规定，夫妻各方均有权单独订立以维持家庭日常生活与教育子女为目的的合同。夫妻一方依此缔结的债务对另一方具有连带约束力。

[2] 《德国民法典》第 1357 条规定，夫妻的任何一方均有权处理适当满足家庭需要而效果也及于夫妻另一方的事务。

"家事需要"作为一方负债构成夫妻共同债务的中心词，既符合第 1064 条的立法意旨，又能更好地揭示夫妻共同债务的本质。有鉴于此，对于夫妻一方负债构成共同债务的中心词可以统一表述为"家事需要"，即凡是为家事需要所负债务，都是夫妻共同债务。

通常所说的"为夫妻共同生活""为家庭共同生活"两者没有本质区别，都是为"家事需要"。至于"为夫妻共同利益"或"共同经营"所负债务，实质上也是为夫妻或家庭共同生活所负的债务，因为夫妻所获共同利益（经营收入为共同财产），还是要用于夫妻共同生活。有的国家甚至明确规定：夫妻"共同财产得用于满足家庭的共同需要"。① 夫妻共同利益（财产）归根到底还是用于夫妻共同生活。因而，统称为"家事需要"所负债务，不仅表述简约，而且内涵全面。"家事需要"，就是各种家庭事务之需要，包括生活、生产（经营）等各种家庭事务之需要。即按照人们一般观念，凡是因家庭事务正常必要开支所负债务，均属于夫妻共同债务。将夫妻共同债务中心词称为"家事需要"具有如下优点。

一是克服了"为夫妻共同生活"表述的局限性。从现实生活看，一方为家庭生活负债，不一定都是为夫妻"共同"生活，为"个人"必要生活需要所负债务也应当属于共同债务。如一方因自己必要的生活或生存需要所负债务（常见的有为自己治病借贷医疗费等）；一方被遗弃后，因必要的生存与生活需要所负债务等。这些用于借贷人个人的债务，都是家庭生活之必需，属于正常"家事需要"，均为夫妻共同债务。

二是维系家庭关系的必要社交活动开支，亦可囊括在"家事需要"之中。"家事需要"不仅包括生产（经营）、生活所负债务，还包括因其他家庭事务需要所负债务。必要的社交活动和礼尚往来所负债务，亦属"家事需要"。如李某与张某夫妇在自己新建的房屋落成时，姨表弟陈某送来贺礼5000 元。时隔不久，姨表弟陈某乔迁新居，李某则因刚建房屋，手头无钱，便向他人借款 5000 元，作为贺礼送与姨表弟陈某。李某的借款虽然不是为了共同生活，但属于正常的家事需要而产生的家事债务，对此应当认定为

---

① 如《越南婚姻家庭法》第 15 条，参见中国法学会婚姻法学研究会编《外国婚姻家庭法汇编》，群众出版社，2000，第 533 页。

夫妻共同债务。

三是对外承担法定家庭义务或其他家庭责任所负债务，亦可包括在"家事需要"范围内。诸如夫妻承担法定抚养赡养义务所负债务、缴纳国家税金所负债务、承担共同赔偿责任所负债务等等，都在"家事需要"之列。

四是"家事需要"与一方家事代理权限相吻合。夫妻一方家事代理的目的在于满足家事需要。因而，凡是满足家事需要的债务，都应当属于夫妻共同债务。

总之，一方负债中的共同债务不必过分强调债务使用上的"共同"（共享或共用），重点要突出"家事"内容，核心要看债务是否属于"家事需要"。凡是因"家事需要"所负债务，无论是共用、自用、他用（第三人或国家使用），还是用于生活、生产（经营），均为"家事代理之债"。

（二）日常家事之债的司法认定

日常家事之债，是指夫妻一方因日常家事需要所负债务。日常家事借贷有两个主要特点：一是为满足日常家事需要；二是数额小，在日常生活需要范围内。夫妻一方因日常家事需要均有权独立对外举债，这是家事代理权赋予夫妻的权利。凡是因日常家事需要所负债务，均属于夫妻共同债务。判断是否属于日常家事借贷，主要看其是否用于日常家事需要，用于日常家事需要的债务属于日常家事债务，没有用于日常家事需要的债务不是日常家事借贷，不能构成夫妻共同债务。

处理日常家事之债，需要注意的一个重要问题是：不能完全将日常小额借贷一律推定为夫妻共同债务。由于目前人们不善于适用债权人善意之债规则平衡夫妻内外责任关系，在理论上和实践中普遍认为，对于日常小额借贷，债权人主张权利时，应当一律推定为夫妻共同债务。最高人民法院法官在解读《新解释》第2条规定时亦持此种观点。① 受其影响，学者大都主张日常家事借贷采取推定论。如有学者认为，家庭日常生活所负债务，原则上推定为夫妻共同债务，债权人无须举证证明。② "推定论"的最大缺

---

① 程新文等：《〈关于审理涉及夫妻债务纠纷案件适用法律有关问题的解释〉的理解与适用》，《人民司法》2018年第4期。

② 赵青航、徐晓阳：《夫妻共同债务该如何认定》，《法制日报》2019年5月19日，第7版。

陷为容易将日常小额借贷一律推定为夫妻共同债务，混淆日常小额借贷与日常家事借贷的界限。

"日常借贷"与"日常家事借贷"是两个不同的概念。"日常借贷"是相对于大额借贷而言，其真正内涵是小额借贷，即平常数额不大的借贷。而"日常家事借贷"，是指用于日常家事需要的借贷。两者的主要区别在于："日常借贷"的范围大于"日常家事借贷"。"日常借贷"可能用于家庭需要，也可能没有用于家事需要。"日常借贷"用于"家事需要"的，才是"日常家事借贷"。如债权人在赌场向夫妻一方出借 2000 元用于赌博，尽管数额不大，也不是"日常家事借贷"，不能简单地认为 2000 元数额不大，属于日常家事借贷而推定债务为共同债务。

从立法上考察，"用于家事需要"或"信赖用于家事需要"，是债权人主张一方日常借贷构成夫妻共同债务的必备要件。债权人主张一方日常借贷属于夫妻共同债务时，需要证明该借贷用于家事需要或有理由信赖用于家事需要。不能证明者，其主张不予支持。如果简单采用"推定论"，上述案例中用于赌博的 2000 元或者其他小额违法借贷，都会被推定为合法共同债务。

但由债权人承担举证责任，结果则大不一样。当债权人不能证明该借贷"用于家事需要"时，则要对其"信赖用于家事需要"的善意进行证明。而债权人在赌场向夫妻一方出借显然不属于善意，自然无法证明该借贷"用于家事需要"或"信赖用于家事需要"，该借贷则不会被认定为夫妻共同债务。

同时，从小额借贷与大额借贷的关系上看，预防小额违法借贷或不正当借贷，是预防大额虚假借贷或违法借贷的必要手段。俗话说，"小洞不补，大洞吃苦"，"千里之堤，溃于蚁穴"。夫妻借贷也是如此，如果小额借贷中夫妻共同债务的认定标准和举证责任存在漏洞，就可能使大额借贷或不正当借贷从小额借贷中逃走，使大额借贷分解为小额借贷，转化为合法夫妻共同债务。

总之，举债人或债权人应当承担日常家事借贷的举证责任。否则，就会重犯《婚姻法解释二》第 24 条的错误，由第 24 条的全部推定论演变为小额推定论，同样会造成认定夫妻债务的群体性错案。

（三） 重大家事之债的认定

重大家事之债，是指用于家事需要的巨额借贷。日常家事借贷与重大家事借贷的划分标准不仅因地域不同而不同，也会因为各个家庭的经济状况和处理家事的习惯不同而有所区别。单纯从日常家事与重大家事的界限上划分夫妻共同债务，不仅难度较大，而且将一方重大家事借贷完全排除在夫妻共同债务之外也不合理。因而，合理解决一方重大家事越权行为中的个人责任与共同责任的界限，才是解决问题的关键所在，这比单纯纠缠是否超越日常家事代理权更具现实意义。

重大家事之债属于一方超越日常家事代理权限所生之债。台湾学者史尚宽先生将日常家事越权行为分为"质的逾越"与"量的逾越"。"质的逾越"在性质上不属于日常家事，非经他方认可，对他方不生效力。"量的逾越"在性质上虽然属于日常家事，但超过了家庭实际需要限度。对于"量的逾越"，其超量部分，非经他人认可，对他方不生效力。① 笔者不太赞同这种划分。其一，"量的逾越"之"量"不好把握和界定。比如根据某家庭经济状况的正常消费水平，春节只需要购买 3000 元年货，但一方购买了 5000 元年货。这多出的 2000 元是否就是"量的逾越"？还有的夫妻一方喜欢"囤货"，一次性购买的东西要用几个月甚至几年。这是否属于"量的逾越"？其二，其划分无实际意义。从司法实践来看，几乎没有因"量的逾越"产生诉讼纠纷的情形。其三，从法律性质上考察，"量的逾越"并没有逾越家事代理红线，更不属于滥用日常家事代理权，本质上仍属于家事代理，不宜排除于家事代理的调整范围。

有鉴于此，笔者主张对家事越权行为分为"实质越权"与"程序越权"。"实质越权"是指一方的行为逾越家事性质，属于非家事行为。实质越权不产生家事代理的法律效果，由行为人本人承担责任。"程序越权"是指本应由夫妻共同决定的重大家事，一方在没有征得另一方同意的情况下单独决定，违反共同决定的程序要件。

---

① 史尚宽：《亲属法论》，中国政法大学出版社，2000，第 322 页。

无论是从夫妻权利平等上考察，还是从重大家事共同决定的科学性（减少失误）上考察，抑或是从夫妻之间的知情权上考察，重大家事共同决定无疑是一个正确选项。但由于种种原因，不可能都做到重大家事由夫妻共同决定，由一方决定的情形时有发生。夫妻一方决定重大事项的原因很多：一是在现实生活中，尚有部分家庭并没有完全实现男女平等，家庭事务由夫妻一方决定；二是有些家庭基于夫妻双方的信任，形成了各自可以独立决定大小家庭事务的习惯；三是有时缺乏共同决定的客观条件，如事情紧迫来不及共同商量决定；四是有的夫妻一方自信对方会同意而独立决断，或者相反担心对方反对而擅自做主；五是夫妻之间有时缺乏共同决定的主观条件（如夫妻一方因疾病等原因丧失意志）；等等。重大家事一方决定则构成"程序越权"。对于重大家事"程序越权"行为的效力如何认定？是否因其程序越权一律否认其效力？如果有条件承认其效力，其条件和理论根据又是什么？这些问题需要认真研究。

1. 夫妻一方重大家事"程序越权"可以有条件转化为有效家事

重大家事"程序越权"，如果只是单纯的"程序越权"，则可以转换为有效家事，不能因程序存在瑕疵而否定其家事代理性质及其效力。比如夫妻一方的重大借贷虽然没有经过夫妻协商，属于"程序越权"，但只要实际用于家事需要，可以转化为有效家事，由夫妻共同承担责任。

"程序越权"行为能否转化为有效家事，主要看其是否符合转化条件。所谓转化条件，就是具有实质家事要件，"程序越权"行为在实质上属于家事行为。这种转化实际上是"实质矫正程序"。当一方的"程序越权"符合"实质家事"要件时，其程序违法行为即可转化为有效家事行为。

"程序越权"行为转化为有效家事，必须坚持只是程序存在瑕疵，而不存在"实质越权"。如果既存在程序越权，又存在实质越权，则属于"双重越权"。因"双重越权"中的"实质越权"与家事代理本质相悖，缺乏转化为有效家事的条件。以重大借贷为例，一方因家事需要（购买共同房屋或家人住院需要治疗费等）借贷巨额债务，虽然属于程序越权，但实质上用于家事需要，则可以转化为有效家事，其债务由夫妻共同承担。但一方因赌博或其他非因家事需要借贷巨额债务，既属于程序越权，又属于实质越权，其行为不能转化为有效家事，其负债由个人承担。

2.“程序越权”行为有条件转化为有效家事，有其正当性理论根据

（1）符合家事本质要求

满足正当家庭需要的“程序越权”行为，并没有逾越“家事”性质，本质上仍然属于家事行为，承认一方处理重大事务的效力具有正当性。

重大家事是日常家事的延伸或扩展，重大家事共同决定的意义，除了体现夫妻权利平等外，主要还是保证决策的正确性。当一方的重大决定属于家事性质时，已经满足了家事代理的实质要件，不应因程序瑕疵否认其法律效力。同时，从夫妻共同生活的本质考察，满足家事需要是夫妻共同行动的目标。一方行为只要是正当家事需要，不宜纠缠日常还是重大家事，均应当承认其效力。相反，虽然属于日常小事，但并非家事行为，不一定都承认其效力。

（2）“程序越权”行为有条件转化为有效家事，符合权利共享与义务共担的“权义统一原则”

“程序越权”行为转化为有效家事，其基本条件是符合实质家事要件。这种“程序越权”行为在实质上是对家庭的有利行为、贡献行为或积极行为，应当获得对等的法律评价，夫妻另一方从中受益后不能拒绝承担义务。否则，不符合权利义务统一原则。

3.“程序越权”行为有条件转化为有效家事，有其现实意义

从现实生活看，夫妻一方决定重大家事难以从根本上避免，不承认一方重大家事行为的效力不符合现实情况。

4. 夫妻一方行为转化为共同责任的相关立法可供借鉴

在国外，对于夫妻一方个人行为，根据其行为的具体性质，赋予夫妻共同效力或产生共同法律效果的规定，值得借鉴。如《葡萄牙民法典》第1690条规定，夫妻一方结婚前后的债务，只要是为家庭正常生活或共同利益，亦属共同债务。还有负担一方个人财产（特有财产）的费用，如果该财产用于共同生活，也转化为共同债务。《葡萄牙民法典》第1693条规定，一方因赠与、继承或遗赠取得的财产归共同财产，则有关债务须由夫妻共同负责。《葡萄牙民法典》第1694条规定，附于夫妻之一方之个人财产上之债务，收益为共同财产者，债务须由夫妻共同负责。《德国民法典》第1460条规定，如果为了共同财产利益，一方未经他方同意的债务，亦可用共同财产清偿。

在我国，也有与上述国外法律相似的规定。这就是《最高人民法院关于适用〈中华人民共和国民法典〉婚姻家庭编的解释（一）》第 33 条规定的夫妻一方婚前借贷用于婚后共同生活的，转化为共同债务。

从上文可以看出，夫妻一方婚前行为和个人财产上的行为，其利益归属于夫妻共同所有的，其行为对双方产生效力。那么，当一方的"程序越权"行为本质上属于家事行为时，自然应当产生家事行为效力。因而，一方虽然存在程序违法，但实质上则是为家事需要或者为家庭带来利益，由此产生的债务属于共同债务完全是合理的。

5. 夫妻一方重大家事"程序越权"效力转化的法律解释

对夫妻一方重大家事"程序越权"行为转化为有效家事，在法律上如何解释？是采用"日常家事"扩张解释，还是直接"赋予家事代理权扩张效力"？学界尚无研究。

值得注意的是，1947 年国民党统治时期最高法院的"36 年上字第 5356 号"民事判例，对妻子单独处理不动产的行为，则采用"日常家事"扩张解释。该判例的主旨观点如下：

> 妻处分其夫之不动产，通常固不属于民法第一千零零三条第一项，所谓日常家务之范围，惟其夫应负担家庭生活费用而在沦陷期间侨居海外者，关于支付家庭生活之必要行为，不得谓非日常家务，如依其情形，妻非处分其夫之不动产不能维持家庭生活，而又不及待其夫之授权者，其处分不动产，自属关于支付家庭生活费用之必要行为，应解为包括于日常家务之内。①

上述判例显然是将"日常家事"范围作了扩大解释。尽管笔者并不完全赞同上述判例将夫妻一方出售不动产的行为理解为"包括于日常家务之

---

① 民国 36 年 10 月 08 日，最高法院"36 年上字第 5356 号"民事判例，https://www.baidu.com/link？url=_liUq4HH7QPtVVWZiZIjxp1GYAhq0z_buO-Hp2HIZVP7p0Xe3aAl6rSeW8QUWLEQ2MdVYCc-Vq4tLxA6W6-oK5scF_jnaXaxolBW6_TXEmi&wd=&eqid=c734871b00021b8d0000000359d1b6e0，最后访问日期：2020 年 11 月 20 日。

内"，但上述判例的精髓仍然具有借鉴意义。

在上述判例中，妻子处理不动产的行为，可以分为手段行为与目的行为，即通过处分不动产的手段实现维持家庭生活需要的目的。手段行为（直接行为）的对象（不动产）是重大家事范畴，不是日常家事。上述判例将其解释为日常家事，似有商榷余地。但该判断抓住了"家事需要"这个关键问题，即只要是为了维持家庭生活需要者，应当承认其效力。该判例的最大意义或精髓在于：体现了"家事需要"是家事代理本质的核心价值。

不过，将"日常家事"扩大到处分不动产等重大家事的解释方法值得探讨。由于日常家事与重大家事的性质不同，对于程序越权的重大家事的效力转化，不宜以是否属于日常家事范围为解释基础，而应以是否属于家事行为为解释基础。如果属于家事行为，应当通过直接"赋予家事代理权扩张效力"的路径解决，此种做法似更妥当。

从法律解释学考察，固然可以对"日常家事"作扩大解释，将一方处理不动产"包括于日常家务之内"。但笔者认为，没有必要通过不适当地扩大日常家事范围的方法来解决这类纠纷，应当直面重大家事客观事实，通过"赋予家事代理权扩张效力"的路径解决更为科学。即对夫妻一方的日常家事代理权效力扩张到重大家事，夫妻一方的行为尽管超越了日常家事代理权，仍然可以有条件赋予其效力。这个"条件"就是正当"家事需要"。对于夫妻一方的重大家事行为，在判断其效力时既不必受日常家事代理权范围限制，亦无须死扣重大家事必须基于夫妻合意的要求，核心看其是否属于"家事需要"。如果夫妻一方所作出的重大家事行为系维护家庭正当需要，则不能因其超出日常家事代理权范围或没有夫妻共同合意而否认其效力。适当扩张家事代理效力范围，直接对重大家事有条件赋予其法律效力，比将重大家事解释为日常家事更为科学。因为重大家事与日常家事毕竟属于两个不同性质的范畴，将重大家事视为日常家事容易造成两者性质混淆。而有条件地赋予重大家事程序越权的法律效力，既不改变重大家事性质，又可使正当的重大家事行为在法律上得到公正评价。

可喜的是，《民法典》采用了"赋予家事代理权扩张效力"的立法模式，即直接赋予一方程序越权的重大家事效力，将日常家事代理权效力扩大到重大家事。《民法典》第 1064 条第 2 款明确规定，一方能够证明用于家事需要的重大借贷，可以转换为有效家事，其债务为共同债务。没有用于家事需要者，则属于个人债务。根据该规定，判断一方程序越权的重大借贷是否属于共同债务，基本标准还是看是否用于家事需要，并不在于是否超越日常家事代理权。这一规定为解决"程序越权"家事行为的效力提供了法律基础。

二 "夫妻合意之债"的内涵与司法认定

（一） 夫妻合意之债的内涵

"夫妻合意之债"，是指夫妻存在共同借贷意思之债。《民法典》规定的夫妻合意之债包括"夫妻双方共同签名或者夫妻一方事后追认等共同意思表示所负的债务"。这就是说"夫妻合意之债"范围很广，包括共同签名、一方事后追认和其他合意形式，其核心在于是否具有共同意思表示，凡是存在共同意思表示的借贷，都是夫妻合意之债。其具体范围包括四个方面。

一是夫妻共同出面借贷之债。即夫妻共同决定向债权人借贷，并共同到场共同签名。

二是夫妻共同签名，由夫妻一方出面借贷之债。夫妻共同借贷有时不一定双方都出面，可以由夫妻共同在借据上签名后由一方向债权人办理借贷。

三是夫妻共同决定一方出面借贷之债。包括两种情形，一种是夫妻共同决定后一方办理借贷，另一方事后补充签名。如有的夫妻分居两地，通过电话等方式共同商定借贷时不方便签名，事后补充签名。另一种是夫妻共同决定借贷，由夫妻一方办理借贷，借条由经办夫妻一方签名，另一方事后没有补充签名，但只要能够证明属于事前共同决定或另一方同意的，亦属于夫妻合意。

四是夫妻一方追认之债。即夫妻对一方单独决定借贷之后，另一方表示认可其为夫妻共同债务。这种事后追认与前述事前共同决定事后补充签名性质不尽相同。事前共同决定事后补充签名属于典型的夫妻合意之债，而一方单独借贷，另一方事后追认，则是对一方借贷事实和法律效果的承认，属于特殊形式的夫妻合意之债。

（二） 夫妻合意之债的认定

夫妻合意之债的认定相对比较简单，司法实践中需要注意的问题主要有以下几点。

第一，夫妻合意之债不以用于家事需要为共同债务的要件。"夫妻合意之债"可能用于家事需要，也可能没有用于家事需要，但不论是否用于家事需要，只要合意借贷事实成立，即构成共同债务。比如夫妻共同出具借条或共同办理借贷手续所产生的债务，可以直接认定为夫妻共同债务，至于是否用于家事需要，则在所不问。

第二，对于一方借贷没有共同签名的债务，债权人或者举债方主张属于夫妻合意或共同借贷时，应当承担夫妻合意或共同借贷的证明责任。

第三，一方借贷他方事后追认的情形，包括口头追认、文字追认和事实追认。"事实追认"，就是事实上承认或接受一方借贷。如将一方借贷资金打入非举债一方银行账户，非举债方不反对或使用该借贷资金，或者非举债一方参与偿还一方借贷资金等，都是"事实追认"。无论是哪种追认形式，均由举债人或债权人承担举证责任。

三　债权人善意之债的内涵与司法认定

（一） 债权人善意之债的内涵

"债权人善意之债"，是指债权人有理由信赖一方负债用于家事需要或夫妻合意的债务。"债权人善意之债"主要包括两个方面：一是信赖"用于家庭需要"，即债权人无法辨别夫妻一方借贷系滥用日常家事代理权的行为，有理由信赖用于家庭需要；二是信赖属于"夫妻合意"，即夫妻一方超越日常家事代理权的借贷，债权人有理由信赖其属于夫妻合意之债。债权人善意之债的主要特征是：其一，夫妻一方滥用家事代理权；其二，在外表上具有夫妻合意或家事代理的表象特征；其三，债权人无法辨别一方的行为是否属于滥用家事代理权，主观上有信赖属于家事借贷或夫妻合意的善意；其四，债权人善意之债的法律后果内外有别，即在夫妻之间不产生共同债务效果，仅对善意债权人产生共同债务效果，非举债配偶一方对债权人承担责任后，可以向举债方追偿。

（二） 债权人善意之债在共同债务体系中的意义

债权人善意之债是夫妻共同债务"二元论"的有力补充，可以起到平衡夫妻内外关系的作用。在共同债务体系中，没有"债权人善意之债"则无法建立夫妻债务科学体系和评判标准。如夫妻一方负债，在夫妻之间构成共同债务的标准是用于家事需要。但对于债权人来讲，是否完全适用这一标准？如果不能完全适用这一标准，用什么标准进行平衡？当然离不开债权人善意之债。可以说，构建夫妻内部与债权人之间的区分规则，缺乏债权人善意之债，则无法建立。

首先，如果对债权人完全以"用于家事需要"的夫妻内部标准进行判断，当夫妻一方借贷没有用于家庭需要时，即使债权人存在合理信赖用于家事需要的善意，其主张夫妻共同承担责任的请求也无法获得支持。这对债权人显然不公平。其次，债权人起诉夫妻一方负债时，如果完全不考虑是否用于家庭需要或信赖用于家事需要，一律推定为夫妻共同债务，这对未举债夫妻一方显然也不公平。《婚姻法解释二》第 24 条之所以造成夫妻共同债务扩大化，其根本原因就是不考虑夫妻一方举债是否用于家事需要以及债权人是否存在信赖用于家事需要的善意，将婚姻期间的债务都推定为夫妻共同债务的结果。

债权人善意之债规则是解决夫妻债务内外标准失调的最好的平衡器。在夫妻之间采取实质家事判断标准，夫妻一方主张自己的举债为共同债务，需要证明其借贷实质上用于家事需要，否则其主张不予支持。但在夫妻外部兼采实质家事与表见家事双重标准。所谓表见家事，是指夫妻一方的借贷在外表上具有用于家事需要的表象，债权人无法辨别债务人是否属于滥用家事代理权，信赖其借贷属于家事借贷。债权人主张夫妻一方借贷属于共同债务时，只要能够证明"用于家事需要"或有理由信赖用于家事需要，均可以构成共同债务，夫妻另一方亦应承担连带责任。

外国民法在日常家事借贷等法律规定中均有保护债权人善意之债的规定。我国除《民法典》外，《婚姻法》第 19 条及其相关司法解释也有规定，债权人善意之债具有充分法律根据与法理基础，也是司法实践的客观要求。

债权人善意之债是划分夫妻内部责任与夫妻外部责任的"分割线"。所谓夫妻共同债务"内外有别",实质上就是债权人善意之债的处理规则"内外有别"。债权人善意之债的"内外有别"功能主要有三:一是夫妻债务的判断规则内外有别;二是举证责任规则内外有别;三是清偿规则内外有别,即未举债方对善意债权人承担责任后,在夫妻内部不承担责任,可以向另一方追偿。

目前司法实践中处理债权人主张夫妻共同债务时,一律将债务推定为共同债务或者完全适用夫妻内部标准判断,都是缺乏对债权人善意之债进行平衡调节的结果。因而,适用债权人善意之债规则处理夫妻债务具有重要意义,既可以为立法提供理论支撑,也可以为司法指引裁判路径。从司法角度考察,确立债权人善意之债具有如下优点。

第一,有利于司法操作。债权人善意之债与其他两类共同债务的认定规则、法律效果、举证责任等均有差别,法官可以根据不同性质的夫妻共同债务,选择法律适用和诉讼策略。

第二,有利于保护善意债权人。确立债权人善意之债在《民法典》中的独立法律地位,突出保护善意债权人的特殊规则,可以更有效地保护债权人利益。

第三,有利于保护借贷方配偶的合法权益。债权人善意之债将债权人限定在善意范围,具有内外衡平,防止共同债务扩大化效果,对保护借贷方配偶的合法权利具有积极意义。

第四,有利于合理分配举证责任。长期以来,理论上有一种观点认为,夫妻一方所负债务是否用于夫妻共同生活,举证人及其配偶最清楚,债权人根本无从知晓,要求债权人举证不合理,因而主张债权人不举证,由举证人配偶举证。[①] 实践证明,这种举证责任分配不合理是造成夫妻债务错案的重要因素之一。分析举证责任分配错误的原因,主要是仅仅将借贷"用途"作为证明内容,忽略了债权人善意的证明责任。这当然是缺乏债权人善意之债的结果。有了债权人善意之债,"用途"与"善意"都是债权人的

[①] 孔祥瑞:《完善夫妻财产制与保障民事交易安全》,《河北法学》2000 年 4 期;周姝:《论夫妻共同债务确认制度的完善》,《法治研究》2009 年第 9 期;刘耀东:《民法典编纂视野下夫妻共同债务推定规范的构建》,《妇女研究论丛》2018 年第 4 期。

证明内容，举证责任的困境就会迎刃而解，彻底颠覆债权人没有证明能力，不承担举证责任的错误认识和做法。即债权人的证明内容不再局限于单纯的"用途"（用于家事需要）证明，还要承担对"善意"（信赖用于家事需要）的证明责任，二者必证其一，否则其主张不能支持。

（三） 债权人善意之债的司法判断

1. "善意"可以认识和把握

也许有人认为，"善意"不好把握。但从其他法律关于善意或故意过失等主观要件规定的执行情况看，对"善意"等主观要件的判断并未对司法实践造成多大困惑。事实上，凡涉及对主观心理活动或主观意志的判断，都有一定难度。相比之下，判断强奸罪中的"违背妇女意志"才是一个高难度问题。但由于"违背妇女意志"抓住了强奸罪的本质，可以说是一个不可替代的标准，人们在司法实践中也总结了一套行之有效的判断"违背妇女意志"的具体经验和规则，"违背妇女意志"成为理论和实践中认定强奸罪的有效标准。借贷中的"债权人善意"也是如此，可以根据债权人与借贷人的关系、借贷时间、地点、数额、用途等综合因素进行判断。债权人善意与否，可以通过客观行为表现加以分析判断，完全可以认识和把握。

2. 债权人善意与非善意的司法判断

何为善意，单纯从字面意思上解释，就是好心、好意。而民法上的善意，理论上众说纷纭，比较流行的观点认为，善意还是恶意取决于行为人对自己的行为缺乏法律依据是否知悉。[①] 另外，也有学者将"善意"在内部又作了划分（主观诚信与客观诚信）。[②]

笔者认为，善意与恶意是根据行为人对其行为"知与不知"的主观心理状态所作出的区分性评价。善意，是指行为人实施某种行为时存在不知其行为足以影响法律效力的心理状态。这种心理状态属于良性心态，即行为人为善意。以夫妻一方负债为例，债权人在向夫妻一方出借时不知道自己的出借行为足以影响夫妻共同债务的法律效力，比如债权人认为一方的

---

① 〔美〕戴维·M. 沃克：《牛津法律大辞典》，光明日报出版社，1989，第102、578页；汪泽：《民法上的善意、恶意及其运用》，《河北法学》1996年第1期。

② 徐国栋：《诚实信用原则研究》，中国人民大学出版社，2002，第40~45页。

借贷属于正常家事借贷（包括信赖其属于家事借贷），即可认为产生夫妻共同债务的法律效力时债权人为善意。

恶意，是指行为人知道或应当知道其行为足以影响法律效力的心理状态。这种心理状态属于恶性心态，即行为人恶意。仍以夫妻一方负债为例，债权人在向夫妻一方出借时知道或应当知道自己的出借行为足以影响夫妻共同债务的法律效力，但仍以夫妻共同责任为目的向一方出借即属恶意。如债权人明知一方借贷是为了购买毒品来吸食或者用于赌博，但债权人仍然出借，然后以夫妻共同债务向双方主张权利，债权人则明显属于恶意。

从表面上看，债权人善意或恶意是一个纯主观的心理状态。但实际上，它是客观现象在主观上的反映，完全可以通过客观事实判断其主观心态或认知程度。从主观与客观的关系上考察，本质上还是由客观事实决定主观性质，即不同的客观事实决定债权人主观上的善恶之别。因而，判断债权人是否善意，不能脱离具体客观事实，需要以客观事实作为判断基础。

3. 债权人善意的证明标准

债权人善意，是指债权人不知或无法知道举债人属于个人负债或滥用家事代理权。对此，债权人应当承担善意举证责任，即证明自己不知或无法知道举债人属于滥用家事代理权或越权借贷，且有理由相信其属于家事借贷。其证明标准应当根据客观情势或一般交易经验判断，只要达到足以使人相信其具有合理性即可。

信赖"用于家庭需要"的善意证明，债权人需要提供"用于家庭需要"的具体事实与证据。如举债人子女当时正好考上大学，但举债人经济条件不好，举债人平时并无赌博等不良习性，而且是一个兴家立业的当家人，等等。如果举债人以子女上学需要学费为由向债权人借贷，债权人基于上述事实有理由相信该借贷用于子女上学。如果债权人所述的上述事实成立，足以认定债权人主观上具有善意。

信赖属于"夫妻合意"的善意证明，债权人需要提供自己有理由相信一方借贷属于"夫妻合意"的具体事实与理由。具体地说，债权人需要提供证据证明一方的借贷行为具有表见合意特征或具有合意表象事实，用这些表象事实说明一方的借贷行为足以使自己相信借贷是夫妻合意的结果。

表见合意的表象事实有很多，包括举债配偶曾经向债权人表明或打招呼需要向其借款；可以证明举债配偶同意或明知其借款的举债配偶的有关电话、微信等信息；借款资金直接汇入举债人配偶掌控的账户；其他可以证明举债配偶知道或应当知道一方举债的情形。

4. 判断债权人是否善意的基本原则

判断债权人是否善意，要秉承实事求是、衡平合理、遵从习惯、区别对待原则。

（1）实事求是原则

"实事求是"，则是要求判断债权人是否为善意时，必须从客观事实出发，以客观事实为依据，千万不能脱离客观事实，更不能以为"善意"是主观状态，完全凭主观臆断。

（2）衡平合理原则

"衡平合理"，则是要坚持不偏不倚，把握好认定标准的合理限度。债权人善意之债，主要功能在于保持夫妻债务在同一认定标准前提下，平衡夫妻一方与债权人的利益关系。对于债权人来讲，既不能脱离夫妻共同债务的基本标准（用于家庭需要），不管债权人是否善意或尽到必要注意义务都认定债务为共同债务，又不能对债权人过于苛刻，要求其必须证明借贷实际用于家庭需要。在适用善意标准时，要坚持合情合理的衡平原则，把债权人是否尽到必要注意义务、有无正当理由信赖债务用于家庭需要或属于夫妻合意掌握在合理范围。

（3）遵从习惯原则

"遵从习惯"，是指要遵从不同地方人们对事务的认知或行事习惯。判断债权人是否善意，不能脱离当时当地人们处理家庭事务的一般习惯，要遵从一般交易惯例和当地习俗，根据大家普遍认同的规则或习惯判断。

（4）区别对待原则

"区别对待"，是指要根据不同情形区别对待，尤其是日常借贷与重大借贷要宽严有别，即大额从严，小额从宽。

"大额从严"，是指判断债权人对夫妻一方大额借贷是否属于善意应当从严掌握。由于大额借贷对家庭影响之大，属于应当由夫妻合意决定范围，而且大额借贷也容易证明。无论是从债权人的注意义务看，还是从可证明性上看，债权人应当承担严格的证明责任。即必须证明借贷用于家事需要或"有理由信赖属于夫妻合意"。对信赖属于夫妻合意的证明，需达到高度可信程度。

"小额从宽"，是指判断债权人对夫妻一方日常小额借贷是否属于善意应当从宽掌握。债权人对夫妻日常借贷是否属于滥用家事代理权识别难度相对较大，只要债权人没有明显恶意，尽到合理注意义务，即可认定债权人属于善意借贷。

5. 判断债权人善意的方法

认定或判断债权人是否善意虽然有一定难度，但并非不可把握。从司法实践来看，判断债权人是否善意要充分考察借贷主体与借贷相关的各种客观事实，具体包括：借贷双方的人格品质、彼此关系、举债人家庭经济状况、举债人夫妻感情状况、举债人家庭管理家事习惯、借贷需求、举债人借贷事由（是否与当时情况相符）、借贷时间、地点等。

（1）借贷双方的人格品质考察

借贷有风险，民间借贷只能发生在相互熟悉并具有信赖基础的当事人之间。因而，出借人与借贷人之间一般都比较了解。借贷人是一个勤劳的理家人，还是游手好闲、不理家事，甚至还有赌博等不良习性的人，出借人一般应当有所了解。借贷人人格品质对判断债权人出借是否善意是一个应当参考的因素。如借贷人是一个游手好闲、不理家事或者有赌博习性的人，其借贷事由也明显与家庭情况不符，债权人仍然向其出借，一般可认定债权人主观不具有善意。同时，债权人人格品质也是应当考察的因素，如债权人是否也有赌博等不良习性，乃至与借贷人是赌友等，也对判断债权人是否善意具有参考价值。

（2）举债人家庭经济状况以及管理家事习惯考察

如举债人家庭是富足还是清贫，可以判断是否有借款必要。管理家事习惯，主要看平时对外家事活动或家庭事务中夫妻分别处于何种角色。如有的夫妻是平分家事管理权，有的夫妻则是以一方管理家事为主，还有的夫妻基本上是一方管理家事。不同家庭夫妻管理家事的习惯不同，对判断债权人出借是否善意有时也有参考意义。如平时根本不理家事的夫妻一方偶尔向外借款，债权人自应有更高的注意义务。

（3）举债人夫妻感情状况考察

夫妻感情好时，一方借贷用于家庭需要的可能性高。夫妻感情不好，尤其是分居或闹离婚期间，一方借贷用于家庭需要的可能性低。

（4）借贷需求、借贷事由、出借人借贷能力等考察

举债人家庭是否有借贷需求、举债人所说的借款事由是否与家庭实际情况相符等，债权人出借时也应当有一个合理判断。如明显超出家庭实际需求或偿还能力的借贷，或者其借贷事由根本不能成立，债权人仍然出借，其主观一般不具有善意。如果出借人没有借贷能力，大多是恶意串通的虚假借贷。

（5）借贷时间、地点、具体数额及其交付方式等考察

在什么时间借款，什么地点借款，与借款的用途有时存在关联性。如在家人住院期间借款，用于家庭需要一般可信。而在诉讼离婚期间借款、在赌场借款，几乎没有用于家庭需要的可能。如果借贷数额巨大，有的几十万，甚至上百万，如果采取现金支付，又没有其他相印证的事实，一般是恶意串通的虚假借贷。

上述各种考察因素都是相对的，不是绝对的。比如有时根本不理家事的夫妻一方偶尔向外借款，也可能是因另一方不在家且家里有急事。还有，感情好的夫妻有时借款不一定都用于家事需要，感情不好的夫妻借款有时也可能用于家事需要。因而，判断债权人是否善意应当把各种因素结合起来综合考察。如一方具有赌博习性，平时根本不理家事，家里又没有其他合理借贷事由，债权人对这种人借贷，一般不具有善意。

2021年卷 总第17卷

家事法研究

RESEARCHES ON FAMILY LAW

青年论坛

《民法典》适用中应明确孙子女、外孙子女的继承人地位

——兼评我国《民法典》中的继承人类型

魏小军　石清荣[*]

【内容摘要】实务中的主流观点认为孙子女、外孙子女不能成为祖父母、外祖父母的遗嘱继承人，而仅为受遗赠人。近期出版的《民法典》相关权威著作中，虽然其关于遗嘱继承人范围的观点不一，但都未将孙子女、外孙子女收入其中。虽不可否认此类观点的意义，但其不足（乃至危害）也是明显的，包括：第一，违反基本常识，导致"祖父母是孙子女的继承人，孙子女却不是祖父母的继承人"的反常结论；第二，违反"孙子女、外孙子女的实质继承地位，略强于祖父母、外祖父母"的制度精神及继承立法目的；第三，在关联法律部门引起不恰当的连锁反应，导致契税法优惠偏离立法初衷，出现"鼓励孙子女、外孙子女将财产传给祖父母、外祖父母，而不鼓励祖父母、外祖父母将财产传给孙子女、外孙子女"的反常结果。在《民法典》适用的过程中，应认为孙子女、外孙子女及其晚辈直系血亲属于法定继承人。孙子女、

---

* 魏小军，民商法学博士，杭州师范大学沈钧儒法学院副教授，中国法学会婚姻家庭法学研究会理事；石清荣，民商法学硕士，杭州市中级人民法院民事审判第四庭副庭长。

外孙子女及其晚辈直系血亲，无论是否具备代位继承的情形，其祖父母、外祖父母在遗嘱中授予遗产时，均应将其作为遗嘱继承人。在适用《民法典》第 1124 条规定的（继承、受遗赠的）接受与放弃规范时，以接受为推定状态（无须表示便视为接受）。

【关 键 词】 孙子女　　法定继承人　　代位继承　　遗嘱继承　　遗赠

　　　　　　　放弃继承

一　问题的提出

【案例】张甲有三个子女，四个孙辈血亲。张甲的妻子陈某去世多年。张甲于 2017 年 5 月立下公证遗嘱，将其名下一套购置于陈某去世之后的住宅指定由孙子张丁继承。张甲将该公证遗嘱交由已经成年并上大学的张丁保管。2018 年 9 月，张甲因病去世。张丁赶回来参加丧礼后，便返校学习。2019 年 1 月，张丁决定趁着假期把张甲在遗嘱中处分的住宅过户到自己名下，但遭到姑姑张丙的反对。张丙提出，张丁不属于张甲的法定继承人，张甲的相应遗嘱处分属于遗赠，而张丁明知遗嘱内容及张甲去世，却在近四个月的时间内从未表示接受，依法视同放弃受遗赠。张丁则认为，孙子女属于代位继承人，该遗嘱处分属于指定继承而非遗赠，故未表示放弃即视同接受继承。双方争执不下。

类似的问题，换到《民法典》背景下同样存在。《民法典》第 1124 条规定："继承开始后，继承人放弃继承的，应当在遗产处理前，以书面形式作出放弃继承的表示；没有表示的，视为接受继承。受遗赠人应当在知道受遗赠后六十日内，作出接受或者放弃受遗赠的表示；到期没有表示的，视为放弃受遗赠。"可见，就遗嘱所授予利益的接受或放弃而言，遗嘱继承和遗赠存在重大区别：遗嘱继承推定受益人接受，遗赠推定受益人放弃。①

---

① 这与《继承法》基本一致。《继承法》第 25 条规定："继承开始后，继承人放弃继承的，应当在遗产处理前，作出放弃继承的表示。没有表示的，视为接受继承。受遗赠人应当在知道受遗赠后两个月内，作出接受或者放弃受遗赠的表示。到期没有表示的，视为放弃受遗赠。"

关于何为遗嘱继承、何为遗赠，《民法典》第 1133 条规定，遗嘱受益人为法定继承人的为遗嘱继承，遗赠受益人为法定继承人以外的人的则属于遗赠。① 所以其答案又进一步取决于法定继承人的范围。而《民法典》第六编"继承"第二章"法定继承"下共有 7 条，其中涉及遗产分割请求权人的为遗产继承人范围及顺序（第 1127 条）、代位继承（第 1128 条）、丧偶儿媳与丧偶女婿的继承地位（第 1129 条）、遗产酌给（第 1131 条）。最终的问题就在于，法定继承人是仅指第 1127 条所列的近亲属，还是也包括第 1128 条、第 1129 条及第 1131 条所列的全部或部分人员。尤其是，本文关注的重点：孙子女、外孙子女是否属于法定继承人，能否成为遗嘱继承人。为方便分析，对认为孙子女、外孙子女并非祖父母、外祖父母继承人的观点，且称之为否定说；反之，则谓之肯定说。

二 主流的否定说及其不足

虽然否定说和肯定说各执一词，但占据主流地位的还是否定说。其典型者如上海高院《民一庭调研与参考〔2016〕3 号》。该文件提出："法定继承人是指依照法律规定的范围和顺序直接承受被继承人遗产的继承人。根据继承法第十条关于法定继承人范围及继承顺序的明确规定，孙子女、外孙子女并不在法定继承人之列，其继承祖父母或外祖父母遗产的方式是代位继承或转继承。因此，祖父母、外祖父母即使通过'公证遗嘱'的形式将遗产留给孙子女、外孙子女，其性质仍属于遗赠，而不是遗嘱。同时，根据继承法规定，受遗赠人应当在知道受遗赠后两个月内，作出接受或者放弃接受遗赠的表示，到期没有表示的，视为放弃受遗赠。"司法实务中，将对孙子女、外孙子女的遗嘱授予直接界定为遗赠，并认为其不属于遗嘱

---

① 该条维持了《继承法》第 16 条的基本精神。《继承法》第 16 条规定："公民可以依照本法规定立遗嘱处分个人财产，并可以指定遗嘱执行人。公民可以立遗嘱将个人财产指定由法定继承人的一人或者数人继承。公民可以立遗嘱将个人财产赠给国家、集体或者法定继承人以外的人。"《民法典》第 1133 条规定："自然人可以依照本法规定立遗嘱处分个人财产，并可以指定遗嘱执行人。自然人可以立遗嘱将个人财产指定由法定继承人中的一人或者数人继承。自然人可以立遗嘱将个人财产赠与国家、集体或者法定继承人以外的组织、个人。自然人可以依法设立遗嘱信托。"

继承的案例也很多见。^①《民法典》颁行后，这个观点又在权威司法机关出版的书中被重申。该书写道："遗嘱继承和遗赠虽然都属于通过遗嘱的方式来处分相关财产，但实际上是两种不同的继承方式。遗嘱继承中的受益人是被继承人的法定继承人，既可以是法定继承人中的一人，也可以是法定继承人中的数人，对受益人的人数没有限制性的规定。这里的'法定继承人'是指《民法典》第 1127 条规定的相关人员，既包括第一顺序的法定继承人，也包括第二顺序的法定继承人。即无论顺位，只要遗嘱人在遗嘱中指定的受益人属于《民法典》第 1127 条规定人员范围，就是遗嘱继承。遗赠中的受益人，则可以是法定继承人以外的组织、个人，也可以是国家、集体。"^②

否定说固然符合法律条文的字面意思，但也存在明显不足。

第一，违反基本常识。否定说一方面坚定地认为祖父母、外祖父母属于孙子女、外孙子女的继承人，另一方面又认为孙子女、外孙子女不属于祖父母、外祖父母的继承人。这恰恰与国人的常识相背离。自古以来，财产从长辈流向晚辈都是主流，而从晚辈流向长辈是例外——发生于非常特殊的情况。这也成为社会大众的常识。所以，当人们提起继承人时，很容易想起孙辈，而几乎不会有人把这个词和祖父母、外祖父母联系起来。

第二，违反继承法立法目的。继承法立法的目的，在于保护私人财产权，其中首先是要保护被继承人的财产权。在不违背社会公共利益的情形下，要么按被继承人明示的意愿来分配遗产，要么按推定的被继承人意愿来分配遗产。法定继承人的范围、顺序，原则上按推定的被继承人意愿（社会一般观点）来确定。在此基础上，进而强调对继承权的保护。^③就大多数人的意愿而言，无论基于进化产生的自然倾向，还是基于长期形成的社会观念，孙子女、外孙子女获得祖父母、外祖父母遗产的权利，无疑比

---

① 参见陈某 1、陈某 2 遗赠纠纷二审民事判决书，（2019）粤 02 民终 1573 号。

② 最高人民法院民法典贯彻实施工作领导小组主编《中华人民共和国民法典婚姻家庭编继承编理解与适用》，人民法院出版社，2020，第 558 页。

③ 《宪法》第 13 条规定："公民的合法的私有财产不受侵犯。国家依照法律规定保护公民的私有财产权和继承权。……"《民法典》总则编第五章"民事权利"部分第 124 条规定："自然人依法享有继承权。自然人合法的私有财产，可以依法继承。"第 1120 条规定："国家保护自然人的继承权。"

祖父母、外祖父母获得孙子女、外孙子女遗产的权利要更值得保护。而根据否定说，孙子女、外孙子女要获得祖父母、外祖父母通过遗嘱留给自己的遗产，必须在一个较短的期限内（《民法典》规定为 60 日）表示接受，否则视同放弃。其保护水平明显低于无须做任何表示便视为接受的祖父母、外祖父母的继承权。

第三，对关联法律部门的规则适用造成了不当的连锁反应。就我国的社会习俗而言，继承很大程度上是家庭内部的代际交接，并不存在严格意义上的财产转移，故相关政策经常会对因继承发生的财产转移予以优惠。① 典型规定如，法定继承人通过继承承受土地、房屋权属，可免缴契税。② 但《契税法》并未对何为法定继承人作出规定。作为主管部门的国家税务总局，因为其非继承方面的权威机关，亦按主流司法观点即否定说来界定法定继承人的范围——包括配偶、子女、父母、兄弟姐妹、祖父母、外祖父母，③ 将孙子女、外孙子女排除在外。这意味着，爷爷得到孙子遗留的土地、房屋可以免缴契税，孙子得到爷爷遗留下的土地、房屋反而需要缴纳契税。但实际上，我国社会的普遍习惯是"子孙满堂""开枝散叶"，财产从爷爷处流向孙子，可以说仍在（爷爷）一家之内；从孙子倒流给爷爷，一般都会通过爷爷流向孙子的晚辈直系血亲之外的人。从尊重社会习俗和多数人意愿、提高财产利用效率的角度出发，税法至少应当将"爷爷把财产传给孙子"和"孙子把财产传给爷爷"放在同一水平上加以鼓励，而不是仅鼓励后者而不鼓励前者。所以，否定说的运用，实际上使得这项契税优惠规则背离了其确立的初衷。

三　尴尬的肯定说及其价值

肯定说在司法观点体系中虽有些孤独，但并不孤立。有判决书写道，法律规定的第一顺序、第二顺序法定继承人范围（第一顺序：配偶、子女、父母。第二顺序：兄弟姐妹、祖父母、外祖父母），与民法上的近亲属范围

---

① 税收优惠政策一般意味着，相关行为受到国家和社会的鼓励。
② 《契税法》第 6 条第 5 项。
③ 《国家税务总局关于继承土地、房屋权属有关契税问题的批复》（国税函〔2004〕1036 号）。

不一致，前者比后者独少了孙子女、外孙子女。其原因在于《继承法》第
11条规定的代位继承制度的存在，使孙子女、外孙子女为祖父母、外祖父
母的第二顺序法定继承人成为不必要。考虑到代位继承制度的立法本意，
应将被继承人孙子女纳入继承人范围，从而认定被继承人孙子女的继承为
遗嘱继承。① 也有判决书进一步指出：首先，自体系解释的角度而言，孙子
女、外孙子女等晚辈直系血亲在特定情形下有代位继承权，因祖父母、外
祖父母的法律地位与孙子女、外孙子女相对应，且上述内容均规定于法定
继承部分，故仍可理解为孙子女亦应作为第二顺序继承人；其次，就代位
继承的权利属性而言，孙子女、外孙子女等晚辈直系血亲所享有的代位继
承权系其固有权利，并非代位享有他人的权利，因此，作为代位继承权享
有者的孙子女亦可作为法定继承人。② 这些意见，与前述主流观点有些不
同，其发出者加强了正当性说明，提及了立法背后的理论基础，并引入代
位继承权系固有权的观点。当然，因为《继承法》及其司法解释出现了代
位继承权非固有权的规定，③ 作为代位继承人不在法定继承人范围之内的重
要理由之一，也增加了肯定说的尴尬。

　　《民法典》通过之后，媒体上出现了大量关于侄（女）、甥（女）代位
继承的解读，其中有些解读有意无意地表述成扩大了法定继承人范围的措
辞，似乎在某种程度上呼应着法定继承人肯定说的观点。典型者如最高人
民法院第三巡回法庭在其官方微信公众号上，推送的一篇题为《〈民法典〉
人人应当熟知的49个法律要点》的文章。其中第39个法律要点的标题为
"扩大法定继承人范围至侄（女）、甥（女）"，内容为："为了财产更多流
转在血亲家族中，而非收归国家，将代位继承扩大至被继承人的兄弟姐妹
先于被继承人死亡的情形，使得被继承人的侄（女）、甥（女）获得第二顺
位法定继承人资格，突破了继承人范围对晚辈直系血亲的限制。（第一千一

---

① 徐某1与徐某2、徐某3遗嘱继承纠纷一审民事判决书，（2018）鄂0111民初9652号。
② 沈a与沈b遗嘱继承纠纷一案一审民事判决书，（2013）闵民一（民）初字第14554号。
③ 《继承法》第11条规定："被继承人的子女先于被继承人死亡的，由被继承人的子女的晚
　 辈直系血亲代位继承。代位继承人一般只能继承他的父亲或者母亲有权继承的遗产份额。"
　 《最高人民法院关于贯彻执行〈中华人民共和国继承法〉若干问题的意见》第28条规定：
　 "继承人丧失继承权的，其晚辈直系血亲不得代位继承。如该代位继承人缺乏劳动能力又
　 没有生活来源，或对被继承人尽赡养义务较多的，可适当分给遗产。"

百二十八条)。"① 从中可以发现，至少从字面意思来说，最高人民法院第三巡回法庭推送的这篇官微文章表达了这样的观点：代位继承人在代位继承条件具备时，取得与被代位人相当的继承人资格，属于法定继承人的一种。

实际上，采取肯定说，基本上可以回避前述否定说存在的问题，其积极意义是明显的。简言之至少包括以下四个方面。

第一，肯定说比否定说更符合常识。否定说导致的反常识结论——祖父母、外祖父母是孙子女、外孙子女的继承人，孙子女、外孙子女不是祖父母、外祖父母的继承人，可以消失。作为一项传统和普遍认识，孙子女、外孙子女当然是祖父母、外祖父母的继承人，不宜在法律框架下予以否认。

第二，肯定说与继承法律制度体系更协调。就法定继承制度而言，孙子女、外孙子女获得祖父母、外祖父母遗留财产的法律可能性，比祖父母、外祖父母获得孙子女、外孙子女遗留财产要更大，可以说实际继承顺序更靠前、实质继承地位更高。因为正常情况下，孙子女、外孙子女可以通过中间人——父母，享受其祖父母、外祖父母所留遗产带来的好处，并于其父母去世后通过继承获得；或者通过转继承，获得其祖父母、外祖父母所留遗产。在父母先于祖父母、外祖父母死亡的情况下，可以通过代位继承获得祖父母、外祖父母所留遗产。而祖父母、外祖父母获得孙子女、外孙子女所留遗产的法律可能性，首先少了代位继承，其次通过其子女作为中间人获得的可能性实际上也比较小。以此类推，在遗嘱制度框架下，理应给予孙子女、外孙子女不低于祖父母、外祖父母的实质地位。在这一点上，肯定说比否定说，显然更符合继承法律制度的体系逻辑。

第三，肯定说更符合继承法立法目的。继承被推定为接受、遗赠被推定为放弃的关键原因之一，在于其各自受益人与被继承人的关系存在差别，故其接受被继承人"恩惠"的可能性存在差别。进言之，法定继承人在社会一般观念上与被继承人关系非常亲近——往往基于共同生活、生产已经

---

① 《〈民法典〉人人应当熟知的49个法律要点》，"最高人民法院第三巡回法庭"微信公众号，2020年7月24日，https://mp. weixin. qq. com/s? _biz = Mzg5NTIxNjQ5NQ = = &mid = 2247487925&idx = 1&sn = c7c248b483eb9b8a7de6cbb0c6abc115&chksm = c012efb5f76566a32a8fcb50334deaec79aced55138456e5ea1a7e20cb56ea7a507d69eccc2f&mpshare = 1&scene = 23&srcid = 0623FN2iw6O59ji0iEyuwLiy&sharer_ sharetime = 1624410893192&sharer_ shareid = 941a8e72c124c3874771dd53bca028f3#rd。

熟悉了遗产，故大概率会接受被继承人的"恩惠"，所以其对被继承人留下的遗产推定为接受。而继承人以外的人，与被继承人的关系要相对淡薄，所以其对被继承人留下的遗产推定为放弃。我国社会中，孙子女、外孙子女作为习惯上（隔代）传人，其与祖父母、外祖父母的联系远高于普通的人际关系，甚至高于兄弟姐妹，将其对被继承人留下的遗产的意愿推定为放弃显然不符合实际情况。反之，孙子女、外孙子女默认接受祖父母、外祖父母留下的遗产，更符合我国的社会现实和立法目的。

第四，可以避免在诸如《契税法》等相关法律中引起的不当连锁反应。国家尊重传统、保护家庭赋予的税收优惠，不会在适用于少见的"逆向传承"（财产从直系卑血亲流向直系尊血亲）的背景下，反常地排除"正向传承"（财产从直系尊血亲流向直系卑血亲）的适用。

四　我国《民法典》中的继承人类型

（一）　孙子女、外孙子女以外的近亲属

根据《民法典》第 1045 条、第 1127 条，近亲属中，配偶、子女、父母为第一顺序法定继承人，兄弟姐妹、祖父母、外祖父母为第二顺序法定继承人。其中，子女包括婚生子女、非婚生子女、养子女和有扶养关系的继子女，父母包括生父母、养父母和有扶养关系的继父母，兄弟姐妹包括同父母的兄弟姐妹、同父异母或者同母异父的兄弟姐妹、养兄弟姐妹、有扶养关系的继兄弟姐妹。在被继承人留下有效遗嘱的情形下，配偶、子女、父母被遗嘱授予遗产时，作为遗嘱继承人自是没有疑问。兄弟姐妹、祖父母、外祖父母，被继承人在遗嘱授予财产利益时，即便被继承人的配偶、子女或父母全部或部分尚存，也属于遗嘱继承。①

（二）　孙子女、外孙子女及其晚辈直系血亲

如前所述，孙子女、外孙子女的实质法定继承地位略高于祖父母、外

---

① 相关案例可见刘某1、刘某2与高某某、刘3等遗嘱继承纠纷二审民事判决书，（2019）沪02民终6235号。

祖父母，① 故解释上应认为其属于法定继承人。在被继承人留下有效遗嘱的情形下，无论是否出现具备代位继承的条件（被代位人先于被继承人死亡等），孙子女、外孙子女从遗嘱中获得遗产的均应按遗嘱继承对待。孙子女、外孙子女的晚辈直系血亲，虽然其与被继承人的联系弱于孙子女、外孙子女，但从我国的实际情况出发，应认为其与孙子女、外孙子女一样属于继承人。

（三） 侄子（女）、外甥（女）

根据《民法典》第 1128 条第 2 款，被继承人的兄弟姐妹先于被继承人死亡的，由被继承人的兄弟姐妹的子女代位继承。在符合（法定）代位继承条件的情况下，侄子（女）、外甥（女）作为遗嘱继承人应无疑问。在不符合（法定）代位继承条件的情况下，其能否作为遗嘱继承人值得探讨。虽然侄子（女）、外甥（女）的实质法定继承地位，弱于兄弟姐妹、祖父母、外祖父母等第二顺序法定继承人，但无论从传统还是现实出发，其与被继承人通常都有较强的联系。他们愿意接受被继承人的"好意"的可能性远高于拒绝的可能性，故仍以按遗嘱继承处理为宜。

（四） 对公、婆尽了主要赡养义务的丧偶儿媳，对岳父、岳母尽了主要赡养义务的丧偶女婿

根据《民法典》第 1129 条，丧偶儿媳对公婆，丧偶女婿对岳父母，尽了主要赡养义务的，作为第一顺序继承人。所以，丧偶儿媳对公、婆，丧偶女婿对岳父、岳母尽了主要赡养义务的，本身就是法定继承人。② 此情形下，立遗嘱人立下遗嘱明确遗产归丧偶儿媳、丧偶女婿继承的，按照遗嘱继承遗产自无疑问。但不符合前述条件的儿媳或女婿，无论是否丧偶，其与被继承人关联较弱，对其的遗嘱授予不应按遗嘱继承处理。

---

① 实际上也略高于兄弟姐妹。
② 黄薇主编《中华人民共和国民法典继承编解读》，中国法制出版社，2020，第 47 页。相关案例可见原告徐永生诉被告徐威共有物分割、遗赠纠纷一案，（2016）沪 0115 民初 23220 号。

论婚姻人身协议的法律效力

张 融*

【内容摘要】 婚姻人身协议是与婚姻财产协议相对的概念，一般是指夫妻双方就婚姻中的人身关系作出的约定。目前，我国立法仅就婚姻财产协议作出规定，这使有关婚姻人身协议问题的解决陷入无法可依的境地，由此在学术界和司法界出现严重的分歧，此种分歧主要集中在婚姻人身协议法律效力的认定上。从本质而言，婚姻人身协议的效力认定是一个利益博弈的过程，在此过程中，需要对个人利益和社会利益作出取舍。在我国个人兼及社会本位的法律理念下，不仅需要顾及个人利益，而且亦不能忽视社会利益。由于婚姻人身协议主要体现的是个人利益，因此，在协议效力的认定上，应侧重于社会利益的保护。在此之下，夫妻只有在法律规定的婚姻人身权利和义务的框架下达成婚姻人身协议，协议才具有法律效力。

【关 键 词】 婚姻人身协议 法律效力 个人利益 社会利益

---

* 张融，法学博士，广西师范大学讲师。

一 问题的提出

2020 年 5 月 28 日，十三届全国人大三次会议表决通过了《中华人民共和国民法典》（以下简称《民法典》），其"婚姻家庭编"涉及对《婚姻法》不少条文的修正。但是在婚姻人身协议方面，《民法典》仍与《婚姻法》规定一致。具言之，《民法典》并未对有关婚姻人身协议作出明确规定，这无疑使关涉婚姻人身协议的问题仍难以得到解决。

一般而言，婚姻人身协议主要是将要结婚或已经结婚的当事人对于在婚姻过程中的人身关系事项的安排达成一致的意思表示。[①] 此种协议在现实生活中表现形式多样，如夫妻之间约定不许离婚的协议；夫妻之间约定晚上几点前必须回家，否则支付空床费的协议；夫妻之间签订的忠诚协议等等。总体来说，只要协议涉及夫妻双方在婚姻过程中的人身利益，那么其便可以被称为婚姻人身协议。婚姻人身协议与婚姻财产协议相对，对于婚姻财产协议，我国《婚姻法》第 19 条作出了明确的规定，而《民法典》亦在第 1065 条有所规定。[②] 从这些规定中可知，夫妻可以就各自的财产形式、财产份额等内容作出约定，法律承认其效力。而对于婚姻人身协议，无论

[①] 在此需注意的是，一些婚姻人身协议亦可能存在财产关系的约定。例如，夫妻双方对某项人身关系进行约定，若违反此项约定，则需负一定的赔偿责任。此种协议不能因其包含财产关系而将其视为财产协议，其依旧是婚姻人身协议。因为在这些协议中，人身关系仍是主要约定，财产关系不过是附在人身关系下的约定，其目的主要是为了更好地实现人身关系的约定。正是基于此，本文所称的婚姻人身协议，不单指纯粹的人身关系约定，而且亦包含有财产关系的人身关系约定。修艳玲：《论我国的婚姻协议规制》，《福建公安高等专科学校学报》2007 年第 5 期。

[②] 我国《婚姻法》第 19 条规定："夫妻可以约定婚姻关系存续期间所得的财产以及婚前财产归各自所有、共同所有或部分各自所有、部分共同所有。约定应当采用书面形式。没有约定或约定不明确的，适用本法第十七条、第十八条的规定。夫妻对婚姻关系存续期间所得的财产以及婚前财产的约定，对双方具有约束力。夫妻对婚姻关系存续期间所得的财产约定归各自所有的，夫或妻一方对外所负的债务，第三人知道该约定的，以夫或妻一方所有的财产清偿。"《民法典》第 1065 条第 1 款亦规定："男女双方可以约定婚姻关系存续期间所得的财产以及婚前财产归各自所有、共同所有或者部分各自所有、部分共同所有。约定应当采用书面形式。没有约定或者约定不明确的，适用本法第一千零六十二条、第一千零六十三条的规定。"可见，对于婚姻财产关系而言，婚姻当事人相互间的约定为法律所承认。

是我国《婚姻法》，抑或是《民法典》，均未对此作出明确的规定。这使有关婚姻人身协议的问题在司法实践中出现了同案不同判的现象。① 在此之下，不仅我国司法权威将受损害，而且相关当事人的个人权益亦难得到维护。

从司法实践来看，有关婚姻人身协议的分歧主要体现在效力认定方面，此种分歧的根源主要在于立法的空白。事实上，无论协议的效力认定结果如何，而只要立法对此结果加以明确，那么上述问题便可以迎刃而解。换言之，若人身协议有效，那么与协议有关的问题便可依照协议的规定解决；若人身协议无效，那么与协议有关的问题便不可依照协议的规定解决，相关问题仍需由法官依照法律来裁判。然而，无论何种效力认定结果，我国法律均没有任何明确的规定，由此在司法实践中才出现了同案不同判的现象，这无疑使当事人的权益难以得到维护。

二　婚姻人身协议法律效力认定的分歧

我国《合同法》第 2 条第 2 款规定，婚姻、收养、监护等有关身份关系的协议，适用其他法律的规定。② 该条在此阐明，《合同法》主要规范的是债权债务的财产关系，由于这些财产关系与人身关系存在着极大的不同，因而民事法律行为关系中有关人身关系的问题，应适用其他法律的规定。③

---

① 例如，针对夫妻间对同居关系进行约定的空床费协议而言，有的法院承认其具有效力，在此之下，有关此问题的解决主要依协议内容进行，参见重庆市第一中级人民法院（2004）渝一中民终字第 3442 号民事判决书；而有的法院则否认其效力，对有关空床费的主张不予支持，参见湖南省湘潭市中级人民法院（2015）潭中民一终字第 152 号民事判决书。又如，针对夫妻间对忠实义务进行约定的忠诚协议，有的法院认为其是有效的协议，故相关事项可按协议约定解决，参见江苏省江阴市人民法院（2016）苏 0281 民初 813 号民事判决书；而有的法院则否认其效力，认为此协议于法无据，参见上海市长宁区人民法院（2015）长民四初字第 161 号民事判决书。此种同案不同判的现象之所以存在，主要原因在于立法规定的空白。也即在我国立法中，对于婚姻人身协议未有明确的规定，这使法官在裁判时无法可依，而只能以自己的价值观来推断立法精神并加以裁判。由于各人价值观的不同，同案不同判的现象也就不可避免。
② 《民法典》第 464 条对该条进行了确认，第 464 条明确规定："合同是民事主体之间设立、变更、终止民事法律关系的协议。婚姻、收养、监护等有关身份关系的协议，适用有关该身份关系的法律规定；没有规定，可以根据其性质参照适用本编规定。"
③ 王宝发：《合同纠纷的预防与解决》，法律出版社，2014。

然而，在其他法律中，有关婚姻人身协议的效力却未有明确的规定，这使婚姻人身协议的效力认定陷入无法可依的境地，由此产生了一系列的问题。对此，在学术界，一些学者提出了不同的效力认定方案，具体可分为有效说、无效说以及有效和无效混合说。

（一）有效说

有效说认为，婚姻人身协议应是具有法律效力的协议。其中的原因在于，契约从产生伊始，就无法排除人格要素作为客体，在同为客体的财产要素协议效力被承认的情形下，婚姻人身协议不必因其人身属性而无效。① 因此，法律应当给予婚姻当事人与买卖合同当事人一样多的自由，使他们能自行确定在彼此的婚姻关系中有哪些内容可以得到法律强制力的支持。② 同时，由于婚姻人身协议存在意思表示等要素，故其亦为民事法律行为的一种类型，就此意义而言，协议只要符合民事法律行为的三要件，即行为人具有相应的民事行为能力、意思表示真实、不违反法律或者社会公共利益，就应赋予其相应的法律效力。③ 除此以外，亦有学者认为，涉及财产要素的婚姻人身协议，可以被视为一种财产协议，进而可以在现有的法律框架下将其视为有效协议。④

（二）无效说

无效说认为，婚姻人身协议是一份没有任何法律效力的协议。其中的原因在于，婚姻关系的本质并非契约，不能轻易滑入契约自由和意思自治的深渊，否则婚姻关系很可能被强势一方所利用，或成为一种情感与金钱交易的工具。⑤ 事实上，婚姻以爱情为基础，法律只能止步于卧室以外，如

---

① 苏晓娜：《夫妻忠诚协议：效力判断与制度构建》，《公民与法》（法学版）2016 年第 6 期。

② 邓丽：《婚姻法中的个人自由与社会正义——以婚姻契约论为中心》，知识产权出版社，2008。

③ 杨晋玲：《夫妻"忠实协议"——一个不应成为问题的法律话题——兼论最高人民法院〈关于适用《中华人民共和国婚姻法》若干问题的解释（三）〉（征求意见稿）第 4 条的设置》，《云南大学学报》（法学版）2010 年第 6 期。

④ 王雷：《婚姻、收养、监护等有关身份关系协议的法律适用问题——〈合同法〉第 2 条第 2 款的解释论》，《广东社会科学》2017 年第 6 期。

⑤ 朱永生：《忠诚协议效力探析》，《湖北警官学院学报》2015 年第 4 期。

果民法允许夫妻通过合同约定人身关系和违约责任，赋予类似夫妻身份合同的效力，那么我们还有什么私人生活空间可言？[①] 同时，从司法资源有限性的角度而言，亦不宜赋予婚姻人身协议以法律效力，否则将会给法院审判带来不必要的负担。[②]

（三） 有效和无效混合说

有效和无效混合说认为，婚姻人身协议应依照具体情形的不同分为有效协议或者无效协议。因为依私法自治精神，夫妻双方为确保人格的独立与尊严，在法律和公序良俗的框架内，有权自主决定个人的婚姻问题，并在双方自愿、意思表示一致的基础上签订有关身份和财产关系的协议，但是，一些身份权的法定性将阻却约定的效力。[③] 因此，过分限制人身自由的协议是要摒弃的，比如不许跟任何异性接触、不得主动提出离婚等。[④] 同时，亦有学者认为，在婚姻人身协议同时关涉财产内容时，其中的财产内容约定应具有效力，而人身关系约定不应具有效力。[⑤]

从上述理由来看，婚姻人身协议的有效或无效，似乎都各有其理。因此，单纯依据这些理由是难以认定婚姻人身协议是否具有效力的。事实上，这些理由仅仅从表象上论证了婚姻人身协议的有效或者无效，却忽视了婚姻人身协议效力认定背后的根本原因。从本质上说，上述分歧的存在，主要原因在于各人利益出发点的不同，也即各人在不同利益诉求的指导下，提出了不同的效力认定方案。此种争论过程实质上是不同利益博弈的过程。

依据马克思主义法学理论，法律效力来源于国家强制力的保障，而只有体现统治阶级意志的法律才会获得此种强制力的保障。[⑥] 换言之，法律之所以有效，是因为国家权力是它的后盾，只要国家拒绝支持它，它就不可

---

① 黄蓓、程泽时：《论夫妻忠诚协议》，《求实》2009 年第 2 期。
② 景春兰：《夫妻"忠实协议"的裁判规则解释》，《政治与法律》2017 年第 8 期。
③ 王歌雅：《夫妻忠诚协议：价值认知与效力判断》，《政法论丛》2009 年第 5 期。
④ 陈虹冰：《论婚前协议的法律效力》，《法制与社会》2016 年第 12 期（下）。
⑤ 隋彭生：《夫妻忠诚协议分析：以法律关系为重心》，《法学杂志》2011 年第 2 期。
⑥ 〔美〕E. 博登海默：《法理学：法律哲学与法律方法》，邓正来译，中国政法大学出版社，2004。

能有效。① 就此意义而言，既然法律只有符合统治阶级意志时才可获得效力的认可，那么在法律项下的婚姻人身协议自然亦应是如此，也即只有符合统治阶级意志的婚姻人身协议，才能获得法律效力的认可。至于何种婚姻人身协议才可被视为符合统治阶级的意志，这本身亦是一个利益博弈的过程。因为统治阶级意志是一个整体意志，法律规则的制定，并非该阶级中某一个集团或个别成员的意志，也不是个别成员意志的简单总和，更不是他们之中任何一个人的任性。② 基于此，具有法律效力的协议，往往是在对各利益进行平衡后的结果。对此，有学者坦言，一个国家的立法，其核心问题就是，对这些极其复杂的利益关系如何进行调整，如何进行分配和平衡，在一定意义上说，立法就是主权者运用法律的手段对错综复杂的利益进行调整和配置。③ 因此，婚姻人身协议效力的最终确定，仍应从利益平衡的角度出发。换言之，只有符合统治阶级意志的婚姻人身协议，才能获得法律效力的认可，而这本身是利益平衡后的结果。

三　婚姻人身协议法律效力认定的利益衡量

应该承认的是，婚姻人身协议是法律行为的一种类型，因为其构成要件与法律行为构成要件相符，特别是在意思表示这一核心要素的体现上。换言之，在所有的法律行为的产生构成要件中，有一点是共同的，即至少要有一个人宣告其意思，表示他想要取得某个特定的法律后果，也即意思表示是法律行为的核心要素。④ 而在婚姻人身协议中，意思表示恰恰是协议得以产生的根本原因。"协议"一词，即表明双方已经过协商达成一致。⑤ 若无意思表示的存在，那么婚姻人身协议从何而来？婚姻虽然关涉人身，但并不能把意思表示排除于外，事实上，在私法领域，主要有三个领域是凭当事人的意志来设定权利义务的，即合同、婚姻与遗嘱。⑥ 就此意义而

①　〔德〕古斯塔夫·拉德布鲁赫：《法哲学》，王朴译，法律出版社，2013。
②　李龙、刘青：《〈共产党宣言〉中的法律思想》，《马克思主义研究》2018年第1期。
③　李步云、高全喜主编《马克思主义法学原理》，社会科学文献出版社，2014。
④　〔德〕迪特尔·施瓦布：《民法导论》，郑冲译，法律出版社，2006。
⑤　朱庆育：《民法总论》，北京大学出版社，2016。
⑥　李永军：《民法总论》，法律出版社，2006。

言，婚姻人身协议效力认定的利益衡量，理应从意思表示这一核心要素出发。

意思表示是私法自治的应有之义，这是商品经济发展的必然结果。私法自治原则建立在19世纪个人自由主义之上，排除了当时封建身份关系及各种法律关系对个人的束缚，其适用于一切私法关系，婚姻或家庭亦受其约束。① 在私法自治原则之下，个人享有极大的自由权利，其可以通过自己的意思为自己形成法律关系。② 但是，私法自治并不是毫无限制的，也即意思表示具有一定的限度，超过此限度，那么意思表示所欲建立的法律关系便不会得到法律的承认，这实质上亦是为了维护个人利益。就此来看，婚姻人身协议是否具有法律效力，实质上亦是意思表示的限度问题，也即人身协议意思表示能在多大范围内得到法律承认的问题。倘使确定了意思表示的范围，那么前文所言的难题便可迎刃而解。换言之，在意思表示的范围内，意思表示的效力将会得到法律的承认，反之，意思表示的效力将不会得到法律的承认。而边界确定的过程，往往是一个利益衡量的过程。就婚姻人身协议而言，其所涉及的利益包括个人利益和社会利益。

在利益衡量的过程中，需要对不同利益作出取舍，此种取舍往往会使某种利益居于主导地位。从本质上说，此种取舍过程受经济因素的影响。具言之，在自然经济占主要地位的环境下，社会相对闭塞，商品流通性差，由血亲关系或延伸的血亲关系所决定而处于支配地位的家长封建主是生产和消费的决定者，其他成员只是作为附庸而存在。③ 在此之下，法律维护的主要是家族利益，个人利益被严重压制，婚姻当事人并无意思表示可言。而随着商品经济的产生与发展，以商品交易为中心的市场规范逐步出现，其着重强调个体的作用，市民社会在此得以缓慢形成。在市民社会中，每个人都以自身为目的，④ 因而个人利益的维护便成为这一时期法律的导向，在此基础上形成的法律制度自然强调对个人的关爱。在此之下，个人的意思表示逐步为法律所重视，而私法自治原则也得以形成。英国历史法学家

---

① 王泽鉴：《王泽鉴法学全集》（第十一卷），中国政法大学出版社，2003。
② 〔德〕维尔纳·弗卢梅：《法律行为论》，迟颖译，法律出版社，2013。
③ 张正德：《法理学》，重庆大学出版社，2005。
④ 〔德〕黑格尔：《法哲学原理》，范扬、张企泰译，商务印书馆，2010。

梅因曾将这一过程总结为："到目前为止，所有进步社会在有一点上是一致的，在运动发展的过程中，其特点是家族依附性逐步消灭，个人义务逐步增长，个人不断代替了家族，成为民事法律所考虑的单位，此为从身份到契约的过程。"① 由于个人过分自由容易造成资源浪费，影响商品经济的可持续发展，因此，个人利益兼顾社会利益的思想逐步产生，并发展成现代法律的主要价值。② 在此之下，国家认识到婚姻也如市场那样存在失灵的缺陷，个人主义的滥觞将致婚姻资源浪费，故国家在此有介入的必要。③ 国家的适度介入有利于婚姻关系的和谐，有助于规范人们的行为，借以保护弱者的利益，从而避免社会危机。④ 在此情境下，并非所有婚姻当事人的意思表示均可获得法律上的认可。

从当前经济与法律发展的情况来看，我国婚姻法律正处于民法发展阶段中的个人兼及社会本位阶段。⑤ 在该阶段中，需要顾及个人利益，但亦不能忽视社会利益。该阶段最初产生于 1900 年《德国民法典》出台之时，其主要目的在于限制个人的过分自由以维护弱者的利益，只有这样，民法对个人的关怀才能从根本上得到实现。就此意义而言，社会利益一般表现为对弱者的保护和弱者权利的强化，以避免其受契约自由滥用的侵害。⑥ 正是为了保护社会利益，国家公权力才会介入私人自治领域，通过外部力量为弱者建构起一道"保护墙"，此种"保护墙"往往以强制性规定的形式存在，相关当事人的意思表示只要触及此种强制性规定，那么其所达成一致的行为必然得不到法律的承认。就此意义而言，婚姻人身协议亦不得触及

① 〔英〕梅因：《古代法》，沈景一译，商务印书馆，2009，第 96~97 页。
② 章礼强：《民法本位纵论——对民法过去、现在和未来的深层思考》，《池州师专学报》2004 年第 6 期。
③ 丁钢全：《我国婚姻效力制度的经济分析》，《韶关学院学报》2006 年第 5 期。
④ 雷春红：《婚姻家庭法的地位研究》，法律出版社，2012。
⑤ 在学术界，通常把民法的发展划分为三个阶段，分别为家族本位阶段、个人本位阶段以及个人兼及社会本位阶段。在不同阶段，民法所侧重保护的利益有所不同。由于婚姻法属于民法的一种类别，因此其亦秉承着相同的发展规律。从我国经济和法律的发展情况来看，我国婚姻法律正处于个人兼及社会本位阶段中。在该阶段，立法在顾及个人利益的同时亦要兼顾社会利益，此种社会利益一般表现为对弱者利益的关怀。这在我国实证法上有所体现，例如，我国《婚姻法》在第 2 条第 2 款中特别规定："保护妇女、儿童和老人的合法权益。"参见夏吟兰、薛宁兰《民法典之婚姻家庭编立法研究》，北京大学出版社，2016。
⑥ 〔日〕星野英一：《民法劝学》，张立艳译，北京大学出版社，2006。

法律的强制性规定，否则其将无效。然而，从我国的立法来看，法律对此并未作出明确的规定，由此造成当事人并不知道婚姻意思表示不能触及的那道墙在哪，这也导致了学术界及司法实务界的分歧。对此，立法只有明确婚姻意思表示不能触及的那道墙，亦即明确婚姻意思表示的边界，才能从根本上消除此种分歧。由于意思表示主要体现的是个人利益，在个人兼及社会本位的阶段中，社会利益亦应得到重视。基于利益兼顾的考量，在婚姻人身协议主要体现意思表示的情境下，效力认定应更多地关注弱者的利益。①

四 婚姻人身协议法律效力的认定

随着经济的不断发展及观念的不断进步，男女两性的地位已经趋于平等。但应该看到的是，即便如此，在社会中，男女两性在家庭中的分工依然存在。具言之，虽然经济的发展以及观念的进步促使传统家庭分工模式有所淡化，但是家庭分工并没有因此而消亡，反而仍处在不断发展变化之中。在家庭分工中，男女两性扮演着不同的角色，也即通常所称的主外与主内分工。例如，一份关于家庭分工的调查表明，在我国，23.1%的受访者认为应根据实际情况而决定家庭分工，22.4%的受访者赞同男主外女主内的家庭分工模式，8.6%的受访者更赞同女主外男主内的家庭分工模式。② 又

---

① 意思表示本身是个人主义的体现，婚姻人身协议是在意思表示达成一致的情形下产生的，在此已经主要体现出个人利益。在个人兼及社会本位阶段中，个人利益虽然需要顾及，但社会利益亦不可忽视。就此意义而言，在婚姻人身协议已经主要体现个人利益的情境下，协议的效力认定更应顾及社会利益，这样才能使不同的利益达到平衡，同时也符合个人兼及社会本位的要求。在此需注意的是，婚姻人身协议的签订固然可能存在胁迫、欺诈等意思表示瑕疵的情形，亦会对效力产生影响。限于篇幅，本文不打算对这些意思表示瑕疵的情形予以讨论。因此，本文所探讨的婚姻人身协议，均为在意思表示真实的情境下签订的协议。

② 另据一份关于海南省的家庭分工调查数据，家庭分工模式在现代依然存在。从该份调查可知，海南省目前的家庭分工模式以"男女平等"为主，以"男主外、女主内"为辅。其中男主外、女主内的占41%，女主外、男主内的占1%，男女平等的占55%，内外均为女主的占3%。参见吴琼《海南妇女家庭分工的现状调查》，《学理论》，2011年第20期；周易：《家庭分工模式：夫妻共同承担内外事务最普遍——53.1%受访者认为主外的人家庭地位通常更高，58.2%受访者认为主内主外同样辛苦》，《中国青年报》2016年9月13日。

如，在巴西，虽然随着经济的发展，女性外出就业的比例日益上升，但是传统中的家庭分工模式依然存在，在此分工中，主内的主要为女性一方，这使其花在家务劳动中的时间往往比男性高两倍。① 再如，在美国，虽然自"二战"以来，女性劳动力市场的参与率有所上升，但是在传统家庭分工的影响下，女性仍承担着大部分的家务劳动，女性花在家庭事务中的时间显然要比男性多。② 可见，在现代社会，家庭分工依旧客观存在。这意味着，在夫妻家庭生活中，必然存在着相对弱势的一方。因为在家庭分工中，主内的一方往往将主要精力消耗在家庭劳动之中，虽然不能否认家庭劳动也能创造具体价值，但是其价值却主要消耗在家庭内部，这本身也是家务劳动无法从市场上获得回报的原因。③ 在此之下，主内的一方容易在经济上形成对主外一方的依赖，这使主内的一方在事实上成为婚姻关系的弱势方。由于男女两性存在生理差异，这决定了在婚姻关系中，相对弱势方一般指女方。因为女方需要把大量的时间花在生儿育女的活动上，而投入社会活动的时间将会减少，这无疑会影响其社会收入。④

男女两性在婚姻关系中的实质不平等，决定了婚姻人身协议的签订即便是在真实意思表示下作出的，其也难以达到实质上的公平。因为在婚姻关系中，家庭分工的存在使女性处于弱势地位，男性的强势在间接上可能使女性不得不签订婚姻协议，这将会造成实质上的不公平，女性的利益据此将会受损。⑤ 换言之，虽然婚姻人身协议是在真实意思表示下签订的，但是在一些情形中，夫妻一方的弱势地位往往对其形成某种间接上的压迫，使其不得不接受相对方提出的人身关系约定请求。在此情形下，基于对弱者利益的兼顾，立法不应承认婚姻人身协议的效力。虽然不能排除在一些

① Beatriz Schmidt, Sarah J. Schoppe-Sullivan, Giana B. Frizzo, Cesar A. Piccinini, "A Qualitative Multiple Case Study of the Division of Labor across the Transition to Parenthood in South-Brazilian Families", *Sex Roles* 1 (2019): 272.

② 〔英〕安东尼·W. 丹尼斯、罗伯特·罗森：《结婚与离婚的法经济学分析》，王世贤译，法律出版社，2005。

③ 王玮玲：《基于性别的家庭内部分工研究》，《重庆大学学报》（社会科学版）2016 年第 5 期。

④ 夏吟兰主编《中华人民共和国婚姻法评注：总则》，厦门大学出版社，2016。

⑤ Sean Hannon Williams, "Postnuptial Agreements", *Wisconsin Law Review* 4 (2007): 830 – 831.

婚姻人身协议中，其签订系由弱势一方最先提出的情形，但相比于承认婚姻人身协议的效力，不承认婚姻人身协议效力的做法风险更小。因为在否认婚姻人身协议效力的情境下，弱势一方无论是否最先提出签订婚姻人身协议，其利益均不会受损，而在承认婚姻人身协议效力的情境下，虽然最先提出签订婚姻人身协议的弱势一方的利益得到了维护，但是对于并非最先提出签订婚姻人身协议的弱势一方而言，其利益却可能遭到损害。

但在此需注意的是，此种不承认婚姻人身协议效力的情形仅限于一般情形，在特殊情形下，承认婚姻人身协议的效力并不会损及弱势一方的利益。事实上，在各国立法中，不少国家已经结合本国的实际情况，在法律中直接或间接规定了不会损及弱者利益的情形。例如，《德国民法典》在第1355 条中规定了婚姻的姓氏可以进行自行约定。又如，《日本民法典》在第750 条中亦规定了婚姻的姓氏可以自行约定。事实上，在我国婚姻法中，亦有类似的规定，① 只不过条文规定得较为抽象，在理解时不免产生分歧。

从某种程度上说，这些不会损及弱者利益的情形实质上是婚姻的人身权利与义务，而立法之所以在此设定夫妻人身权利与义务，亦是保护弱者利益的需要。因为在婚姻家庭领域，只有当家庭成员之间的利益关系以及其他公民的亲属权利在事实上达到最大限度的合理状态时，才有可能通过公平实现体现社会正义的法律秩序。② 由于家庭分工的存在，夫妻之间必然存在相对弱势的一方，倘若让其自由约定双方的人身关系，那么这不免会导致夫妻间的利益失衡，造成夫妻相对弱势的一方的利益损害。为此，国家有必要提前介入，运用公权力的手段在法律中提前设定夫妻的人身权利

---

① 事实上，我国《婚姻法》亦存在类似的规定，只不过规定得较为抽象，需要当事人结合具体情形去理解。例如，我国《婚姻法》第 14 条规定了夫妻的姓名权，虽然没有直接规定是否可进行约定，但是通过分析即可发现，法条在此表明，夫妻双方是可以对彼此的姓名进行约定的。又如，我国《婚姻法》第 15 条规定了夫妻的自由，虽然没有直接规定可以就此签订人身关系协议，但是通过深入分析，可以推断出夫妻不能作出有损一方生活或工作自由的行为，就此意义而言，婚姻人身协议不能限制夫妻生活或工作的自由，否则无效。而我国《民法典》在"婚姻家庭编"中亦作有和《婚姻法》相类似的规定，如《婚姻法》第 14 条和第 15 条的规定，在"婚姻家庭编"的第 1056 条和第 1057 条中得以体现。虽然我国立法规定在间接上涉及婚姻人身协议，但是这些规定并不明显，由此不免会产生理解上的分歧，而消除此种分歧的最好方法在于，在立法中明确规定婚姻人身协议可约定或不可约定的情形，为弱者利益建构起一道"保护墙"。
② 杨遂全：《民法婚姻家庭亲属编立法研究》，法律出版社，2018。

与义务，以平衡家庭成员间的利益。① 通过此种权利与义务的设置，法律为夫妻双方最低限度的利益保障设定了一个"安全阀"，在"安全阀"的范围内，无论夫妻双方如何行为，均不会损及对方的利益。具言之，法律属于行为规范，通过设定人们的行为边界，以解决资源的有限性与人类需求无限性之间的矛盾。可以说，我们一般所谓的法律上的"权利""义务"，其实也就是法律所设定的人们行为的边界。其中，"权利"属于法律对行为边界的积极表述，它意味着该种行为的最大限度，因此，权利可以放弃，但不能滥用。"义务"则属于消极表述，意味着该种行为的最低限度，因此，义务不能放弃，但法律不限制超越义务范围的利他行为。② 这意味着，夫妻双方在法律业已规定的权利范围内处分自己的权利，同时在规定的义务范围内约定遵守义务或自行提高义务履行的标准并不会损及弱势配偶一方的利益，因为其行为仍处于"安全阀"的范围内。③

正是基于此，本文认为，婚姻人身协议只有在法律的框架下进行约定，才能产生当事人预期的效力，否则，婚姻人身协议不应被视为有效协议。换言之，在亲属法中，夫妻双方只能在法律规定的框架下通过私法自治来确定人的法律地位。例如，只能按照法律所规定的权利和义务来形成婚姻人身关系。④

五　结语

在《民法典婚姻家庭编（草案二次审议稿）》公布时，中国社科院孙宪

---

① 雷春红：《婚姻家庭法的地位研究》，法律出版社，2012，第 172 页。
② 谢海定：《作为法律权利的学术自由权》，《中国法学》2005 年第 6 期。
③ 以我国《民法典》为例。例如，《民法典》第 1056 条规定了夫妻各用自己姓名的权利，由于权利可以放弃，故婚姻人身协议倘若约定放弃使用各自的姓名，而另采其他姓名，那么此种协议无疑应获得法律的认可，因为此种约定尚处于"安全阀"的范围内，并不会对夫妻自身的利益产生实质性的影响。又如，《民法典》第 1043 条规定了夫妻忠实义务，由于义务不能放弃，故婚姻人身协议不能约定放弃忠实义务，否则将因超出"安全阀"的范围而被认定为无效。忠实义务的放弃，将会对配偶一方的配偶利益产生影响，此种影响有可能是直接的，也有可能是间接的，如因实行婚外性行为而支出的钱财，将可能影响配偶一方共同财产。
④ 〔德〕维尔纳·弗卢梅：《法律行为论》，迟颖译，法律出版社，2013。

忠教授在《中国人大》曾撰文指出，家庭协议问题是《民法典婚姻家庭编（草案）》应该解决的四个现实问题之一，当前婚姻家庭编草案在家庭协议方面，仅仅规定了夫妻财产协议，对于现实生活中存在的其他家庭协议并没有作出规定，这包括了婚姻人身协议。因此，建议充分考虑我国现实生活中婚姻契约或者婚姻协议已经得到广泛应用这一情况，在立法上进一步规定婚姻家庭协议。① 当前，无论是在《婚姻法》，抑或是在《民法典》中，有关婚姻协议的规定仍较少，这对于现实中产生的各种婚姻协议纠纷的解决而言，显然供给不足。《民法典》在婚姻协议规定上的欠缺，亦体现出其在某些方面并没有充分反映社会的现实情况。

　　事实上，不仅仅是婚姻财产协议，婚姻人身协议在日常生活中亦较为常见。典型的如夫妻忠诚协议、同居协议等等。对于此种协议产生的效力问题，我国现行立法并未予以明确规定。虽然在法律行为的框架下，存在公序良俗条款，其可以在一定程度上解决有关婚姻人身协议的效力认定问题。但是，公序良俗条款本身具有抽象性，由于各人的价值观不同，对于何种情形属于违反公序良俗的判断并不一致，同案不同判的现象依然存在，问题并没有得到根本解决，这显然无助于个人利益的维护。事实上，立法只要在条文中明确规定婚姻人身协议的效力认定结果，那么这些问题便可迎刃而解。由于婚姻人身协议主要体现的是个人利益，在个人兼及社会本位的情境下，社会利益亦应顾及。因此，立法在确定婚姻人身协议的效力时，必须侧重于对社会利益的保护。在此之下，夫妻只有在法律规定的婚姻人身权利和义务的框架下达成婚姻人身协议，协议才具有法律效力。否则，所达成的婚姻人身协议将不会产生任何效力。

---

① 孙宪忠：《民法典婚姻家庭编草案应该解决的四个现实问题》，《中国人大》2019 年第 13 期。

图书在版编目（CIP）数据

家事法研究. 2021 年卷：总第 17 卷 / 夏吟兰，龙翼飞主编. -- 北京：社会科学文献出版社，2021.9
ISBN 978 - 7 - 5201 - 8868 - 5

Ⅰ. ①家… Ⅱ. ①夏… ②龙… Ⅲ. ①婚姻法 - 研究 - 世界 - 丛刊②家庭 - 法律关系 - 研究 - 中国 - 丛刊 Ⅳ. ①D913.904 - 55

中国版本图书馆 CIP 数据核字（2021）第 167031 号

家事法研究 2021 年卷（总第 17 卷）

主　　编 / 夏吟兰　　龙翼飞
执行主编 / 李明舜
执行副主编 / 但淑华

出 版 人 / 王利民
组稿编辑 / 刘骁军
责任编辑 / 易　卉
文稿编辑 / 王楠楠
责任印制 / 王京美

出　　版 / 社会科学文献出版社 · 集刊分社（010）59367161
　　　　　　地址：北京市北三环中路甲 29 号院华龙大厦　邮编：100029
　　　　　　网址：www.ssap.com.cn
发　　行 / 市场营销中心（010）59367081　59367083
印　　装 / 三河市尚艺印装有限公司

规　　格 / 开 本：787mm × 1092mm　1/16
　　　　　　印 张：19　字 数：291 千字
版　　次 / 2021 年 9 月第 1 版　2021 年 9 月第 1 次印刷
书　　号 / ISBN 978 - 7 - 5201 - 8868 - 5
定　　价 / 128.00 元

本书如有印装质量问题，请与读者服务中心（010 - 59367028）联系